安徽省哲学社会科学规划项目"近代中国社会主义思潮的历史影响及其价值研究"（AHSKY2016D55）结项成果

进步与虚幻

近代中国社会主义思潮研究

孙自胜 著

中国社会科学出版社

图书在版编目(CIP)数据

进步与虚幻：近代中国社会主义思潮研究／孙自胜著．—北京：中国社会科学出版社，2022.12
 ISBN 978-7-5227-1091-4

Ⅰ.①进… Ⅱ.①孙… Ⅲ.①社会主义—思想史—研究—中国—近代 Ⅳ.①D092.5

中国版本图书馆 CIP 数据核字(2022)第 231715 号

出 版 人	赵剑英
责任编辑	田　文
责任校对	姜晓如
责任印制	王　超

出　　版	中国社会科学出版社
社　　址	北京鼓楼西大街甲 158 号
邮　　编	100720
网　　址	http://www.csspw.cn
发 行 部	010-84083685
门 市 部	010-84029450
经　　销	新华书店及其他书店
印　　刷	北京君升印刷有限公司
装　　订	廊坊市广阳区广增装订厂
版　　次	2022 年 12 月第 1 版
印　　次	2022 年 12 月第 1 次印刷
开　　本	710×1000　1/16
印　　张	15.25
字　　数	220 千字
定　　价	79.00 元

凡购买中国社会科学出版社图书，如有质量问题请与本社营销中心联系调换
电话：010-84083683
版权所有　侵权必究

代序　民初社会主义思潮中的马克思主义

孙自胜博士最近完成了他的安徽省哲学社会科学规划项目成果《进步与虚幻——近代中国社会主义思潮研究》，在即将出版之际，嘱我为之作序。我通读了书稿，受益匪浅。孙自胜博士选取了活跃在民国初年带有社会主义倾向的三股思潮加以研究，即中国社会党学说、无政府主义和民生主义。诚如作者所言：这些思潮在清朝统治摇摇欲坠之际，引入改造中国社会的各色方案，当时确实令人耳目一新，今天也仍然值得研究和省思。在民国初年进入中国的各种社会思潮中，最后只有马克思主义逐步适应中国国情，在与各种社会思潮的比较、争论中一步步胜出，成为指引中国社会前进的思想指南和行动纲领。

《进步与虚幻——近代中国社会主义思潮研究》让我们的思绪回到百年前的上个世纪。20世纪的头十年，晚清政府摇摇欲坠，官府腐败，民不聊生，庚子赔款，国库空虚，国破山河在，辛亥革命呼之欲出。20世纪的第二个十年，孙中山领导的辛亥革命名义上建立了中华民国，但革命成果很快被袁世凯篡夺，进入北洋军阀统治时期。中国作为参加第一次世界大战的战胜国之一，却前门驱狼、后门进虎，帝国列强窥视瓜分，各派军阀割据混战，民族发展希望渺茫。中国向何处去？四书五经治国无能，何种思想能使民族振兴？先进知识分子掀起了新文化运动，到五四运动达到高潮。这20年，各种思潮走马灯般地转换，你方唱罢我登场，而最终占据舞台中心的是与中国国情相适应的马克思主义。

❖ 进步与虚幻

当今我们已经处于中国特色社会主义的新时代。历经百年，沧海桑田。中国从积贫积弱到繁荣富强，从饱受帝国主义、封建主义、官僚资本主义的荼毒到昂首挺立于世界的东方。中国共产党人历经千难万险，把马克思主义与中国实际相结合，开展工人运动、农民运动，拿起枪杆子，在土地革命战争、抗日战争、解放战争的硝烟中，打出了中华人民共和国。中国共产党人继而用马克思主义指导中国人民建设新中国，改革发展，引领中华民族的伟大复兴。

中国近代史是从1840年鸦片战争开始的，其间有太平天国运动的农民空想社会主义，有康有为的封建社会主义，但二者不是作者的研究对象。《进步与虚幻——近代中国社会主义思潮研究》限于篇幅，主要探讨20世纪初始的20年，即清末民初社会主义思潮的兴起，到五四运动社会主义思潮的碰撞。特别是新文化运动和五四运动值得大书特书，因为这是中国社会各种思潮大动荡、大交锋、大分化、大融合的时期。马克思主义为什么能够从形形色色的社会主义思潮中脱颖而出？马克思主义与其他社会主义思潮相区别的特质何在？这是我们需要进一步分析思考的问题。

在中国近现代思想史上，从新文化运动到五四运动是一个最令人瞩目的时期。那时外来思想纷沓而至，它们与中国本土的传统思想交融、斗争、重新组合，构成了一幅千姿百态、蔚为大观的思想图景。新文化运动高举民主与科学的大旗，崇尚自由、理性和具有独立人格的新人，传播为反帝反封建服务的外来思潮，给中国社会注入了新鲜血液，加剧了新旧思想、传统文化与外来文化的矛盾与冲突。洋务运动引进了西方的坚船利炮等器物，戊戌维新和辛亥革命先后引进了西方君主立宪和民主共和的政治制度，新文化运动则进一步引进了西方的思想文化。这样，从经济基础到上层建筑，从生产关系到社会关系，特别是在文化的表层、中层和深层结构上，来自西方的新文化向中国传统文化提出了全面挑战。巨大的冲击波一浪又一浪，使中国传统思想的阵地一点一点丧失，命运岌岌可危。传统的东方思想在与外来思潮的较量中处于下风，后者的进攻态势咄咄逼人。在新文化运动背景下，马克思主义积极投入了战斗。新文化运动的旗手陈独秀后来成为中国共产党的创始人之一。

自五四时期马克思主义对中国传统思想进行冲击之后，百年来引起中国传统思想的一系列裂变，造成了中国人思维方式、价值观念、历史哲学和政治思想等方面的根本转向，加速了中国传统文化汇入世界现代文化的进程。这一冲击给中国传统思想输入了变革的动力，使之抛弃了大量带有封建主义的糟粕，发扬光大那些积极、健康的思想观念。这一冲击还形成了马克思主义的中国化，使中国传统思想中的积极因素与马克思主义融为一体，造就了现代中国文化的新传统。

应当看到，五四时期马克思主义对中国传统思想冲击的力度尚有所不足。当时，马克思主义在理论上的主要对立面是资产阶级改良主义、无政府主义、假社会主义等直接反对马克思主义的流派，这就决定了它的理论批判锋芒所向。在与非马克思主义的多次论战中，封建复古主义不是批判的对象。新文化运动的旗手陈独秀在接受马克思主义之后，也没有继续穷追猛打封建主义的传统旧思想，而是把它当成无须痛击的落水狗来看待。实际上，这是过高估计了五四运动前以资产阶级民主主义的理论武器对封建传统思想进行的批判。当马克思主义者对之进行"武器的批判"的时候，注意力便从批判的对象（封建主义）转移到批判的武器（资产阶级民主主义）上去了，而且以后也无暇深入批判封建主义。现在看来，有必要进一步以马克思主义批判封建主义，重新批判封建传统思想，取其精华，去其糟粕，以巩固、扩大并在质上提高新文化运动的已有成果。

五四时期，马克思主义对中国传统思想的冲击及其影响是深远的、双重的。它不仅仅是过去的历史，而且也是今天的现实。它还将伴随着我们走向未来！如何认识这一冲击及其影响，对于中国文化的现代化和马克思主义的中国化是必要的。

这一冲击是两种不同文化的碰撞。马克思主义作为产生于西方的文化精品，一旦与东方文化接触便显示出极大的优势，以其把握时代脉博、洞察历史规律的理论透彻性，更以其适合中国救亡图存、自立于世界民族之林的实践有效性而赢得了先进中国人的信赖，他们在各种外来学说中选择了马克思主义。这一历史的选择奠定了现代中国社会发展的方向。马克思主义从全新的角度，批判了中国传统思想中的消极因素，促成了中国传统思想的变革，应当充分肯定这一冲击的历史功绩。

这一冲击的最大成果是在二者的相互作用中逐渐产生了具有中国特色和风格的中国马克思主义，成为我们的指导思想。它开中华文化新传统之先河。今后我们文化发展战略的基点应该是一方面坚持和发展马克思主义，另一方面批判地继承和发掘中国传统文化的优秀遗产，不断寻找、发掘二者之间新的结合点和生长点，促成中国文化的新生和再造，同时促成马克思主义的新发展。在这样做的时候，不能不警惕中国传统思想的负效应，不能不看到其顽强的同化作用。中国传统思想作为文化心理结构的积淀，常常无意识地形成中国人的"知觉防御"，使我们只接受那部分可以为"中学"所同化的马克思主义内容，而把另一部分与中国文化传统相冲突、相矛盾的内容忽略了。五四时期马克思主义对中国传统思想冲击的可贵之处就在于它冲破了这种思想屏障。人们清醒地看到这两种本质上不同的思想体系的差别、对立和矛盾，引来马克思主义的洪流，荡涤传统思想，用马克思主义来改造"中学"，而不是让"中学"来吞灭马克思主义。这是五四以来在正确处理马克思主义与中国传统思想相互关系问题上的一条宝贵的历史经验。

《进步与虚幻——近代中国社会主义思潮研究》书稿读后，我意犹未尽，引发了以上的相关思考。虽然可能会画蛇添足，但作为该课题的发挥和补充，或许对读者有所裨益吧。是为代序。

许俊达

2021年12月于安大磬苑

目 录

导 言 …………………………………………………………… (1)
  一 近代中国社会主义思潮研究简况 ……………………… (1)
  二 研究社会主义思潮的现实意义 ………………………… (5)
  三 研究近代社会主义思潮的因缘 ………………………… (6)
  四 相关概念辨析 …………………………………………… (8)

第一章 社会主义传入的背景与条件 ……………………… (15)
  第一节 近代中国经济的转轨 ……………………………… (15)
    一 世界市场与中国经济变革 …………………………… (15)
    二 中国经济变革与新型阶层 …………………………… (18)
    三 新型阶层与新型知识分子 …………………………… (19)

  第二节 近代中国的政治转型 ……………………………… (20)
    一 在内外危机中救亡图存 ……………………………… (20)
    二 在救亡图存中接纳西方文明 ………………………… (22)
    三 在西学东进中生发救国之策 ………………………… (24)

  第三节 激活传统大同文化资源 …………………………… (26)
    一 农民阶级对"大同"理想的追求 …………………… (26)
    二 资产阶级改良派的"大同"社会描述 ……………… (28)
    三 社会主义者的"大同"底蕴 ………………………… (29)

  第四节 社会主义传入的因缘 ……………………………… (30)

一　重大事件的激发 …………………………………………… (30)
　　二　变革中的第三种力量 ……………………………………… (32)

第二章　社会主义思潮的前奏 ………………………………… (35)
第一节　革命民主主义的变奏 ………………………………… (36)
　　一　民族、民权到"平均地权" ……………………………… (37)
　　二　开明官僚的"三无"主义 ………………………………… (40)
　　三　道德家与新年梦 …………………………………………… (42)
　　四　刘师培的激进爱国 ………………………………………… (45)
　　五　法国的排满志士 …………………………………………… (46)
　　六　独行侠师复与无政府 ……………………………………… (47)
第二节　近代中国社会主义的发轫 …………………………… (49)
　　一　刘师培的"天义"情怀 …………………………………… (50)
　　二　"新世纪"派的无政府主义宣传 ………………………… (55)
　　三　江亢虎的社会主义演说 …………………………………… (57)
　　四　民生主义的形成 …………………………………………… (59)

小　结 ……………………………………………………………… (62)

第三章　民国初年社会主义第一次浪潮 ……………………… (63)
第一节　中国社会党在行动 …………………………………… (64)
　　一　中国社会党的思想主旨 …………………………………… (64)
　　二　中国社会党的组织形式 …………………………………… (67)
　　三　中国社会党的革命活动 …………………………………… (69)
第二节　民生主义宣传与实践 ………………………………… (72)
　　一　对革命方位的研判 ………………………………………… (73)
　　二　对民生主义的宣传 ………………………………………… (75)
　　三　民生主义实践 ……………………………………………… (80)
　　四　孙中山社会革命的心路历程 ……………………………… (83)

第三节 至纯虚幻的无政府主义 …………………………… (85)
  一 无政府主义的中坚 ………………………………… (85)
  二 师复主义的脉络 …………………………………… (88)
  三 "进德会"与无政府主义 ………………………… (93)
 小 结 ……………………………………………………… (97)

第四章 五四时期社会主义第二次浪潮 ………………… (99)
第一节 民主革命低潮中的社会主义 ……………………… (99)
  一 社会主义各组织被取缔 …………………………… (100)
  二 权力斗争与革命力量的削弱 ……………………… (102)
  三 政党对抗与社会主义思潮受阻滞 ………………… (104)
第二节 五四时期的社会主义思潮 ……………………… (105)
  一 无政府主义的大爆发 ……………………………… (108)
  二 民生主义的搁置与迁移 …………………………… (118)
  三 新群体与新流派的井喷 …………………………… (123)
 小 结 …………………………………………………… (140)

第五章 社会主义思潮的批判与分化 …………………… (142)
第一节 社会主义思潮的批判 …………………………… (143)
  一 无政府主义与民主主义批判 ……………………… (143)
  二 无政府主义与中国社会党批判 …………………… (148)
  三 中国社会党与民生主义批判 ……………………… (150)
第二节 社会主义思潮的分化 …………………………… (152)
  一 无政府主义的裂变 ………………………………… (152)
  二 中国社会党的分裂 ………………………………… (161)
  三 民生主义的分歧 …………………………………… (165)
 小 结 …………………………………………………… (169)

第六章　社会主义思潮与马克思主义 (172)

第一节　社会主义者的社会主义认识 (172)
一　师复主义的社会主义观 (172)
二　江亢虎的社会主义辨析 (176)
三　民生主义就是社会主义 (178)

第二节　走近马克思主义 (183)
一　江亢虎盛赞马克思主义 (183)
二　孙中山心仪马克思主义 (186)

第三节　背离马克思主义 (189)
一　江亢虎诋毁马克思主义 (189)
二　孙中山对马克思主义的误判 (192)
三　无政府主义对抗马克思主义 (197)

小　结 (204)

第七章　社会主义思潮的历史影响与启示 (206)
第一节　反对封建主义 (207)
第二节　反对资本主义 (215)
第三节　对现代中国社会发展的启示 (222)

参考文献 (228)

后　记 (234)

导　言

一　近代中国社会主义思潮研究简况

近代中国社会主义思潮是伴随资产阶级革命运动兴起的。20世纪初期，作为一种进步的思想潮流，其学派众多、思想庞杂，曾在中国社会中上层广泛流行。随着科学社会主义的兴起，其虚幻性凸显，在新民主主义革命运动中逐渐退出历史舞台。作为一种客观存在的历史现象和思想政治学说，学界的研究一直在持续着。特别自新时期以来，人们从不同层面、不同视角对各个社会主义流派都开展了研究。他们在还原那段社会主义思潮的历史真实、厘清其思想脉络，以及探讨其时代启示等方面，都做了深入的发掘。

（一）国内研究状况

1.20世纪前半叶，对社会主义思潮的初步探讨。20世纪初开始，伴随着西学东进，无政府主义、基尔特社会主义、民生社会主义、社会民主主义、科学社会主义等多种社会主义学说传入中国，政治思想界掀起了对社会主义的译介、传播和论战热潮。到30年代，持各种立场研究社会主义思潮的专著开始出现。诸如，毛一波的《社会主义批判》（1928），先期以章节形式发表在《国民日报》上，后汇编成册。该文坚持无政府主义立场，既维护社会主义的进步性，又对包括马克思主义在内的各社会主义进行了批判。同样持无政府主义立场的瞿任侠发表《无政府主义研究》一文（1929），对流传于世界范围的无政府主义进行了细致的论述。该文既表达了对无政府主义的同情，也同时指出无政府主义是违背社会进化的，是对社会前途的空想。吴黎平是比较早用马克思主义研究社会主义思潮的，他的《社会主义史》（1930），对传播科学社会主义、提高人们的思想觉悟、鼓舞人们的斗志起了很好的作用。而沈嗣庄（1934）则以基督教为出发点来谈论社会主义，阐述了基督教和社会主义的调和。

2. 20世纪40年代至70年代末，对近代社会主义思潮的研究基本处于停滞状态。新中国成立之前，受到意识形态因素的影响，随着其他社会主义的式微，科学社会主义占据主流地位，学界对其他社会主义的研究也没有起色。出于构建三民主义和新民主主义文化的需要，主要集中于对三民主义的研究和对马克思主义的科学社会主义研究。关于社会主义思潮的研究相对沉寂，几乎没有重量级的研究成果。新中国成立以后，由于受苏联社会主义观和意识形态斗争的影响，科学社会主义之外的社会主义思潮研究基本上处于停滞状态。到60年代，随着中苏关系的恶化，学界结合当时政治斗争的需要，曾经收集整理过民国时期无政府主义的资料，从马克思主义传播史的角度，对五四时期的无政府主义思潮，特别是马克思主义与无政府主义论战等问题进行了批判研究，诸如《无政府主义批判》（1958）、《五四时期马克思主义反对反马克思主义思潮的斗争》（1960）等。

3. 20世纪80年代到21世纪初，对近代社会主义思潮的研究重新兴起。首先，曹宗安发表《无政府主义纵横谈》（1981），高放发表《社会主义的过去、现在和未来》（1982），徐善广、柳剑平发表《中国无政府主义史》（1989）等，对孙中山的民生社会主义、周作人的新村主义和王光祈的工读互助主义、刘师复的无政府主义、张东荪的基尔特社会主义、江亢虎的社会民主主义等进行了梳理，但主要目的在于辅助科学社会主义研究。其次，蒋俊、李兴芝发表《中国近代的无政府主义思潮》（1987）、戴清亮等发表《社会主义学说史》（1987）、王兰垣发表《中国社会主义思想史》（1991）、徐觉哉发表《社会主义流派史》(1999)等,开展了社会主义史的汇编研究。这些研究主要对五四运动以后社会主义思潮的发展情况进行史学描述,仍然局限于重点论述科学社会主义的传播和发展。台湾学者蔡国裕的《一九二零年代初期中国社会主义论战》(1988)等,再现了社会主义思潮广泛传播的情况,其史料比较翔实,但仍缺乏宏观上的分析。再次,杨奎松发表《海市蜃楼与大漠绿洲——中国近代社会主义思潮研究》(1991)、皮明庥发表《中国近代社会主义思潮觅踪》(1991)、陶季邑发表《中国近代民主革命派与社会主义思潮》(1997)、胡庆云发表《无政府主义思想史》(1994)、徐行发表《近代中国社会主义思潮与社会改造》(1999)等,比较全面地介绍了五四运动以后流行的社会主义流派,基本厘清了近代中国社会主义思潮的线索,对科学社会主义的兴起及其他社会主义的衰落做了分析研究。

4. 21世纪初至今,社会主义思潮研究呈现百花齐放的局面。首先,侧重对无政府主义和民主社会主义的分类研究。李怡发表《近代中国无政府主义思潮与中国传统文化》(2001)、孟庆澍发表《无政府主义与五四新文化》(2006)、李存光《无政府主义批判:克鲁泡特金在中国》(2009)等,通过梳理无政府主义思潮在中国的兴废状况,探究了外来思想文化潮流对中国思想文化的渗透、衍化、流变和融合。刘书林发表《论民主社会主义思潮》(2004)、周新城发表《民主社会主义思潮评析》(2008)等,直面世界范围内兴起的民主社会主义思潮,通观了近代以来的民主社会主义、国家社会主义等非主流的社会主义流派。郑大华发表《民国思想史论(续集)》(2010),对近代社会主义思潮与其他各种社会思潮的互动关系进行了研究,认为近代社会主义思潮和民族主义思潮相融合,并分析了近代中国思想史的发展脉络。还有,从宏观叙事深入到对民国时期社会主义思潮基本观点的深入研究。以主要人物为线索,对师复、江亢虎、朱执信、张东荪等进行研究,甚至一些非主流社会主义者也被纳入研究视野,诸如对宋教仁、戴季陶、胡汉民等与社会主义关系的研究。鲁法芹发表的《〈东方杂志〉与社会主义思潮在中国的传播》

（2014），从《东方杂志》历任主编和作者群体这批"松散的自由主义者"的视角来"旧话重提"，围绕在《东方杂志》周围的知识分子对社会主义的解读进行了阐释。为了全面了解近代思想界，由国家社科基金出版资助的《中国近代思想家文库》（2015）将近代主要社会主义思潮的代表人物收入其中，对我们进一步了解研究民国时期社会主义思潮提供了一份弥足珍贵的资料。新近出版的研究成果主要有朱美荣发表的《比较与鉴别：五四时期社会主义思潮流派研究》（2018），其以历史文献资料为依据，研究了五四时期对中国影响较大的新村主义、基尔特主义、无政府主义、马克思主义四大社会主义思潮，并对这几种思潮的背景、观点及发展历程进行了比较和鉴别，再现了当时不同思潮之间的理论交锋。王先俊发表的《清末民初社会主义在中国的传播》（2021），介绍了在西学东渐的大潮中，国人是如何初识社会主义，分析资产阶级维新派、资产阶级革命派、无政府主义者、清末留日学生等不同群体与社会主义传播的关系，厘清了中国社会主义传播史的脉络进程，揭示了清末民初社会主义传播的基本特征和历史地位。

（二）国外研究概览

在20世纪60年代以前，由于冷战和意识形态的分歧，西方对近代中国社会主义问题基本上没有涉及。

自20世纪60年代中苏分裂开始，西方学者才逐渐对中国近代问题给予关注，社会主义问题也纳入他们的视野。总体上看，西方学者对民国时期社会主义思潮的研究比较庞杂零碎，主要关注的是无政府主义，且大都站在"外因决定论"立场上，主要围绕对中国共产党或马克思主义的研究而展开。美国学者莫里斯·迈斯纳通过研究毛泽东探讨了民国无政府主义思想。在《李大钊和中国马克思主义的起源》（1967）一书中，他通过对青年毛泽东的研究，不同程度地涉及中国近代的无政府主义和马克思主义在近代中国的废与兴。当时哈佛大学的史华慈和施拉姆等亦基本如此。费正清的《剑桥中华民国史》（1983）认为，中国早期的无政府主义是革命的虚无主义，辛亥革命后的无政府主义和中国社会党是中国激进主义,并指出他们的主要贡献不是在理论上,而是在教育宣传和社会实践上面,这种实践对包括毛泽东在内的马克思主义者都有很大的影响。在日本学界,西村成雄的《中国的民族主义和民主主义》(1991),从民主主义角度论述了中国民族主义与民主主义的相互影响和作用。

进入 21 世纪以来,随着中国改革开放的成功,对近代中国的关注再次兴起。美国学者阿里夫·德里克在《中国革命中的无政府主义》(2006 年中文版)中揭示了无政府主义自晚清传入中国直到 20 世纪 40 年代最终消亡的历史轨迹,把无政府主义置于中国激进主义发展的线索中加以考察,充分论述了无政府主义在中国革命话语形成、革命思想建构和推动社会革命运动上所做的贡献。韩国学者曹世铉的《清末民初无政府派的文化思想》(2003)认为,近代中国的无政府主义是进化论和科学主义的产物。日本学者石川祯浩的《中国共产党成立史》(2007 年中文版),在论述马克思主义在中国的传播过程中,兼顾分析了中国托派思想和各社会主义思潮。

从上述学术界研究情况来看,国内学界主要从史学角度,对民国时期社会主义思潮进行史料梳理分析,资料比较翔实,角度也多种多样,论证也比较充分。当前从马克思主义理论学科层面,坚持用马克思主义应对当前各种社会思潮的方法论方面,风头正劲。民国时期社会主义思潮提出的救世方案由于缺乏正确世界观的指导和脱离中国实际而陷入空想,而其信仰的民主、平等、自由等理念,对丰富和发展中国特色社会主义理论还是大有裨益的。还应该指出,从国外学者的研究来看,他们对近代中国社会主义思潮的研究尽管比较零散,但视角比较新颖,对社会主义思潮的把握亦有一定的深度,为进一步研究近代社会主义思潮的当代价值能提供一些参照。

二 研究社会主义思潮的现实意义

首先,通过对清末民初出现并流行的主要社会主义流派,如无政府主义、民生主义、民主社会主义等进行研究，对它们形成、发展、论争、衰落和消亡的客观历程，及其与马克思主义科学社会主义相互关系进行研究，旨在阐述科学社会主义来到中国不是孤军奋战，其兴起与发展具有深厚的理论底蕴和思想上的贯通。其次，在全球化视野下，国内新自由主义、民主社会主义、历史虚无主义、无政府主义和普世价值观等各种思潮，不断变换形式，在某种程度上，对中国特色社会主义形成一定的干扰。实质上，这些还是自近代以来，中国社会主义思潮探讨的"中国社会朝何处去"问题在当今中国的继续。挖掘社会主义思潮在近代中国跌宕起伏的客观历史事实和改造中国的畅想，可以为我们坚持中国特色社会主义以应对各种社会及政治思潮的挑战提供学理支撑。

以史为鉴，通过对近代社会主义思潮流变的梳理和存在价值的阐释，以应用于新时代的思想文化建设。各种社会主义的出场，具有客观的时代需要和先进中国人的主观行动。他们接纳与传播的思想具有空想和虚幻的成分，但也不惟是空想，其试图改造中国的愿望和建构先进文化的努力，亦为探讨中国社会未来发展留下了丰厚的理论遗产。社会主义思潮中有现实借鉴意义的成分，能够启迪中国特色社会主义理论建设。革命时期的马克思主义者选择、信仰和传播科学社会主义，对社会主义思潮的批判、聚合、吸纳和引领，为今天我们开展意识形态领域斗争，正确应对各种政治社会思潮的挑战提供了诸多策略与方法。

三　研究近代社会主义思潮的因缘

其一，解惑。近年来，作者在马克思主义研究中，有一个问题一直萦绕在心中。俄国十月革命以后，马克思主义在中国正式出现并不断扩大传播，但直到1919年五四运动爆发，其影响力还是微弱的，在中国境内几乎找不到马克思主义者。稍后，在各地成立的马克思主义研究性质的组织，其成员也思想庞杂，各种观点掺杂其中。1921年7月，各共产主义小组的十余名代表召开第一次代表大会，正式成立中国共产党，代表全国的50多名党员。当时，全国各地有那么多马克思主义研究组织，那么多共产主义小组，为什么只有50多名党员呢？与之形成对比的是，在中国共产党成立以后的很短时间内，为什么处于秘密活动状态的共产党人，能够一呼百应，迅速汇集起诸多同志？这一冷一热现象的出现，究其原因，主要是因为在十月革命后，马克思主义在中国传播之际，大量知识分子和青年学生受到其他社会主义的影响，纷纷成为无政府主义者、中国社会党人、民生主义者、工团主义者、新村主义者等，干扰了对马克思主义的接纳。在诸种社会主义学说的比较中，马克思主义的真理性逐渐彰显，一些民主主义者、无政府主义者，逐渐认识到马克思主义的科学性和革命性，决然走上科学社会主义之路。

其二，释疑。中国共产党成立以后，被接纳入党的部分党员，在革命活动中，经常出现个人之间、个人与组织之间的分歧，甚至分裂；还有一批为马克思主义奔走号呼的积极分子，后来却没有加入中国共产党，甚至有的加入了，不久又退出了；还有一些党员擅自脱离党组织，甚至出现无缘由背叛党的现象。其原因当然多种多样，而其中比较重要的原因是，这些积极分子和问题党员原本就没有分清空想社会主义和科学社会主义的区别，或多或少都有非马克思主义的思想成分。在复杂的局势面前，出现了退却甚至反叛，对革命队伍形成了很大的干扰。在新民主主义革命期间，党内出现的"左"倾和右倾机会主义，其中就包含着无政府主义、自由主义等干扰因素，致使党要用大量时间和精力来清除这些极端"主义"的不利影响。事实上，党内的思想清理整顿一直延续到新中国建立以后，甚至在社会主义建设中，出现的"大跃进"、人民公社化和"文化大革命"错误，也部分地与国内、党内存在的无政府主义等空想虚幻成分的影响有关。

其三，追问。作为一种思想文化现象，无政府主义等空想社会主义学说，对近代中国社会的变革、中国人民的解放、人类社会的发展有没有促进作用？20世纪初，在救亡图存、启蒙自强为主题的旧中国，为什么无政府主义等会先于马克思主义传入中国？自1848年《共产党宣言》发表以后，马克思主义已经形成并在欧洲逐渐传播开来，而在20世纪初，较早传入中国并引起人们广泛兴趣的却是无政府主义、社会民主主义等思潮，除了马克思的只言片语见诸报端之外，马克思主义基本上是边缘化的。受到第一次世界大战和俄国十月革命的影响，包括马克思主义在内的各种西方学说再次蜂拥到国内，但首先崛起的仍然是无政府主义等空想社会主义。直到五四运动爆发后，马克思主义才逐渐登上中国历史舞台。结合中国特殊的国情进行分析，这种现象显然与中国社会的传统文化、社会制度以及客观环境等有诸多关联。

四 相关概念辨析

（一）社会主义

社会主义（socialism）直观上是与个人主义相对立，伴随着资本主义的产生发展而出现的。现代社会主义是一个十分复杂的概念，在长期的发展中，形成了各种各样的定义。尽管如此，关于什么是社会主义，也不是不可把握的。恩格斯曾经对社会主义作过经典的表述："现代社会主义，就其内容来说，首先是对现代社会中普遍存在的有财产者和无财产者之间、资本家和雇佣工人之间的阶级对立以及生产中普遍存在的无政府状态这两个方面进行考察的结果。但是，就其理论形式来说，它起初表现为18世纪法国伟大的启蒙学者们所提出的各种原则的进一步的、据称是更彻底的发展。同任何新的学说一样，它必须首先从已有的思想材料出发，虽然它的根子深深扎在物质的经济的事实中。"① 总体上说，社会主义来自对资本主义的考察与批判，来自劳资阶级的对立和市场经济活动的自由竞争。社会主义产生以来，主要以某种思潮、学说、运动和制度的形式存在和发展。

社会主义的最初形态是空想社会主义。从16世纪初到19世纪30到

---

① 《马克思恩格斯选集》第3卷，人民出版社2012年版，第775页。

40年代，它不仅直接影响到欧洲大陆各国，而且影响到英美国家。英国人托马斯·莫尔发表《乌托邦》一书，被公认为社会主义诞生的标志，莫尔也被称为社会主义的鼻祖，只是它还处于零散的萌芽状态。到19世纪，欧洲出现了比较完备的社会主义形态。其中，法国人圣西门、傅立叶和英国人欧文最为著名，被马克思、恩格斯称为三大空想社会主义者。这一时期的社会主义之所以被称为空想社会主义，是与马克思主义的科学社会主义相比较而言。恩格斯曾经对空想社会主义的空想性进行了综合，他说，空想社会主义者的"社会主义是绝对真理、理性和正义的表现，只要它被发现了，它就能用自己的力量征服世界；因为绝对真理是不依赖于时间、空间和人类的历史发展的，所以，它在什么时候和什么地方被发现，那纯粹是偶然的事情"①。空想社会主义的理论缺乏现实基础，思想也纯粹是从他们的创始人头脑里产生出来的，其各种设想当然不可能取得预期的结果。马克思、恩格斯利用空想社会主义的思想资源，结合欧洲工人运动的经验，发现了唯物主义历史观，通过发现剩余价值揭示了资本主义生产的秘密，从而把社会主义从空想变成了科学。

在科学社会主义形成以后，同时还存在着其他也被称为社会主义的学说。自19世纪40年代开始，以蒲鲁东为代表的无政府主义（也译为安那其主义）产生，在特定条件下，无政府主义又被称为互助主义、工团主义等，经过巴枯宁、克鲁泡特金等人的发展，在欧洲工人运动中产生了很大的影响力。这些无政府主义者的名字和思想在中国近代无政府主义者的著作中也经常出现。19世纪70年代，德国建立了社会民主工党，嗣后，欧洲各国建立的社会党共同成立第二国际。在第二国际后期，社会党内出现了严重的机会主义，导致第二国际分裂。后来，在工人运动中，共产党和社会党被视为两个不同性质的党。社会党或社会民主党坚持社会民主主义或民主社会主义，近代中国出现的中国社会党走的就是类似于西方社会党的路线。19世纪末，美国社会主义运动不断

---

① 《马克思恩格斯选集》第3卷，人民出版社2012年版，第788—789页。

兴起。其中，亨利·乔治出版的《进步与贫困》一书，主张土地归公的单税社会主义，产生了很大的影响。孙中山的民生主义就是部分来自单税社会主义学说。在近代中国出现的无政府主义、中国社会党的学说、民生主义、工团主义、互助主义、基尔特社会主义、新村主义等，都打着社会主义的旗号，都试图改造中国，在一定范围内产生过一定的影响力，但由于它们不适合中国社会的实际情况，陷入空想，最终退出了中国历史舞台。本书把这些各种社会主义学说，也统称为近代中国的空想社会主义。

（二）社会主义思潮

思潮是指某一时期内有较大影响的思想倾向，或者是不断涌现的思想活动，[①] 主要包括社会思潮、政治思潮、经济思潮、文化思潮等。思潮的出现不是偶然的，通常与当时当地的经济、历史发展阶段相适应，有时也受到外来因素的影响。通常情况下，一种思潮形成以后，往往具有流行性、倾向性和阶段性特征。思潮与流派有所不同。流派是指学术、文艺方面的派别。[②] 一个学术思想流派不一定能发展为思潮，而思潮常常在某类学术或流派的推动下形成。可见，通常情况下，思潮的范围和影响大于流派，在同一思潮范围内往往也有不同的流派存在。有些思潮以某一种或几种流派的形式出现，有些情况下，一种思潮也会没有明确的流派形式。

社会主义思潮主要指在特定的制度下，在一定阶级、阶层中形成的研究宣传鼓动社会主义，并在民众中形成很大影响的思想潮流。同时，还包括为了使社会主义理想得以实现而开展的一些具体的实践活动，如演讲、集会等。社会主义思潮的形成，与先期接受社会主义学说的人的宣传传播与组织有很大的关系。近代以来，为了反对封建的和资产阶级的剥削压迫，在中下层阶级阶层中，都出现过不同形式的社会主义思潮。社会主义思潮通常与社会主义运动相交织。社会主义运动是在社会

---

① 《新华词典》，商务印书馆1989年版，第843页。
② 《新华词典》，商务印书馆1989年版，第569页。

主义理论家或革命家领导下，通过一定的组织形式，诸如联合会、党派等，运用和平的或激烈的手段开展的反对资产阶级的理论和实践活动。从这个层面来说，社会主义五百年的存在和发展史，就是五百年的社会主义运动史。经过社会主义运动，无产阶级通过改良或革命形式，掌握国家政权，取得运动的成功，通常会建立社会主义制度。社会主义制度是不同于以往封建的、资本主义的新型的政治、经济、文化等制度。就现实而言，1917年俄国十月革命，布尔什维克党夺取国家政权，1922年成立苏维埃社会主义共和国联盟，实行社会主义制度。1949年中华人民共和国成立，经过社会主义改造，于1956年实行社会主义制度。在社会主义制度下，也会存在一些不同于主流意识形态的社会主义思潮，甚至会产生一些有较大影响的和平的或激烈的运动。

(三) 近代中国社会主义思潮

在近代中国，出现的社会主义运动，大都是在社会主义思潮推动下展开的。在马克思主义正式登上中国历史舞台之前，中国的社会主义运动主要以思潮的形式存在着，随着中国社会的变化呈现出高低起伏的特征。所以，本书把近代中国出现的各种所谓的社会主义及其活动，定位为社会主义思潮。近代中国社会主义指向的既是对社会黑暗政治状况、落后经济状况的不满，又是对保守、颓废的社会生活及日常生活的反叛，同时，伴随着对西方文化的筛选和接纳，其流派众多、思想庞杂，呈现出社会上、政治上、经济上和文化上相互交织的宏大图景。早期中国无政府主义者刘师培、何震等在《天义》报《简章》里说道，社会主义"以破坏固有之社会，实行人类之平等为宗旨，于提倡女界革命外，兼提倡种族、政治、经济诸革命。"[1] "实行无政府，则种族政治经济诸革命均该于其中。"[2] 可见，中国无政府主义主张的就是以平等为核心，倡导女子解放，在政治、经济、社会、文化等层面进行变革。其他社会主义也有类似的诉求。所以，近代中国社会主义思潮具有社会思

---

[1] 万仕国：《刘师培年谱》，广陵书社2003年版，第107页。
[2] 葛懋春等：《无政府主义思想资料选》上册，北京大学出版社1984年版，第92页。

潮、政治思潮、经济思潮、文化思潮的综合特性。

在矛盾错综复杂的近代中国，政治黑暗、国权丧失、物质匮乏、社会动乱、文化凋敝，代表新型资产阶级、小资产阶级的各社会主义思潮面对的都是"中国社会朝何处去"这一迫切问题。在存续期间，无政府主义、中国社会党和民生主义、基尔特社会主义、工团主义等，都提出了改造中国社会的理想目标，并设计了实现目标的一套解决方案，在当时的中国政治社会舞台上具有相当大的影响，亦引起了政府的关注和警觉。它们既提出了政治改造的要求，又提出了社会发展的目标，是中国传统文化与近代西学相结合的产物，体现出统一的、综合性的价值诉求。

就一种社会思潮而言，近代中国社会主义思潮以公理为基础，从提升个人道德入手，改造个人和社会。各社会主义思潮重视旧道德的破坏和新道德的建构。无政府主义灵魂人物师复坚信，改造社会应从完善自身开始。在风俗苦窳、民德坠落的社会状况下，他从改造人心起步，倡议成立无政府主义"心社"，在《心社趣意书》一文中，明确指出其目的就是"期破坏一切伪道德恶制度，而以公道的真理的新道德良制度代之"。其理由就是，社会的伪道德、伪制度造成了社会没落，需要重建公道的、真理的新道德、良制度来改变之。

就一种政治思潮而言，各社会主义思潮追求民主、自由，总体上对政治是极端厌恶的。它们认为政治是专制之源，纷纷号召取消政治。不管是主张取消一切政府的无政府主义，还是主张在现政府下改良的中国社会党，其对现存的政治状况都是批判性的。正因为如此，各社会主义在引进之初，为了自保，都声言从事的是学术研究，而远离政治。但其提出的主张却始终离不开政治，其组织也常常遭到当时政府的压制甚至取缔。连半社会主义的革命党人卢信在《人道》上刊文也说，政治不是判断国家文明或野蛮的标准。"世界一日有政治，则一日未尽洗野蛮之旧。"[①] 他认为，寡人专制、君主立宪、共和立宪都没有进到文明之

[①] 葛懋春等：《无政府主义思想资料选》上册，北京大学出版社1983年版，第219页。

导　言

境。孙中山也在民初提出，要离开政治来搞建设，兴办实业等。师复提出的第一个口号是反对一切政治上的强权。中国社会党虽然明确主张，其活动不涉及政治，但其党派仍然被袁世凯作为政治上的政党取缔。

就经济思潮而言，各社会主义普遍认为，社会主义是来自经济上的原因。社会党首领沙淦（愤侠）认为，社会主义是由经济不平等而来。他在《狭义社会主义与广义社会主义》中说："社会主义者，始于十九世纪之初，创于英国之洛威托拿夷，由于经济上之不平等，而生此主义。"① 孙中山也认为，社会主义就是经济政策，国家的经济建设搞好了，民生主义得以实现，这就是社会主义。他根据社会资源的公有化程度和分配的不同，来论证集产社会主义和共产社会主义。无政府主义者师复亦持同样的观点，提出了经济上一切财产皆归公有之说。

就文化思潮而言，社会主义思潮形式上是西学东进的产物，实质上是西方工业文化对中国传统农业文化的反噬，是资本主义文化对封建文化的批判，是民主与科学的新文化同落后、保守旧文化的斗争。在早期中国无政府主义者那里，出于文化自信的考量，他们力求用中国古代典籍中的大同社会理想来论证近代西方无政府主义。刘师培就是以国粹派为基础，从古代典籍中寻找论证无政府主义的根由的。从文化融合层面来看，近代中国社会主义思潮是先进的中国人在接纳西学过程中对多元文化选择的结果。在半个世纪中，从师夷长技到中体西用，再到维新变法，采取的一直是单向突进、由表及里的进路，把西方文化从细枝末节的撷取扩展到制度构建的层面。嗣后，随着西方大衰退表征的出现，国人认识到西学有其自身的局限性，转而朝向东西文化的比较，试图促成两种文化双向结合，从而出现了自我与他者多元交织的文化选择。这一时期，在中国文化领域，有三种文化派特别值得重视：其一，以吴稚晖、李石曾为代表的《新世纪》派。他们宣传"三纲革命""孔丘之革命""祖宗革命"，对封建文化进行激烈批判，大有振聋发聩之势，但

---

① 葛懋春等：《无政府主义思想资料选》上册，北京大学出版社1983年版，第223页。

❖ 进步与虚幻

遗憾的是，而后逐渐走向"醉心欧化"的"欧化主义"派。其二，以梁启超为代表的《新民丛报》派。梁启超倡导"新民"说，内涵深厚、影响巨大，但他们又崇尚传统文化，主张复兴中国文化。尽管此派在表面上趋重西学，其文化运思实未超出传统文化的范围。其三，以《国粹学报》为阵地的晚清国粹派，主要以章太炎、刘师培、邓实等为代表。有学者说，20世纪初中国社会文化思潮变动的一个最为重要的表征，便是晚清国粹派思潮的崛起，[①] 这种说法也不无道理。在近代中国，各社会主义学说的出现，或多或少都与这些流派具有一定的联系。

从来源上看，近代中国的各社会主义学说，大都来源于西方某个社会主义流派。无政府主义学说是从日本、欧洲引入的无政府主义，中国社会党学说来自欧洲社会党的社会民主主义，民生主义掺杂着美国思想家亨利·乔治的单税社会主义，新村主义来自日本的新村实验，基尔特社会主义、工团主义都能找到其欧洲版本。但中国各社会主义都不是原汁原味的西方之说，而是经过改造的中国化思潮。孙中山曾经说过，他的三民主义主要来自三个路径："其所持主义，有因袭吾国固有之思想者，有规抚欧洲之学说事迹者，有吾所独见而创获者。"[②] 从性质上看，各社会主义思潮的出现、流行，是中国进步人士或新兴资产阶级在出现和崛起过程中，对中国政治、经济、社会和文化思考的理性表达。经济基础决定上层建筑。社会主义在清末民初的出现，是对转型时代的中国政治、经济和社会生产、生活变化的反映。在近代文明向现代文明的过渡时代，随着国家转型、民众觉醒和社会变革，近代中国社会主义学说既有历史进步性，亦有其脱离时代的空想性、虚幻性。

---

① 郑师渠：《晚清国粹派——文化思想研究》，北京师范大学出版社1997年版，第37—39页。

② 《孙中山全集》第7卷，中华书局1985年版，第60页。

第一章　社会主义传入的背景与条件

大凡一个主义或某种思想的产生，不管是原生的还是传入的，都有其特定的时代背景和因缘。同样，从西方传入中国的现代社会主义能被一些国人接纳，并用来改造国家和社会，必然存在许许多多复杂原因。一个时代有其特定的经济、政治和文化构成，亦产生出与这个时代相对应的问题，而问题的出现和解决则需要从现时代中找原因。近代中国，西方列强的炮火结束了清王朝闭关锁国的状态，助推了中国经济、政治和文化变革的速度，也把沉睡的中国人从天朝大国的迷梦中惊醒，纷纷参与到这场轰轰烈烈的变革中来。社会主义就是在近代中国宏大悲壮的社会历史演进中出现的。

第一节　近代中国经济的转轨

近代中国从传统走向现代，既是自然的进程，又有外力的推动。几千年形成的成熟农耕文明自身在发生着缓慢的变化，历史向世界历史的转变也推动着经济、政治的转型。东西方的经贸往来、交流和碰撞，为社会主义在中国的出现奠定了经济前提。

一　世界市场与中国经济变革

近代欧美资本主义国家向外扩张推动世界市场的形成。17 世纪末 18 世纪初，尼德兰，即荷兰、比利时等地区，英国及其他一些国家爆发了所谓的"农业革命",刺激了工场手工业的发展。在国内,这些国家的封建领主、教会、商人等通过"圈地运动",用暴力的手段把农民从土地上赶走,在获得的土地上围圈养羊,用获得的羊毛出口获取暴利。在国外,这些国家在亚非拉等国家和地区建立殖民地或半殖民地,对其进行残酷掠夺,大量的金银财宝被运回母国,扩大了资本积累。到18世纪,西方各国的资本原始积累基本完成,为资本主义的发展奠定了雄厚的物质基础,也为资本主义的进一步发展开辟了道路。伴随着资本主义内外扩张的同时,近代科学技术获得了自由发展的空间,为即将掀起的工业革命提供了智力支持。在资本家掌握经济主导权的同时,通过资产阶级革命运动掌握了国家政治权力,建立起资产阶级政权,为工业革命的爆发提供了社会政治前提。随着财富的积累、科技的发展、资本主义国家的形成,工业革命在最为发达的英国率先爆发,各种机器相继被发明并应用于工业生产,手工工具逐渐被机器代替,机器大工场得以形成。到19世纪中叶,欧美各资本主义国家工业革命相继完成,最终推动着世界市场的形成。

在资本主义自由竞争时期,资本家在追求利润最大化目标的推动下,千方百计地开拓世界市场,中国成为其瞄准的重要目标。在乾隆皇帝八十大寿之际,一支庞大的英国使团来到中国,双方进行了贸易谈判,但由于清政府的农耕思维和英使团的傲慢,谈判以失败结束。在嘉庆时期,英国再次派遣使团来华,仍然没有达成任何协议。当正常的贸易往来不能达到预期效果的时候,殖民者便会采用第二手段,使用武力打开国家的大门,强行进入该国市场。对中国而言即是如此。

到19世纪上半期,随着商业资本在中国长期的发展,货币不断向农村侵入,农村经济出现缓慢变化,主要表现为土地逐渐趋向"商品化",大规模土地私有化,在中国南部和中部,如广东、江苏、直隶、山东各省,有些大地主拥有的土地达到千亩以上甚至十万亩以上。中国原本是以小农经济为主,市场比较狭小,商业发展总体上比较落后,并且城乡发展不平衡。其商业版图主要由三部分构成，其一是自由市场。手工业品买卖尽管遍及城乡各地，但贸易品主要是农产物。由于工业不发达和交通闭塞，"除了几个大的商业区域与行政的中心而外，在其他许多的城市与乡村里，只有零卖的商业，手扶小车，肩背箱夹和摆小摊子的商业"①。其二是商业专卖。中国王朝时代长期实行专卖与特许制度，比如盐专卖制度等。通过商品专卖，封建统治者剥夺了生产者、消费者与小的零售商人的利益，而专卖商人获取垄断利益，同时，国库收入得到保证。到19世纪前期，专卖更加扩大化，主要波及盐、米、丝绸及其他商品。在专卖特许制度下，出现了一批商业暴发户。其三是对外贸易。鸦片战争以前，中国与外国很少签订贸易协定，但并没有妨碍中国对外商业的发展。鸦片战争前几年，在中国已有三百个外国商人。"从这三百个商人中，英国占一百五十八个，美国占二十八个，这个数目字，表明英国在这个时候，特别比其他各国在中国所下的根要深些。"② 由于中外之间没有设定商业协议，所以，中国政府与地方行政人员可以任意凭借意志和心理摆布一切，这是自16世纪以来，造成中国对外通商发展缓慢的重要原因。同时，也说明了为什么自鸦片战争开始的多次列强侵华战争之后，帝国主义都急于与中国签订条约，其中，很多条款关涉的都是商业问题。

  商业发展的状况与工业成长密切相关。当时的中国，手工业是主力，主要是家庭工业和手工业作坊，主要部门为棉业、丝业和瓷业。这些手工业和家庭工业根本不能满足国内市场的需要，如只有少数富人能使用丝织品，同样，棉纺织布料价格也很高。大部分家庭只能靠自给自足来解决。相比较而言，19世纪前期的中国，是工业资本严重滞后，商业资本充当主力的时代，甚至工业资本也掌握在商业资本的手里。随着1840年开始的鸦片战争，以及后来列强历次侵略中国的行动，以及一系列不平等条约的签订，中国市场被迫向世界资本主义开放，大量价

---

① 李一尘：《太平天国革命运动史》，光华书局1930年版，第15页。
② 李一尘：《太平天国革命运动史》，光华书局1930年版，第20—21页。

格低廉的工业品进入中国市场，中国的社会经济结构发生了重要变化，加速了自然经济的崩溃。

二　中国经济变革与新型阶层

资本主义在中国逐利，出现了新型资产阶级和无产阶级，作为新的政治经济力量，其逐渐在社会经济政治舞台上崭露头角。首先，资本家阶层开始出现。在洋务运动中，伴随着一批外国资本、官僚资本和民间资本的投入，逐渐形成一批产业资本家、商业资本家和买办资本家相结合的资本家阶层。（1）买办资本家作为中间商，为外商推销商品和农副产品，运用各种手段敛财，积累了大量财富。这些人是当时最懂得资本主义政治经济制度运作方式的一部分人。著名理论家兼买办的郑观应，面对列强通过商业对中国进行的巧取豪夺，曾主张大力发展中国商务。他说："我之商务一日不兴，则彼之贪谋一日不辍。"① 他还试图把民族觉醒融进工商业发展之中，得出了"习兵战不如习商战"的结论。（2）商人资本家开设商店、做各种杂货或洋货生意。自19世纪60年代开始，这些资本家与洋行交易，不断赚取利润，扩大资本。在特殊时代，中国的绅商是地位仅次于官吏的富有阶层，多数情况下兼有亦官亦商的双重身份。（3）产业资本家在买办资本和商业资本积累的基础上产生，他们从地主、商人、买办，甚至官吏演化而来。从1872年到1913年间，近代企业创办者中地主占55.9%，商人占18.3%，买办占24.8%，且大都有官僚身份。② 这些资本家运用手中资本，投资近代工业、矿业、丝织业、机器生产、产品加工等行业，逐渐成了民族资产阶级的中坚力量。这时，在资本家开办的企业里产生了工人阶级。中国的第一批工人产生在外国资本家在各个通商口岸建立的一百多个企业里，到甲午战争前约有3.4万人，在洋务派的官僚资本开办的军用和民用企业里约有3万工人，在民族资本家用民间资本开办的工矿企业里，约有

---

① 夏东元：《郑观应集》上册，上海人民出版社1982年版，第586页。
② 吴承明：《中国资本主义与国内市场》，中国社会科学出版社1985年版，第120页。

3万工人。总体上，到甲午战争，中国近代工人人数约有9万人。① 中国工人阶级受剥削的程度仅次于农民，他们与农民联系密切，很容易沾染上小生产者意识，故常常被帮会力量所吸引，但其作为新生产方式的代表是确定不移的。这一新阶级的出现，改变了中国的社会结构，影响着中国社会的变革。

与西方国家不同的是，中国资产阶级与地主、工人与农民具有天然的联系。他们是在近代中国社会从小生产转向大生产的裹挟中，从传统农耕地区走向城市的。二者扎根于同一块封建传统源远流长的土地上，又受到近代工业文明的影响，共同栖身于先天不足的资本主义。从农村走向城市的乡绅、学生等知识分子，面对列强的剥削、侵略，民族的危亡状况，既有对乡村封建、落后状况的不满，又有对城市资本主义劳资对立、市民贫困的失望。在双重矛盾交织之中，他们决心改造中国，首先成为宣传社会主义学说的主体力量。

三　新型阶层与新型知识分子

随着中国经济状况的变化，阶级结构也相应发生了变化，促成新型阶级阶层的出现。19世纪末20世纪初，以新型阶层为基础，出现了一个既不同于传统士大夫，也不同于新兴工商资本家的新社会群体——新型知识分子。这一新型群体主要来源于三个方面：其一是由有科举功名的旧知识分子转化而来；其二是一批经过科举，又在废除科举后，接受新式教育的人；其三是出身工商业或平民家庭的、接受新式学堂教育的人。尽管其来源有不同，但他们都植根于中国资产阶级工商业的兴起，伴随着新型实业的产生而出现。正因为如此，新型知识分子与传统知识分子尽管有密切的联系，但二者又具有本质区别。其一是阶级属性不同，旧知识分子属于封建地主阶级的组成部分，新型知识分子属于资产阶级或小资产阶级的组成部分。他们的思想和活动主要围绕建立一个独

---

① 陈旭麓：《近代中国社会的新陈代谢》，上海社会科学院出版社2006年版，第134页。

立、民主、富强的民族国家而进行；其二，两者的知识结构和思想观念不同。旧知识分子主要囿于国学和封建传统道德观念，表征为封建卫道士形象。新型知识分子主要由西学造成，他们大都经历过新式学堂教育或留学教育，接受了不同于中国传统封建社会的西方道德与价值。其三，社会责任感不同。新型知识分子具有更为强烈的危机意识、变革意识，对西方列强本质的认识更加清晰。学界一般认为，近代中国新型知识分子形成的标志性事件是1895年发生的"公车上书"。[①]

近代新型知识分子群体是经济转型与社会变革的产物，因此，它的产生、扩大及活动，对于近代社会变革与更新，具有重要的影响。

第二节　近代中国的政治转型

近代中华民族的救亡图存运动，是在清政府对列强侵略战争屡次失败的境遇中不断向前推进的。不同时代的中国人经历了从拯救封建王朝到改造封建王朝，再到推翻封建王朝的观念转化。在清王朝崩溃前夕，出现了两条道路之争。其中一条是资本主义道路，是主线；另一条是社会主义道路，是副线。向西方学习是在中国近代发生文化转型的背景下进行的。没有对文化转型的渴求，也不可能接纳西方近代科学与文明。

一　在内外危机中救亡图存

第一次鸦片战争的失败打碎了天朝迷梦，造成的另一个后果就是太平天国农民运动的发动。由前文对经济转轨的分析，可见，当时的中国被封建地主、贵族及商人和高利贷者所控制，而与之对立的一面是广大农民和城市贫民的困苦。清王朝从统治整个中国之日始，代表的就是封建地主贵族及商人的利益，同时，还要竭力保持满族人在法律上、政治上的特权。这种特殊的封建统治，造成清王朝治下的中国社会始终存在

---

① 参见焦润明《中国近代文化史》，辽宁大学出版社1999年版，第25—28页。

着两对尖锐的矛盾。一是农民和地主、贵族及商人的矛盾，一是汉人与满人的矛盾。这两对矛盾贯穿清王朝统治的始终。在列强侵略和社会转型中，这两对矛盾终于爆发。

太平天国运动是农民阶级反抗封建统治及外国资本主义侵略的一次暴力运动，具有历史的进步性。"太平天国，它是一个伟大的进步的带着资产阶级民主性的农民革命。"① 随着商品经济的发展，自然经济逐渐解体，土地兼并更加严重，赋税压力、自然灾害等导致大量农民破产。由于封建制度的束缚，资本主义经济不发达，无法容纳大量的过剩劳动力。除了一部分流落海外，大量剩余劳动力最终走上了暴力反对统治者之路。这次农民运动以失败结束，但其既造成了中国社会的动荡，又推动了中国社会的变革。

鸦片战争的失败，农民运动的反抗，致使统治阶级内部先进人物认识到清王朝面临的严重危机。一些先进的中国人睁眼看世界，逐渐摆脱中国中心论观点，开始重视对世界历史和现实的了解，以寻求拯救王朝延续和民族危亡的道路。士大夫魏源在所撰《海国图志》中提出师夷长技以制夷，首开寻求救亡图存之道的药方。他面向大海，瞭望世界各国，介绍科学技术和历史地理知识，以一个封建改革派的视野和抱负，收集整理出百卷本的《海国图志》，把国人眼光从古老的东方带到了世界各地。该书《原序》中明确指出，是"为以夷攻夷而作，为以夷款夷而作，为师夷长技以制夷而作"②。自此，翻开了中国社会政治转型新的一页。

在外国侵略者的经济掠夺和军事侵略以及农民运动的打击下，魏源提出的主张受到清王朝的重视，逐渐形成了以"自强""求富"抵御外辱的共识，具体表现为洋务运动的兴起。洋务运动通过学习西方，引进科学技术创办军事制造业，还建立了一批民用工业，开启了中国的近代化，进而融入世界市场体系。在创办工业的同时，洋务派开办了京师同

---

① 李一尘：《太平天国革命运动史》，光华书局1930年版，第3页。
② 魏源：《海国图志》第1卷1—12，岳麓书社2011年版，第2页。

文馆等一批新式学堂，培养军事、外交、翻译、技术等专业人才；创办了一批报刊，自19世纪70年代开始，中国人自己在上海、香港、汉口、福州、厦门等地创办了《申报》《万国公报》等20余种报刊；为了学习西学，派遣幼童等留学生去欧美国家学习先进的科学技术；翻译了多种西方科技著作和社会科学书籍。这些举措打破了中西文化壁垒，加强了中西文化的交流和融合，加快了科举制度的终结，特别是加快了"西学东渐"的速度。

二 在救亡图存中接纳西方文明

洋务运动是在救亡图存中兴起的，是封建统治阶级内部革新自强的运动，他们打着"自强""求富"的口号，主要学习西方先进的武器制造技术和创办军工及民用工业，以求达到"师夷制夷"的目的。在洋务运动的三十年间，除了学习器物层面的技术之外，洋务派为了配合现代工业，模仿西方学校开办了一批新式学堂，培养现代应用型人才。向国外派出留学生，直接学习西方科学技术。在学习过程中，传统观念受到西方工业文明的冲击，逐渐改变着这批人的思维定势。

发展教育，改变国运。1862年开始，洋务派在北京开设京师同文馆，培养外语人才，不久又扩大办学，陆续开设了学习自然科学的各科目，如天文、算学、化学、格致（物理）等，培养以具备外语能力的"边务储才"为主，兼具理工学科系统知识的人才。通过开设同文馆，翻译了一批外文书籍。随着学生外语水平的提高，在教学之外，设立印书处，教师带领学生翻译外文新学图书，翻译的书籍涉及自然科学各门学科和国际法、经济学、历史等社会科学科目。1863年开设了上海广方言馆，后于1870年入江南制造局翻译馆，在培养学生之外，也翻译了大量的自然科学、医学著作。其中，还包括1864年开设的广州广方言馆，以及1887年开设的东北珲春翻译俄文书院、台湾的西学馆等。后来，清王朝一大批驻外公使大都出身于同文馆，还有一些学生在外交部任职。

1866年，左宗棠在福建马尾船政局内设立求是堂艺局（福建船政学堂），专门培养轮船制造和驾驶人才。在校内，学生学习英法语言，自然科学和设计、制造技术，且到英法留学，理论和实践相结合，五届毕业生合计200余人，这些人后来成为北洋舰队的中坚力量，是近代中国海军的摇篮。其中，严复曾担任北洋水师学堂总办，他撰写的《论世变之亟》《救亡决论》《原强》等著作，翻译的《天演论》《原富》《法意》等外国名著影响巨大，成为鼓吹维新变法的先驱和近代中国思想启蒙的思想家。同时，为了加强对外交流的需要，还培养了一批外交人才。这些举措，是传播西方科学文化的先声。这种不需要通过科举考试直接授予官职、功名的做法，打破了科举制度八股取士的传统，尽管受到封建体制和官僚作风的影响仍然比较大，但开通社会风气的巨大作用是无可置疑的，成为中国新式教育的开端。

重视学以致用，各类现代应用型人才陆续得到培养。在洋务运动中期，还创办了一批应用型学堂，学制很短，多为1—2年，主要培训军事工业的应用型人才。电报业发展很快，根据电讯业发展需要，在发达城市设立电报学堂，培养电报类专业应用人才。如1875年，丁日昌任福建巡抚时开办福建电报学堂，招收40名，学制一年。1880年，李鸿章在天津设立电报学堂，1882年左宗棠在南京设立同文电报馆，1883年上海设立电报学堂，培养了一批电报骨干。

1889年，张之洞在广东设立西艺学堂，分设矿学、电学、化学、植物学、公法学五科，招生150名，不久，张之洞调任湖北，又创办了矿学、化学学堂。

1883年，吴大澂在吉林设立了专门学习算法的表正书院，1887年刘铭传在台湾创办了学习外文、测量、制造学的西学堂，1893年张之洞在湖北武昌设立了学习方言、算学、格致、商务的自强学堂等。这些学堂主要以学习西方各种军事科学和技术，以及外语为主，为西方现代文化传入中国作出了贡献。虽然这些学堂遵从中体西用，当时不可能代替八股取士制度，但这种做法为中国传统社会吹进了一股清新之风，为西学进一步进入中国提供了条件。

与西方近距离接触,推动西学东进。在创办新式学堂之外,清政府选派一批幼童赴美留学,直接学习西方文化。1870年,在容闳的鼓动下,由曾国藩奏报清廷批准,计划四年选派四批120名幼童赴美留学,先学习语言,后入军政、船政学院学习科学技术,学习年限15年,中学西学并重,学成为国效力。尽管中途生变,学生受美国风俗影响过大,遭到清当局反对,中途回国,但这些学生在美期间勤奋学习、探究学术、成绩优良,后来成为电报业、船政业、制造业、铁道业、海运的骨干,著名铁道工程师的詹天佑就是其中的佼佼者。这些学子接受了资本主义教育,开化了风气。甲午战争失败以后,洋务运动继续发展,现代工厂企业越办越多、新式学堂举办成风,官办和自费留学不断兴起。1905年,科举被废除,近代化的工业大学、师范学院逐渐兴起。接续而至的戊戌变法运动,主张学习西方的政治制度,继续打开向西方学习之门。

在洋务派引进西方科学技术的同时,西方政治和经济作为其附属品也随机夹带进来。尽管洋务派誓死捍卫封建专制王朝统治,但资本主义发展的潮流仍然流到中国人的面前。甚至,统治阶级内部还讨论过西方的议会政治、西方的道德,以及如何获得富强等问题。这些都是西学东进的成果。

三 在西学东进中生发救国之策

先进士大夫阶层接受新思想,新型知识分子对西学的运用,都是在中国经济转轨中生成,在接受西方文化应对民族危机中淬炼而成。他们逐渐形成的主张是用西方政治制度改造中国社会,振兴中华文明。

通过近代中国经济政治及社会的变迁,可以看出政治思想家们的心路历程。近代初期的林则徐、魏源等政治思想家,看到了西方文明较之于中国传统文明的优势,开始研究西方社会,提倡向西方学习技艺。改良主义先驱冯桂芬,在"师其技艺"的基础上,在《校邠庐抗议》中提出"采西学议""中体西用""鉴诸国"等主张,试图用西方文化补充中华文化的不足。具有民主意识的早期资产阶级知识分子王韬和郑观应,公开提出设议院。被称为"留学生之父"的容闳,通过翻译《地文学》《契约论》等,主张实业救国、教育救国论。近代中期的资产阶级知识分子马建忠、郭嵩焘等认为,在学习技艺之外,更应该学习西方的各种制度和思想教育。颇具叛逆思想的王韬,在《弢园文录外编》中,一方面揭露和批判黑暗的社会现状,深入细致地剖析产生这种现状的本质;另一方面,主张应从学习西方的坚船利炮转向学习西方的政治制度。王韬指出,中国学习西方的坚船利炮取得了一定的成绩,但是仅仅学到了皮毛。"惟所惜者,仅袭皮毛,而即嚣然自以为足,又皆因循苟且,粉饰雍容,终不能一旦骤臻于自强。"① 完全依赖"行阵之器"还不足以自强,至关重要的在于使用这些利器的人。他提出:"故今日我国之急务,其先在治民,其次在治兵,而总其纲领,则在储材。"②他给出的自强答案,就是要培养具有现代思想的人才。

严复是中国文化转型时期的代表性人物。他翻译的《天演论》弘扬进化论,提出中国必须变法,对谭嗣同、梁启超、康有为等产生了较大影响,对促成百日维新具有重要的推动作用。20世纪初,梁启超等人从西方器物和制度层面,深入到对文化心理层面的认识,看到了东西文化的差异。他在《新民说》中提出了对大众的国民性进行改造的思想。孙中山在上书改良失败后,转向革命,主张用资产阶级政治体制拯救中国,试图"西体中用",对保守的"中体西用"说进行了逆转。

近代中国对西方文明的接纳,与先进中国人对"夷夏之辨"观念的转变有密切的关系。随着中华文明从传统向现代的转变,形成了对流传几千年的"夷夏之辨"的自觉清理。先秦以来,在中华民族内部,一直存在着中华与蛮夷两种文明的交融,形成了以华夏民族为文明主流的价值观,构建起华夏文明体系,又称华夷之辨。华夏之辨把华夏聚居区与周边区域相区别,分别称为文明先进的"夏"和野蛮落后的

---

① 王韬:《弢园文录外编》卷1,中州古籍出版社1998年版,第52页。
② 王韬:《弢园文录外编》卷1,中州古籍出版社1998年版,第56页。

"夷"。"中国有礼仪之大,故称夏;有服章之美,谓之华。"① 在先秦时代,夷夏之辨主要以有无礼仪等文化为标准,魏晋以后主要以血缘远近为标准,同时兼顾地域特征。可见,夷夏之辨的标准主要有上述三个方面。夷夏之辨使中华民族保持了长期的文化自信,也深刻影响了近代中国的文化转型。

夷夏之辨排斥的从来不是其他文明中优秀的先进文明,恰恰相反,排斥抵制的是野蛮落后的文明。哪怕是遥远的地方的其他文明,中国都是抱着开放的态度来接纳和吸收的。鸦片战争中国的战败,当清王朝面对西方列强的坚船利炮而丧权辱国,遭遇千年未有之大变局之时,一些先进的中国人对"天下中心"的价值观产生了怀疑,开始重新思考国家和文化的先进性问题。

第三节 激活传统大同文化资源

在接纳西方近代文明的同时,部分中国人还反躬向内,在中国传统文明中寻求出路。

一 农民阶级对"大同"理想的追求

古代典籍《礼记·礼运》中,对大同社会具有清晰而系统的表达,是古代中华民族对幸福生活的追求。"大道之行也,天下为公,选贤与能,讲信修睦。故人不独亲其亲,不独子其子,使老有所终,壮有所用,幼有所长,鳏寡孤独废疾者皆有所养。男有分,女有归。货恶其弃于地也,不必藏于己;力恶其不出于身也,不必为己。是故谋闭而不兴,盗窃乱贼而不作,故外户不闭,是为大同。"这一表达人人平等、社会清明、安居乐业、人尽其力、物尽其用的社会理想在封建社会时隐时现。儒家对"大同"社会理想的描述,对后来中国人的思想、中国

---

① 《春秋左传正义·定公十年》,中华书局1957年版,第2272页。

社会的发展产生了极其深远的影响，也对世界人民的思想、世界历史的发展产生了广泛影响，是中国也是全人类的一笔宝贵精神财富。

在中国漫长的封建社会，"大同"理想既是开明思想家反复倡导的，同时，也是广大贫苦农民阶级反对封建地主阶级剥削压迫的思想武器，成为号召、鼓舞人民追求社会进步的旗帜，其基本主张一直延续下来。世人皆知陶渊明的世外桃源、水泊梁山的"替天行道"口号、李自成起义的"均田免粮"口号，体现了中华民族一贯追求的社会公平、人人平等的理想社会，从春秋战国时期，一致延伸到近代社会。在近代中国经济转轨、政治转型的过程中，面对半殖民地半封建社会下经济的畸形发展，对逐渐出现的资本为王趋势的反思，激活了人们渴望回归"大同"世界的梦想。

洪秀全把中国传统的"大同"理想与西方的基督教教义杂糅在一起，阐释了自己对理想社会的理解。在《原道醒世训》中，洪秀全面对当时社会"世道乖漓，人心浇薄，所爱所憎，一出于私"的状况，期盼"行见天下一家，共享太平，几何乖漓浇薄之世，其不一旦变而为公平正直之世也！"① 表达了当时农民阶级追求美好生活的愿望。洪秀全更加直白地表达了"天下总一家，凡间皆兄弟"② 的观点，并号召广大兄弟姊妹共同击灭害人的"阎罗妖"，过上"天堂"般的生活。

随着太平天国政权的建立，这一思想观念又融入太平天国运动的土地纲领——《天朝田亩制度》中，设计出"有田同耕、有衣同穿、有饭同食、有钱同使，无处不均匀、无人不饱暖"的社会蓝图。随着太平天国运动的不断壮大，波及十八省，影响深远。它反映了受苦受难农民反对封建压迫的要求，也表现了几千年来以小生产为基础的底层阶级的平均主义愿望。这种以小生产方式为基础，西方宗教和中国古代大同理想相结合的主张，具有宗教迷信色彩，是落后的、空想的也是不可能实现的乌托邦。随着现代工业的产生，这一思想为现代社会主义在中国

---

① 罗尔纲：《太平天国文选》，上海人民出版社1957年版，第4页。
② 罗尔纲：《太平天国文选》，上海人民出版社1957年版，第9页。

的出现提供了民众基础和思想资源。

太平天国运动最终失败了,但其影响力对后世影响颇深。在民间,太平天国运动的英勇事迹主要以故事的形式,鼓舞着后续的革命运动。梁启超说过:"光绪末年盛倡革命时,太平天国之'小说的'故事,实为宣传资料之一种,鼓舞人心的地方很多。"[①] 可见,尽管清政府全面封锁抹黑太平天国运动,称其为"贼",太平天国的一些过激行为也不值得提倡,但底层民众反抗封建压迫开展自救的精神及其对未来美好社会的向往是值得称道的。

二 资产阶级改良派的"大同"社会描述

19世纪末,西方资本主义发展到帝国主义阶段,阶级矛盾的尖锐化和社会弊端的充分暴露,使先进的中国人在向西方学习、绘制中国社会发展蓝图时,发现了西方社会的缺陷,他们力求规避这些弊端,努力追求更加美好的社会形态。康有为在《公羊传》基础上,结合古代大同社会理想,描绘了一个"大同世界"。康有为把"三世说"的核心要义,即据乱世—升平世—太平世的历史进化论、古代大同说与西方资产阶级的天赋人权说相结合,创立了独具特色的系统化大同思想。他的这一学说,被弟子收集整理,加工成书,以《大同书》问世。但《大同书》一书本身并没有被时人纳入现代社会主义范畴。譬如,蔡元培只是把《大同书》列入整理国故的哲学范围,认为康有为是在孔子学派上想作出一个"文艺复兴"运动,[②] 是在古代传统思想基础上掺杂些现代元素。

在日益严重的社会危机和民族危机面前,康有为看到了中国传统文化的弊病和社会落后的现实。作为一个改革家,他不可能不思考改造后的中国图景。一方面,他批判旧式文化,特别是传统儒学,目的是破坏封建统治的思想理论根据,在抨击旧学的过程中著述了《新学伪经考》《孔子改制考》等,批判当时流传的儒家经典是"伪经""新学",开

---

① 梁启超:《中国近三百年学术史》,上海三联书店2006年版,第24页。
② 蔡元培:《中国伦理学史》,人民出版社2008年版,第135页。

了反对传统的先河，冲击了封建制度的思想根基，解放了知识分子的思想。梁启超称其"实极大胆之论，对于数千年经集谋一突飞的大解放，以开自由研究之门"①。另一方面，康有为接受西学，研究资本主义的政治、经济和文化制度，接纳了天赋人权说，并且综合东西方学说，推陈出新，构建起自己的理想目标：大同。

在万木草堂讲学期间，康有为的"大同"思想已具雏形，戊戌变法失败以后，康有为流落海外，综合了传统旧学，吸收西方资产阶级的人权、平等、博爱学说，创造了《大同书》。他以《春秋》"三世"之义说《礼运》，谓"升平世"为"小康"，"太平世"为"大同"。康有为的"大同"学说，得到其弟子们在不同层面的传播，梁启超、谭嗣同等对其推崇备至，1913年在《不忍杂志》部分发表之后，逐渐对20世纪中国思想潮流的发展产生了影响。

三 社会主义者的"大同"底蕴

太平天国运动和洪秀全的大同理想，对民主革命运动具有深刻的影响。孙中山受到太平天国及洪秀全的影响比较明显。在辛亥革命前，孙中山与日本友人宫崎寅藏的一次谈话中，明确说到自己的革命思想受到太平天国的影响。孙中山说："革命思想之成熟固予长大后事，然革命之最初动机，则予在幼年时代与乡关宿老谈话时已起。宿老者谁？太平天国军中残败之老英雄是也。"② 对孙中山而言，不仅革命思想受到如此影响，就是革命目标也如此。当宫崎问孙中山土地平均之说得自何处的时候，孙中山谈到，一方面与自己的贫家子弟出身有关，另一方面，与他在家乡被推举为宿老议员时开展的"自治乡政之事"有关。③ 很明显，孙中山受到当时家乡宿老的影响，既影响了其革命思想的形成，也影响了其民生主义的出台。

---

① 梁启超：《清代学术概论》，人民出版社2008年版，第5页。
② 《孙中山全集》第1卷，中华书局1981年版，第583页。
③ 《孙中山全集》第1卷，中华书局1981年版，第583—584页。

社会主义思潮代表人物之一的江亢虎，同样受到大同社会理想的影响。1900年，17岁的江亢虎在北京成立学术团体"智学会"。《智学会序》一文开篇即说："大同之功效四：智、强、福、寿"，提出以智强国的主张。1910年，江亢虎出洋游学，与友人和学生分别时刻，其发表了《环游留别词》的演说，就明确说道："忆在髫龄读《礼记》一篇，即慨然慕天下为公之盛。中间更历事变，泛览载籍，而益叹现政之腐败，民生之苦辛。"① 可见，"天下为公"的大同盛世说，就是青年江亢虎的最初追求。后来江亢虎数度出国考察，又进而发现，西方盛行的社会主义、共产主义主张，与他原来构想的"大同之治"，竟"暗合十之八九"②。当时，江亢虎所称的社会主义，在学说上直接来源于孔孟的大同之世；在制度上因袭于孟子倡导的井田制；在风俗上渊源于古来有之的"内外分治，各尽所能，饮食同席，各取所需"③的传统，与大同主义有多重联系。

第四节　社会主义传入的因缘

在近代中国发展史上，救亡和启蒙双星灿烂，交错迸发，各种社会思潮不断涌现。大动荡、大变革获得大发展，中国社会从农业文明走向工业文明，中华民族从天朝帝国走向衰落后再次崛起，用一个世纪的时间绘就了一幅振兴中华的民族史诗。20世纪初期，中华民族陷落到最残酷的时代，学习西方资本主义经济政治和文化，接纳社会主义学说等，直接催生了近代中国社会主义思潮。

一　重大事件的激发

在经济政治文化背景之外，社会主义传入中国，还有现实的原因，

---

① 江亢虎：《洪水集》，上海社会星出版社1913年版，第36页。
② 江亢虎：《洪水集》，上海社会星出版社1913年版，第16页。
③ 江亢虎：《江亢虎文存初稿》，现代印书馆1944年版，第126—127页。

与重大事件的发生关系密切。在 20 世纪前十年，三件大事的出现，激发了知识分子对社会主义的接纳。

第一件：甲午战争。1894—1895 年，中日甲午战争爆发，清政府被打败，签订丧权辱国的《马关条约》。这表明即便拥有强大海军力量，腐败无能的清政府仍然摆脱不了失败的命运。这让中国有识之士逐渐认识到不改变王朝统治，中国没有出路。在现有的王朝制度下，"师夷长技以制夷"失败。

第二件，戊戌变法。1898 年，维新派被守旧派绞杀，戊戌六君子血洒刑场，标志着对清政府内部的改革彻底失败，民众对清王朝彻底失望。必须推翻清朝统治，以新的制度来代替，如此才有复兴的希望。

第三件，义和团运动。1899 年开始，北方农民起来反抗帝国主义，最后，义和团被中外势力联合绞杀，清政府与列强签订了《辛丑条约》，民族危机积重难返，完全进入半殖民地半封建社会的深渊，再次显示了清政府的昏庸、腐败与无能，其统治威信大幅下降。义和团运动的爆发标志着近代意义上的中国民族意识的觉醒，是中国近代民族主义的滥觞，是普通民众参与政治的开始，使人认识到需要新思想领导中国革命，需要新型阶级阶层的加入。义和团运动的失败，并没有击垮中国人民寻求救国救民之路的信心，反而激活了民众进一步改造旧世界的精神。1901 年，容闳告诉他的学生刘禺生说："予默观现时大势及中国将来情形，当竭诚以授汝，汝其阐行吾志乎？汝以义和团为乱民乎？此中国之民气也。民无气则死，民有气则动，动为生气，从此中国可免瓜分之局，纳民气于正轨，此中国少年之责也。"① 民气就是苦难中的中国人继续寻找复兴之路的奋争。1955 年，在北京各界欢迎东德代表团大会上，东德总理格罗提渥将当年德军掠夺的义和团旗交还给周恩来。周恩来随后指出，1900 年的义和团运动，正是中国人民顽强地反抗帝国主义侵略的表现。他们的英勇斗争是五十年后中国人民伟大胜利的奠基

---

① 刘禺生：《世载堂杂忆》，辽宁教育出版社 1997 年版，第 99 页。

石之一。

三大事件,是先后相连的。事件每进一步,民族危机便加深一步,同时,民族觉醒的程度便提高一步。在民族危机感和紧迫感不断增强的同时,志士仁人们对于救国道路的探索也取得了新的发展、新的突破。

二 变革中的第三种力量

在近代中国历史上,社会主义思潮不是以单一的形式出现的。当时,它是社会政治舞台上流行的各种思潮中的一种,与中国社会变革的进步力量交织在一起,同步前行、多维共振。

甲午战争之后,在模仿走西方资本主义道路的过程中,一直是革命和改良的双重变奏,具体表现为两个组织形式的兴起:兴中会和强学会。其中,一个高举革命的旗帜,一个坚守改良的路径,都试图为命运多舛的中国开出一剂治愈药方。这样,在中国的政治舞台上,两股新的政治力量既同向同行,又相互排斥,此消彼长。改良派首先崛起,在维新变法中,其活动以北京为中心,以天津、上海、长沙、广州等地为据点,辐射全国,并掀起了轰轰烈烈的变法革新运动,使国人看到了革新富强的希望。变法的失败标志着改良运动走下政坛,同盟会的成立则标志了革命时代的到来,使探索中的中国人再一次看到了变革社会的曙光,直至辛亥革命的爆发。

在此期间,中国是走革命之路,还是走改良之路,是建立民主共和,还是建立君主立宪,围绕着中国社会如何走出衰败,以孙中山为代表的革命派和以康梁为代表的改良派,在思想理论战线掀起了一场大论战。他们分别以《民报》和《新民丛报》为主要阵地,时间长达三四年。在论战的同时,双方开展了大规模的实践活动。从1906年的萍浏醴起义开始,革命派以组织武装起义为主要形式,声浪不断扩大,几年间革命势力遍布大江南北。立宪派从发动局部的立宪活动开始,到1910年,发展为全国范围内数十万人参加的签名大请愿。这两股政治力量都直面专制的清王朝,革命派以推翻清朝,建立民主共和政体为目标,而立宪派以保全皇帝,建立君主立宪为目标,二者声势浩大,殊途同归,都试图使中国走上资本主义道路。但随着时代的变化,资产阶级革命派逐渐占据历史潮头,以暴力革命推翻了帝制成为主流,立宪派的变革失去了依托,最终立宪救国让位于革命共和。

不管是革命派还是改良派,他们都是以爱国救亡为出发点。以孙中山为代表的革命派,以资产阶级的中下层为基础,而以康有为梁启超为代表的改良派,则以资产阶级的上层为依托,他们共同扎根于工商业,提倡兴办实业,但二者的进路不同,革命派的进路是通过大破坏,取得胜利后进行大建设;改良派的进路是在和平环境中,直接开展实业建设,他们极力反对革命,以免造成破坏,也害怕革命引起列强干涉,阻滞实业建设。所以,在民国建立后,革命派和立宪派联合工商界,致力于推进实业建设,共同促进中国资本主义的发展。据《农工部统计报告》提供的数字,这一时期的工厂数量分别是:1911年787家,1912年1502家,1913年1378家,1914年1123家,[①] 足以证明辛亥革命以后,中国实业的规模在扩大和发展。

在革命派和改良派的博弈过程中,一批受到革命派或改良派影响的知识分子重新思考中国的出路问题。其中,一些人受到日本和欧洲社会主义者的影响,转向了社会主义。中国社会党领袖江亢虎在成为社会主义者之前,是一个秉持爱国之心的维新派。1900年,江亢虎附和康有为、梁启超的强学会,在北京建立了"智学会"。不久,在给袁世凯的上书中,也提倡革新教育、强智救国。在成立中国社会党前的十年间,江亢虎主要以一个改良维新志士的形象活跃于社会政治舞台,表现出了强烈的爱国、救国情怀。东京《天义报》无政府主义的代表刘师培,在成为无政府主义之前,不仅是一个激进的爱国者,还是同盟会会员,在同盟会内讧中,他逐渐心灰意冷,转向研究和宣传社会主义。同样,巴黎《新世纪报》无政府主义主要人物李石曾、张静江等大都是革命

---

① 陈旭麓:《近代中国社会的新陈代谢》,上海社会科学院出版社2006年版,第349页。

派，另一个无政府主义的新秀师复也是如此。青年蔡元培，虽然是清政府官员，但受到改良派影响，倡导教育救国，一直对无政府主义情有独钟。而孙中山本人把革命民主主义和社会主义结合起来，高举起了"三民主义"的旗帜。在辛亥革命后，不仅革命派和改良派相互联合，而且社会主义各流派参与其中，作为第三种力量，其在推翻帝制、反对封建制度的社会变革中扮演了重要角色。

第二章 社会主义思潮的前奏

近代中国，社会主义在"西学东进"的大背景下，随着先进知识分子的觉醒而传入。从时间上看，其稍晚于世界社会主义运动而出现。早期，比较活跃的主要是无政府主义、社会民主主义和民生主义，后期还出现过基尔特社会主义，以及新村主义、工团主义等无政府主义的其他流派。在民主革命浪潮中，这些所谓的社会主义学说或流派不断汇集、逐渐成为一股现实的力量。经过知识分子和革命者的译介、宣传鼓动，至辛亥革命后，各社会主义从少数人研究或信仰的学说逐渐发展为具有重要影响的社会主义思潮。任何思想学说的流行，都与领导与传播的人物有关。为了更清晰地梳理出社会主义演进的脉络，本章首先简要介绍在思潮形成之前，那些为社会主义摇旗呐喊的中坚人物的境况，以及他们是如何走向社会主义的。其中，也包括辛亥革命前海内外研究宣传社会主义的情况。

社会主义传入的基本脉络是：20世纪初期，一部分中国先进知识分子和一些海外的中国留学生受到欧美社会主义者的影响，逐渐接触到社会主义，并通过组织团体和发行报刊，开展社会主义的研究和宣传活动。其中，主要有孙中山对民生主义的宣传，刘师培、张继、李石曾等的无政府主义宣传，在国内，主要有江亢虎的"三无"主义，蔡元培等受到无政府主义的影响，也进行了研究宣传活动。有些学者把康有为的《大同书》也列为社会主义行列，其实不然。该书确实呈现了类似社会主义的场景，但在社会主义已经流行于欧洲的情况下，《大同书》

❖ 进步与虚幻

中竟然没有出现过社会主义这个词。所以,康有为及其《大同书》不应该被列入现代社会主义的行列,充其量只是把中国古代大同思想与欧西资本主义世界社会现象相混合的产物,该书为研究近代社会主义提供了思想资料。

第一节 革命民主主义的变奏

1901年至1911年的十年是中国资本主义的快速发展时期。戊戌变法的失败,标志着以清王朝为主体的改良主义彻底破产,一批激进的中国人转向暴力推翻清王朝的运动,走上了资产阶级民主革命道路。以孙中山、黄兴为代表的资产阶级革命派高举革命的旗帜,以三民主义为宗旨,以资产阶级、小资产阶级和新型知识分子为革命的核心力量,从政治、军事、文化以及民生等方面,进行了不屈不挠的斗争,成为20世纪最初十年中国社会历史的标识。

这一时期,中国民族资本继续扩大,设厂总数及资本总额均超过1901年前30年的一倍以上,① 这表明了中国资产阶级力量的不断增强。民族资产阶级的崛起和新型知识分子的壮大,推动了中国资产阶级民主运动的发展。随着留学热的出现,大量留学生通过发行报刊、兴办学堂、翻译文本等方式,把西方的科学文化、社会风俗等介绍到国内,逐渐形成了国内与国外、中学与西学的思想共振,也促成了东西文明的交流、碰撞,各种思想学说竞相登上中国社会历史舞台,形成了一轮壮丽的日出。在《浙江潮》上,一篇文章这样说道:"十九世纪者,东西两文明之抵触时代也。物质之文明,由欧而入亚,灵性之文明,自亚而之欧,两大潮流,相击相触,……此二十世纪,其将融合浑化而生一光被全球之大新文明欤。"② 正是革命民主主义者的努力,以资产阶级民主革命为主导,中国思想文化舞台上出现了包括社会主义在内的多种西方

---

① 焦润明:《中国近代文化史》,辽宁大学出版社1999年版,第150页。
② 无朕:《十九世纪时欧西之泰东思想》,《浙江潮》,第9期。

学说，并与中华文化相碰撞，形成了东西两大文明相互融合的文化图景。

革命运动和文化融合相结合，催生的近代中国民主主义运动，是以资产阶级民主革命为主流，同时伴随着社会主义运动，出现的是双星照耀的局面。这一局面的形成，主要是作为中坚力量的留学生在反清革命中促成的。当时，在知识分子阶层中出现了三个大的反对清王朝的民主革命团体，即日本东京成立的兴中会、湖南长沙成立的华兴会和上海成立的光复会。他们抨击清政府的腐败与反动，组织领导国内反清起义、策划暗杀清政府官员等活动。在革命活动中，以反清、爱国为核心，逐渐形成了一套民主文化和革命话语，吸引了越来越多的知识分子和先进青年投入到革命洪流中来。1905年8月，三大团体联合起来，合并成立中国同盟会，以《民报》为机关刊物，发布"三民主义"革命纲领，统一领导全国的资产阶级革命运动。在归依中国同盟会的民主主义和爱国主义者中，还出现了一批社会主义的研究者、传播者和信仰者。他们设想用社会主义改造中国，并在辛亥革命运动中形成一股社会主义的思想潮流。

一 民族、民权到"平均地权"

孙中山是资产阶级的先进代表，但也是较早走近社会主义的人。梁启超曾说过，孙中山"眼光极锐敏，提倡社会主义，以他为最先"①。他游历海外，较早接触到西方社会主义，并且对社会主义与资本主义进行比较，认为资本主义既有利于改造中国的"善果"，也有不可扭转的"恶果"，从而把资本主义作为一个必要的存在过程，而把社会主义作为再造一个新中国的最终目标。

孙中山的社会主义是民生主义的另一种称呼，后人又称之为民生社会主义。它以提出"平均地权"的主张为发端。1902—1903年，在革

---

① 梁启超：《中国近三百年学术史》，上海三联书店2006年版，第26页。

命党与康、梁保皇党论战期间，孙中山把加入兴中会的盟书"驱除鞑虏，恢复中国，创立合众政府"，修改为"驱逐鞑虏、恢复中华、创立民国、平均地权"①，这标志着孙中山在民主革命运动中，正式提出有关社会主义的主张。1903年12月，在给国内一友人的回信中，孙中山回答了什么是社会主义："所询社会主义，乃弟所极思不能须臾忘者。弟所主张在于平均地权，此为吾国今日可以切实施行之事。"②孙中山的回答，明确表达了"平均地权"就是他理解的社会主义。从这里，也印证了孙中山不仅接触到社会主义，而且对社会主义有了明确的认知，而此时的中国，还很少有人提出过对社会主义的思考。

为了扩大革命影响，寻求更多的革命支持者、同情者，孙中山游历欧美，在留学生中也宣传过社会主义。1904年，孙中山在比利时、德国、法国等留学生中宣传革命，筹划建立革命组织。他提出的要挽救中国，必须"驱除鞑虏，恢复中华，创立民国，平均地权"的主张，很快得到一批留学生的支持和拥护。在游历比利时时，孙中山以中国革命党领袖的身份，到访设立在布鲁塞尔的第二国际社会党总部，曾向国际社会党提出接纳中国革命党为其成员的要求。按照布鲁塞尔《人民报》记者桑德的报道，孙中山向社会党领导人王德威尔得和胡斯曼介绍了中国社会主义者的目标，同时介绍了反映民族、民权和民生内容的革命纲领："第一，驱逐篡权的外来人，从而使中国成为中国人的中国，第二，土地全部或大部为公共所有，就是说很少或没有大的地主，但是土地由公社按一定章程租给农民。"③孙中山还明确表示，不希望中国像欧洲国家那样产生一个阶级剥夺另一个阶级的状况。当时，孙中山尽管还没有提出民生主义概念，但很明显，他已经开始把"平均地权"作为自己革命的奋斗目标。

孙中山的社会主义意识，与他对以往中国革命运动的反思，以及对

---

① 《孙中山全集》第1卷，中华书局1981年版，第224页。
② 《孙中山全集》第1卷，中华书局1981年版，第228页。
③ 《孙中山全集》第1卷，中华书局1981年版，第273页。

中西国情的比较分析密切相关。1906年秋冬之间，在同盟会发布的《中国同盟会革命方略》中，孙中山对革命军的革命与以往时代的革命做了明确切割，指出二者之间具有根本的差异。他说："惟前代革命如有明及太平天国，只以驱除光复自任，此外无所转移。我等今日与前代殊，于驱除鞑虏、恢复中华之外，国体民生尚当与民变革，虽经纬万端，要其一贯之精神则为自由、平等、博爱"。[1] 为了在话语上进行明确区分，孙中山还把前代的革命统称为英雄革命，而把革命军的革命称为国民革命。难能可贵的是，孙中山把实现民生纳入国民革命中，不仅扩大了中国革命的范围和功能，而且表征了在革命性质上的变化，把中国革命运动推进到新的阶段、新的高度。

孙中山通过比较中西国情，对西方资本家与中国革命关系的认识是相当清醒的。他认为，西方把中国人视为"黄祸"，不允许中国走现代化道路。1906年11月，在《复鲁赛尔函》中，孙中山说："我坚决相信：如果我们稍微表现出要走向这条道路（笔者注：资本主义文明）的趋向时，那么整个欧美资本主义世界就会高嚷着所谓工业的黄祸了。因此，他们的利益首先在于使中国永远成为工业落后的牺牲品，这也是十分明白和容易理解的。"[2] 既然西方国家不希望中国走上资本主义道路，更何况西方各国的资本主义还存有贫富分化的弊端，那么如何避免资本主义的弊端，则是孙中山首先要考虑的。孙中山认为，与欧美国家相比较，中国处于完全未开垦的境况，这固然显示了落后，但一定程度上也许不是一件坏事。"现代文明还没有触动过中国，直到目前我们还没有尝到它的善果，也没有受到它的恶果"[3]，基于此，中国完全可以走出一条不同于资本主义的革命道路。尽管如此，孙中山并没有放弃对西方先进文明的学习。在如何学习西方先进文明的时候，孙中山仍然指出，应该选择那些符合我们愿望的东西，即利用西方工业文明的善果，

---

[1] 《孙中山全集》第1卷，中华书局1981年版，第296页。
[2] 《孙中山全集》第1卷，中华书局1981年版，第322页。
[3] 《孙中山全集》第1卷，中华书局1981年版，第322页。

消除阶级对立、贫富差别的恶果。正是通过对中西国情实际状况的考察，孙中山乐观地认为，在西方国家无法实现的民生问题上，中国不仅有优先实现的可能，也完全有实现的能力。这就是他把"平均地权"作为社会主义方式来实现民生的主要原因。

二 开明官僚的"三无"主义

当孙中山的社会主义雏形乍现的时候，风华正茂的江亢虎，刚刚从日本回国担任刑部主事、京师大学堂日文教习。不久，本属于官僚阶层的江亢虎，却逐渐转向了社会主义。江亢虎与孙中山的经历颇为类似，皆是从上书改良失败转而走上革命道路的。1894年，孙中山给李鸿章上书。在《上李鸿章书》中，孙中山阐述了自己的社会改良思想。上书失败之后，孙中山认识到清王朝已经不可救药，遂走上了革命的道路。年轻的江亢虎看到中国的落后和政治的黑暗，同样秉持一颗改良救国之心。1901年，江亢虎给当时的北洋大臣袁世凯上书，陈述自己的"教育救国强国"主张，同样没有得到袁世凯的回答。尽管上书失败，亦足以可见，青年江亢虎是一个关注国家民族前途和命运的爱国者。后来。二人的主张和命运却出现戏剧性的变化。1924年，当孙中山在革命事业未竟、怅然辞世的时候，江亢虎却参加"善后会议"，彻底背叛革命，投入了北洋军阀的怀抱。

早期江亢虎的思想几经变化，经历了从民主主义到"三无主义"，再转向平民教育的过程。1903年，江亢虎受到无政府主义的影响，结合民主主义，产生了"三无"主义观点。江亢虎认为，自求安乐是人的本性，而自求安乐不得的障碍，则是宗教、国家、家庭的束缚。事实上，江亢虎早在日本留学的时候，就受到日本社会主义者幸山秋水等人的影响，以快乐人性说为依据，逐渐形成了"三无"主义观念，即无宗教、无国家、无家庭。1904年回国以后，江亢虎感觉在国内环境下，三无主义还没有市场，如果宣传过多，必然会带来麻烦，便搁置起来，不敢示人。这样，在明面上，江亢虎转向现实的问题，具体宣传男女平

第二章 社会主义思潮的前奏

等接受教育。他认为,在社会中,女子更受不平等之苦,女子应该和男子平等,同样可以接受教育。从1905年开始,他自筹经费,开办学堂,采取免学费、减免膳食等做法,鼓励贫困家庭的女子入学。到1910年的5年间,共开办了4所"女学传习所",受到新式教育的女学生多达3000名。

但江亢虎念念不忘的仍然是他的三无学说。1909年,江亢虎撰写了《无家庭主义》一文,署名"某君来稿",刊登在巴黎中文无政府主义刊物《新世纪》第93号上。在该文中,江亢虎集中表达了要建立一个"人人终其身处公共社会,无夫妇,故无父子兄弟;无家庭,故无继续法,生时所蓄余资,死则收入公中,教养诸费资焉"①的社会。后来,在中国社会党成立时,这一思想成为江亢虎宣传"遗产归公,教育普及"的思想雏形。可见,在江亢虎游学欧洲之前,他以无政府主义为底蕴的社会民主主义思想已经初见端倪,后在游学欧洲过程中,继续得到巩固和升华。

从三无主义转向社会民主主义。由于思想激进,倡导维新,江亢虎的言辞引起清政府和旧官僚的警觉。1910年,受到汪精卫等"银淀桥"案的影响,江亢虎启程南下,经过上海,东渡日本,再到欧洲游学,历时一年。在游历期间,江亢虎广泛接触到西方资产阶级的学说,同时,也接触到各国的社会主义学说,与无政府主义者、社会党人互有联络。这时,江亢虎与日本的辛德秋水、欧洲社会主义理论家,以及留置海外的中国无政府主义者李石曾、张继、吴稚晖等都有交往。在游历中,江亢虎比较了各种主义、思潮,最后综合无政府主义,转向社会民主主义,称自己为社会主义者。

后来,江亢虎曾言说过他的社会主义来源问题。1922年8月,江亢虎在山西太原演说,谈到自己主张的社会主义,明确地说过是从欧洲社会党那里来的。他说:"在欧洲住过几年,见着许多社会党员,对于

---

① 转引自汪佩伟《江亢虎研究》,武汉出版社1998年版,第32页。

平日主张，略有把握，回国后才发表社会主义的言论。"① 很显然，他只说了部分缘由。事实上，江亢虎的三无主义形成较早，只是由于环境所迫，在国内一直秘而不宣，偶尔表达观点也是在海外《新世纪》上以化名阐述一二。所以，当江亢虎后来阐述自己社会主义来源时，只认可来自欧洲社会党一说。综合分析，江亢虎组织中国社会党，提倡社会主义，除了受到欧洲社会党的影响之外，与他早期的无政府主义有很大关联，是他多年思考的自然流露。由于思想来源庞杂，他的社会主义学说，也被一些人批评为不伦不类的学说。

三　道德家与新年梦

蔡元培的无政府主义被其教育思想的光环所掩盖，但说他是近代中国无政府主义的重要代表之一，是符合实际的。在青年时代，蔡元培不仅是一个激进的革命者，而且对社会主义早已心向往之。今日，由于蔡元培在教育上的成就，被人们称为近代中国著名的教育家。也有人把蔡元培列入无政府主义同情者的行列，其实是没有看到蔡元培走的是不同路径的无政府主义，即对个人道德的建构和约束。蔡元培出身富贵之家，曾学高入仕。1898年，他离开仕途，请假回到绍兴，受聘担任中西学堂的校长。当时，学校内分为新旧两派，蔡元培属于新派，开始笃信进化论。蔡元培从身边的人与事入手，积极提倡男女平等，仅从他提出续弦的五个条件便可见一斑：一是天足者，二是识字者，三是男子不得娶妾，四是夫妇意见不合时，可以解约，五是夫死后，妻可以再嫁。② 这份契约表达了蔡元培强烈的反传统和追求平等的新思想。1902年1月，蔡元培在描述自己第二次婚姻时表示，他比较尊崇传统文化。但此时的蔡元培，是治新学循旧礼，"以公羊春秋义说进化论。又尝为三纲五伦辩护"③。可见，处于思想活跃时期的蔡元培的矛盾心态。

---

① 江亢虎：《江亢虎博士演讲录》，南方大学出版1924年版，第139页。
② 崔志海：《蔡元培自述》，河南人民出版社2004年版，第35页。
③ 崔志海：《蔡元培自述》，河南人民出版社2004年版，第36页。

第二章 社会主义思潮的前奏

蔡元培早期是一个激进的爱国者。1902年,他在上海南洋公学任教员,不久,发起成立中国教育会,担任会长。表面上看,中国教育会是一个改良教育,编写教科书的机关,实质上,"此会不啻隐然为东南各省革命之集团"①。蔡元培在推动中国教育事业改良的同时,还积极参与政治活动,出版《中国白话报》,发起拒法、拒俄运动。1903年,由于思想激进,他受到"苏报案"牵连。在这期间,蔡元培和几位朋友发起成立爱国女学,发动女子入学,接受新学教育。1903年12月,蔡元培与刘师培、叶翰等成立"对俄同志会",1904年,还与甘肃人陈镜泉创办《俄事警闻》(日俄开战后改为《警钟》日报),借道从事革命活动,"表面借俄事为名,而本意则仍在提倡革命"②。比较突出的是,《俄事警闻》翻译介绍了不少俄国虚无党人的情况。此时,蔡元培接触到西方无政府主义思潮,很感兴趣,并表示深信不疑。他说:"是时西洋社会主义家废财产、废婚姻之说,已流入中国。子民亦深信之。"③ 1904年2月,蔡元培在《警钟》上连载白话小说《新年梦》,宣传自己的无政府主义信仰。文中描绘了60年后中国社会强盛康乐、人类进入大同盛世的繁华景象,表达了身处落后衰败王朝时代的知识分子忧国忧民的情怀和对未来美好社会的期许。

当时,蔡元培面对中国的黑暗现实,在《新年梦》中,借"中国一民"的梦描绘了这样一个理想场景:"从此各国竟没有战事,民间渐渐儿康乐起来,那中国人的康乐,自然更高几倍了。偶然想出个新法子,寻出个新利源,就大家合力的办去。从前那些经费不敷、人材不足的弊病都没有了,所以文明的事业达到极顶。讲到风俗道德上面,那时候没有什么姓名,都用号数编的。没有君臣的名目,办事倒狠有条理,没有推诿的摩糊的。没有父子的名目,小的到统统有人教他;老的统统有人养他,病的统统有人医他。没有夫妇的名目,两个人合意了,光明

---

① 冯自由:《革命逸史》上,新星出版社2009年版,第92页。
② 崔志海:《蔡元培自述》,河南人民出版社2004年版,第48页。
③ 崔志海:《蔡元培自述》,河南人民出版社2004年版,第49页。

正大的在公园里订定，应着时候到配偶室去，并没有男子狎娼、妇人偷汉这种暧昧事情。"① 一国之中，从奖勤罚懒，到逐渐废掉例律，撤销裁判所，语言统一，世界各国都在学"顶新的学理，顶美的风俗"，从文字上养成思想，从思想上发到事实。理想社会从俄国到美国，再到印度、澳洲等，不到60年，传遍五洲。到那时灭了国家、军队，人类之间相互争斗的事完全消失，大家协力同自然争。蔡元培在《新年梦》中主张通过和平的、议会的方式，消灭人类争斗，实现人类大同，阐释了人类的进化是从野蛮到文明、从强制到自由的发展过程。

蔡元培受到俄国虚无党人的影响，曾经信仰过无政府主义式的暗杀暴动。东京留日学生成立了军国民教育会暗杀团，成员有杨笃生、苏鹏、何海樵、周来苏、胡晴厓和汤重希等六人，② 密谋刺杀清政府政要，首要刺杀对象是慈禧太后。成员何海樵到上海后，多次与蔡元培密谈，介绍其加入暗杀团，随后，又有一批成员，如孙少候、刘师培、章士钊、陈独秀等相继加入。他们研习制作炸药，把暗杀这一极端行为作为改造社会的方式，并且积极在爱国女校中开展宣传。1904年11月，蔡元培又以暗杀团为基础，组织成立光复会，开展民主主义革命运动。

在国外继续受到无政府主义的影响。不久，蔡元培为了丰富学识、寻求真理，到西方留学。在莱比锡大学求学期间，他受到托尔斯泰泛无政府主义的影响，经过李石曾的启发，知晓食肉之害，坚持素食主义。在德国期间，蔡元培与吴稚晖、李石曾、张人杰等人关系密切。上述三人在巴黎筹建"世界社"，创办《新世纪》刊物，研究宣传无政府主义。蔡元培与吴稚晖互通信函，表达主张，评论时事，仍然偏向无政府主义。可见，蔡元培从激进爱国到无政府主义，再渐次演化为民主主义，但他从个人道德约束出发的无政府主义始终没有改变，他后来多次组织"进德会"就是确证。

---

① 高平叔：《蔡元培全集》第1卷，中华书局1984年版，第241页。
② 高平叔：《蔡元培年谱长编》第1卷，人民教育出版社1999年版，第288页。

第二章　社会主义思潮的前奏

四　刘师培的激进爱国

刘师培是海外近代中国无政府主义的首发者。在日本东京期间，刘师培和夫人何震联合张继及章太炎等人，创办《天义报》，研究宣传社会主义。刘师培主要通过此报，阐释他的社会主义主张。对于"天义"的由来，当时《复报》第 10 期刊登的《"天义报"启》中"附简章"文说得比较清楚："于提倡女界革命外，兼提倡种族政治经济诸革命，故名曰'天义报'。"① 可见，刘师培的社会主义侧重于倡导妇女解放，同时倡导民族革命、政治革命和经济革命。尽管刘师培后来放弃了社会主义，但他对社会主义的宣传，在中国社会主义史上是有一定地位的。刘师培，又名刘申叔，是中国近代史上声名远播的人物。在清末民初，刘师培与章炳麟（又名枚叔）并列，被世人称为"二叔"。

少年刘师培是一个激进爱国者。刘师培出身于江苏仪征的书香之家，从小智力超常，饱读经书，被家庭寄予厚望。1901 年，18 岁的刘师培参加科举，中秀才，次年中举人。1903 年，刘师培在开封会试中落第，后回到家乡，结识了在上海报馆工作的种族革命家王郁人及林獬。不久，刘师培来到上海，认识了章炳麟，二人都主张古文经学，志趣相投。当时，经过义和团运动、八国联军侵华等事件，章炳麟（号"太炎"）抛弃维新改良思想，主张反清革命。刘师培在章太严介绍下加入爱国学社，成为中国教育会的一员。此时，刘师培与蔡元培等人开始有了联系，并受到革命思想的影响。为了表达光复汉室的决心，师培遂改为"光汉"。《苏报》案以后，刘师培更加激进，与蔡元培等发起"对俄同志会"，参与创办《俄事警闻》，宣传抗俄反清。1904 年，刘师培参与办《警钟日报》、参加暗杀团、加入光复会。他在《中国白话报》上发表激进文章，自称"激烈派第一人"，畅谈激烈派有"无所顾

---

①　张枬等：《辛亥革命前十年间时论选集》第 2 卷下，生活·读书·新知三联书店 1963 年版，第 819 页。

忌""实行破坏"和"鼓动人民"① 三大好处。同时，刘师培为《国粹学报》撰稿，倡导民族主义，在教育界影响很大。1905年3月，《警钟日报》被租界查封以后，刘师培辗转浙江、安徽等地，从事秘密反清活动。1906年，他还与陈独秀一起，创办岳王会，主张爱国救国。

留学日本，转向革命民主主义。1907年，刘师培偕夫人何震到东京留学，结识孙中山、黄兴以后，加入同盟会，转向民主主义。这时，刘师培为《民报》投稿，倡导种族革命和政治革命，同时参与同盟会东京支部的工作。他批判梁启超"中国亡于满洲绝非亡国"论，撰写《辨满洲非中国之臣民》一文，受到海内外的普遍赞许。在东京，刘师培接触到不同国家的爱国人士，扩大了视野。他参与章太炎、张继、何震、陈独秀等发起组织的亚洲和亲会，以"反对帝国主义，期使亚洲已失主权之民族，各得独立"② 为宗旨，与亚洲各被压迫国家革命志士共同倡导反帝爱国。但不久，刘师培受到日本社会党的影响，醉心于社会主义，即无政府主义。可见，刘师培首先是一个民主主义者、爱国主义者，然后才是一个研究宣传无政府主义者。后来，从刘师培受到利诱，投靠清廷的表现看，他根本没有笃信过无政府主义，仅仅以一个学者，做着无政府主义的研究和宣传工作而已。

五 法国的排满志士

在法国的留学生中，也产生了一批早期中国无政府主义者。1906年，一批革命人士汇集巴黎，受到欧洲社会党学说的影响，以同盟会巴黎分会为班底，成立世界社。1907年6月，几乎与东京《天义报》出刊的同时，他们创办的《新世纪》报开始宣传无政府主义，也称"新世纪派"。

这一群体主要是民主主义的排满志士，同时，兼有无政府主义的双重身份。李石曾出生于一个官宦家庭，从小接受正规的私塾学习，国学

---

① 李妙根：《刘师培文选》，上海远东出版社2011年版，第112—114页。
② 陈奇：《刘师培年谱长编》，贵州人民出版社2007年版，第189页。

功底深厚，1902年，随清朝驻法公使孙宝琦到法国留学，1905年和孙中山相识，加入同盟会，宣传排满救国，成为民主主义者。褚民谊出生于医馆世家，1903年赴日本留学，接受革命思想，1906年随张静江赴法国巴黎，与蔡元培等创办中国印书局，坚持反满革命，受到欧洲无政府党影响，宣传无政府主义。他"阅克鲁泡特金之《告少年》，然后知……根本之问题不能解决，则社会种种，终不得正当。所谓根本问题者，则社会组织之问题也"[①]。张静江出生于一个江南商贾世家，1902年任驻法使馆商务参赞，随孙宝琦赴法国。1905年结识孙中山，赞成革命，为革命党提供反清活动经费，也是《新世纪》报的资助人。

吴稚晖是法国新世纪派的中心人物，被师复称为无政府主义的"第一人"。吴稚晖科举出身，1895年，在北京参加了"公车上书"，受到维新派思想的影响，追随康梁，后在上海南洋公学当教员，提倡新式教育。1901年，吴稚晖东渡日本留学，在留学期间，从"温和的维新党，变成了激进的维新党"[②]，但他仍然坚持维新思想而反对革命，甚至拒绝与孙中山来往。1902年，吴稚晖因为留学生入学问题大闹驻日中国使馆，被遣送回国后，即与蔡元培、叶翰、章太炎等参加了中国教育会，思想发生转变，投身排满革命。由于《苏报》案爆发，他远走欧洲，在伦敦加入同盟会。同时，受到法国无政府主义的影响，赞成暴力革命，而反对社会党的议会斗争。不久，吴稚晖与张静江、李石曾、汪精卫、褚民谊等成立无政府主义团体"世界社"，创办《新世纪》，研究宣传无政府主义。这样，吴稚晖就把三民主义和无政府主义杂糅在一起，既宣传排满革命，主张三民主义，又反对资本主义，主张社会主义。

六 独行侠师复与无政府

当社会主义思潮呼之欲出之际，另一个无政府主义的重要代表师复

---

① 褚民谊：《无政府说》，原载《新世纪》46号，转引自蒋俊、李兴芝《中国近代的无政府主义思潮》，山东人民出版社1991年版，第74页。

② 吴稚晖：《吴稚晖全集》卷九，上海群众图书公司1927年版，第47页。

正在从事着民主主义的极端运动。师复,原名刘思复,1884 年出生于广东香山,和江亢虎年龄(1883)相仿,二人相差一岁。刘师复家境殷实,自小聪慧,15 岁中秀才,但他看不起科举,喜欢阅读研究杂书。受到维新思想的影响,特别是谭嗣同的影响比较大,喜爱武侠人士的作为。刘师复曾经在香山创设过演说会,1904 年到日本留学,接触并加入同盟会,具有民主主义思想。1906 年,师复回国,在香港《东方报》任主笔,宣传激进主义。有意思的是,刘师复与江亢虎、刘师培等视角类同,也从倡导男女平等开始,不久在香山创办隽德女学。1907 年以前,刘师复谋划并举行过起义,并和友人策划、刺杀广东提督李准,具有革命的独行侠气概,失败后被捕入狱,1909 年提前出狱。后来,刘师复的无政府主义思想,有人说他在狱中接触到无政府主义的书籍,出狱后到香港潜心研究的结果。从师复编印的《晦鸣录》中摘编的《新世纪》文章来看,师复间接受到欧洲巴枯宁和克鲁泡特金无政府主义学说的影响,并在香港对面零丁洋附近的红荔山庄开展过无政府主义的实验。

师复究竟是什么时候成为无政府主义者的,学界有不同的看法。根据当时的环境,《新世纪》主要发行于 1907—1910 年,当时师复在监狱中,很难看到激进的刊物。另据《师复先生小传》介绍,师复在狱中主要研究粤语的源流问题,还写了一本狱中笔记,记录了自己的心得,另外还写过一篇研究如何改良监狱的文章,文中并没有提到他阅读无政府主义杂志也没有谈及无政府主义的问题。由此可见,师复接触并信仰无政府主义大致在两个时期。其一,在日本留学期间。当时日本社会主义思潮比较流行,刘师复不可能接触不到,只是当时他还没有自觉地开展研究,只是在行动上以激进民主主义的形式表现出来。回国以后,他用的都是无政府主义的方式,诸如搞暗杀、暴动等。作为有为青年,刘师复认为行动大于说教。其二,在香港期间。出狱以后,师复到香港潜心研究学问。这个时候,应该是师复把自己前期的行动与无政府主义结合起来,从实践上升到理论的过程,但其当时表现出来的仍然是行动上的暴力。

师复无政府主义承袭的是法国巴黎、日本东京留学生中的无政府主义。但不巧的是，1907年，师复入狱期间，在日本和法国的中国留学生开始研究、宣传无政府主义。当辛亥革命后，师复在国内扛起无政府主义大旗，潜心宣传无政府主义之时，而这些海外无政府主义者，有的放弃了自己的主张，有的改换门庭。诸如，刘师培已经做了暗探，吴稚晖转向国语运动，李石曾投身教育，张静江主要为孙中山革命筹措款项，后三人追随孙中山和国民党，在大革命时期，还支持蒋介石，成为反共推手。

由此可见，在近代中国以民生主义、中国社会党、无政府主义等各种名目出现的社会主义，在前期是经过先进知识分子长期准备的。研究宣传社会主义的代表人物基本上都经过反清爱国和民主主义的洗礼，然后转向社会主义。

第二节　近代中国社会主义的发轫

上文梳理并介绍了社会主义者的民主主义启蒙活动，他们对社会主义的研究宣传大都来自对民主主义的更进一步。从接触社会主义的时间顺序来看，比较早接触并关注到社会主义的是孙中山，但孙中山主要致力于民族主义、民权主义的宣传鼓动和从事实际革命活动，民生主义是其政治革命的后续任务。所以，孙中山不是最早大力宣传社会主义的人。真正较早开展社会主义研究宣传的是留学日本的刘师培夫妇和法国的"新世纪派"群体；在国内宣传鼓动社会主义，并产生重要影响的是留洋归来的江亢虎。在中国社会党成立之先，江亢虎以"三无"主义为暗线，以改良教育为明线，结合自己对社会主义的理解，在江南地区进行过广泛的宣传鼓动。本书大体按照时间的先后顺序，对辛亥革命前，即社会主义思潮形成前的社会主义研究宣传状况进行述论。

一 刘师培的"天义"情怀

刘师培从民主革命派转向无政府主义，应该与两件事有关。其一，他和妻子何震二人到日本后，通过章炳麟、张继等人介绍，认识了日本的无政府主义者幸德秋水、堺利彦、山川均、大衫荣等"硬派"人物，接触到他们翻译、介绍的欧洲无政府主义学说，大受影响。其二，受到"倒孙风潮"的影响。1907年2月中旬，刘师培来到日本，3月初孙中山离开日本，5—6月间，同盟会内部发生赠款使用纠纷和"倒孙风潮"，刘师培卷入其中。具体情况是，孙中山离开日本时，带走了大部分赠款，留给《民报》的费用很少，同时，又传言说孙中山接受了日本政府的秘密捐款。这件事引起了章炳麟的不满，他认为孙中山是私自受贿，有损革命声誉。不久，国内传来了孙中山领导的广东黄冈、七女湖起义失败的消息，章炳麟的不满公开爆发，要求召开同盟会大会，罢免孙中山的职务。刘师培力挺章炳麟，协助其欲夺同盟会大权。冯自由曾经回忆说："光汉心衔所提议改组同盟会攘夺干部职权之策不成，渐有异志。"① 这里所说的"异志"，应该是指刘师培看到同盟会内部的纷争，导致他对革命极度失望。刘师培当时的想法是，革命志士反对不合公理的清政府，而其追求的民主共和政府也有功利性。失望之余，再加上日本无政府主义者的影响，刘师培遂走向社会主义。1907年6月，为了社会主义研究宣传的需要，刘师培和何震共同建立"女子复权会"，又和张继等创办"社会主义讲习会"（后改为齐民社）。同时，创办以何震为主要发起人的《天义报》（后改名《衡报》）为机关报，作为宣传无政府主义的平台，其目的是"使公平之真理得以普及于寰区"②。这时，国内外还没有类似的社会主义刊物，社会主义的宣传还没有展开，刘师培应该是开先河之人。冯自由也说过，刘师培"寻发刊一《天义报》月刊，极力鼓吹社会主义学说，是为我国人发刊社会

---

① 冯自由：《革命逸史》上，新星出版社2009年版，第332页。
② 万仕国：《刘师培年谱》，广陵书社2003年版，第107页。

第二章 社会主义思潮的前奏

主义机关报之嚆矢。"① 可证刘师培最早以报刊为载体，宣传鼓动社会主义。在"社会主义讲习会"开办期间，刘师培还发起成立"农民疾苦调查会"，以"举官吏、富民之虐，据事直陈，以筹农民救济之方，兼为伸儆平民之助。"② 呼吁人们开展对农民问题的调查，揭示农民的生存状况，唤起人们对农民问题的关注。在中国，这也是对农民问题开展调查比较早的倡议。

在《天义报》上，刘师培宣传无政府主义。他把无政府主义的宗旨刊布在《天义报》的封面上："破除国界种界实行世界主义，抵抗世界一切之强权，倾覆一切现近之人治，实行共产制度，实行男女绝对之平等。"③ 其气魄之大，理想之纯，前无仅有。具体地看，刘师培的社会主义学说主要包括以下几个方面。

其一，从废兵和财入手，批判社会功利。在《天义报》第2卷刊登刘师培的第一篇无政府主义文章是《废兵废财论》。文章开篇提出："害天下人民者，其唯功利二字乎？"正是"恃兵"和"恃财"造成的"强弱悬殊，贫富迥隔，遂与平等之公理，大相背驰"④，而要废兵、废财，"必颠覆政府；破除国界，土地财产均为公有，人人做工，人人劳动"。得出的结论是"惟废兵与财，然后军人商贾无所施其杀人之技，亦无所施其劫财之方。强弱平等，贫富相均，人人不受治于人，即人人不受役于人，欺凌之苦不生，相仇之心亦弭，岂非人类之大幸福耶"⑤。

其二，以人类均力说为根据，倡导人人平等。刘师培以申叔名义在《天义报》第3卷发表《人类均力说》，提出人人义务平等，人人均独立，人人不依他人，不受役与人的"人类均力说"。他把"一人而兼众艺之谓"称为"均力主义者"，主张"破坏固有之社会，破除国界，凡

---

① 冯自由：《革命逸史》上，新星出版社2009年版，第332页。
② 万仕国：《刘师培年谱》，广陵书社2003年版，第121页。
③ 万仕国：《刘师培年谱》，广陵书社2003年版，扉页。
④ 李妙根：《刘师培文选》，上海远东出版社2011年版，第148页。
⑤ 李妙根：《刘师培文选》，上海远东出版社2011年版，第152页。

人口达千人以上，则区画为乡"①，在每乡之中设立老幼栖息所，出生之人和五十岁以上的人都入栖息所，用一种简单的文字和语言通行世界，人人皆劳动，苦乐适均，义务相均。他鼓吹社会平等、人人独立的"均力"社会。刘师培还解释均力说有四大好处：其一适于人性；其二合于人道；其三合于世界进化之真理；其四泯世界之争端。刘师培深信，依赖均力之说足以治天下。

其三，以平等为目的，倡导社会革命。在《天义报》第4卷上，刘师培发表《无政府主义之平等观》，提出自己的无政府主义，是以平等为归依的。因为在平等、独立、自由三大天赋人权中，"独立自由二权，以个人为本位，而平等之权必合人类全体而后见，故为人类全体谋幸福。"② 所以，平等应该是先天的，而造成的不平等是后天的，主要是由于阶级不同、职业不同和男女不平等原因造成的。刘师培主张采纳共产无政府主义和社会无政府主义，摒弃个人无政府主义，以"恢复人类完全之自由"，并"兼重实行人类完全之平等"。③ 他列出四条实现无政府主义的纲领：甲、废灭国家，不设政府；乙、破除国界、种界；丙、不论男女，及若何之年，即服若何之工役，递次而迁，实行人类均力之说，以齐人类之苦乐；丁、实行男女上绝对之平等。④ 在方法上，刘师培主张把无政府主义的书刊宣传和演说运动相结合，通过革命的手段，用罢工、抗税和诛民贼的方法，达到颠覆政府的目的。

其四，倡导把无政府革命与农民革命相结合。在《衡报》第7号上，刘师培刊登了他人的《无政府革命与农民革命》一文，这表明该文的观点是得到刘师培认可的。文章认为，中国农民最苦，中国要行无政府革命，必须要从农民革命开始。要实现这种结合，农民具有几方面的优势。其一，中国农民本来就有团结的天然性；其二，农民具有无政

---

① 李妙根：《刘师培文选》，上海远东出版社2011年版，第169页。
② 李妙根：《刘师培文选》，上海远东出版社2011年版，第175页。
③ 李妙根：《刘师培文选》，上海远东出版社2011年版，第189页。
④ 李妙根：《刘师培文选》，上海远东出版社2011年版，第189页。

府主义的理想情怀，不大与国家发生关系。其三，农民在土地私有之外，几乎所有的制度都与共产制相近。其四，农民有奋起抵抗的能力。[①] 所以，无政府共产制最适宜于农民。农民革命兴起，必然引起其他各界革命，待农民革命成功以后，即可以解决农民问题，实现土地共有、共同劳动；改良农业、采取科学耕作。这是无政府党对农民的期许，希望大多数农民能过上幸福生活。

刘师培开展无政府主义宣传，在留学生中形成了一定影响，但他本质上是一个"国粹派"人物。从行文的语言逻辑来看，刘师培主要用中国历史文化论证和阐释自己接触到的欧洲、日本无政府党学说，并经过嫁接形成自己的无政府社会主义学说。总体上看，他对社会主义概念的认知是相当含混的。无政府主义也最终没有成为刘师培的坚定信仰，他只是出于对下层民众的同情，把社会主义作为一种研究并加以宣传的对象。所以，这一阶段刘师培的社会主义研究宣传，仅仅是他的一种情怀。在环境出现恶劣变化以后，刘师培也就丢掉了这种情怀，重新开展学术研究，回归"国粹派"阵营。

刘师培对社会主义的认识总体上是肤浅的。在《无政府主义之平等观》中，刘师培尝试区分无政府主义和社会主义，对马克思主义和拉萨尔的国家主义进行区分，但都没有理清各派社会主义间的根本区别。他把无政府主义和马克思主义不加区分地统统看作社会主义，并且把马克思主义和拉萨尔主义都当作物质主义来看待。正因为如此，刘师培在《天义报》上，既刊登介绍巴枯宁、克鲁泡特金、托尔斯泰的学说，同时也刊登节译的马克思主义著作。《天义报》第15卷刊登了恩格斯为《共产党宣言》写的序言（1888年），并加按语说，《共产党宣言》发明阶级斗争说，是研究社会主义的入门书。事实上，阶级斗争说并不是马克思恩格斯发明的。同时，刊登克鲁泡特金的《面包之掠取》第八章第二节，以及恩格斯《家庭、私有制和国家的起源》部分章节。由

[①] 葛懋春等：《无政府主义思想资料选》上册，北京大学出版社1984年版，第159—160页。

❖ 进步与虚幻

此可见，20世纪初在海外中国人中流传的无政府主义及其社会主义学说是不成系统的，他们总体上对社会主义的认知是肤浅的。在1908年3月出刊的《天义报》上刊登《共产党宣言》第一章"资产者和无产者"部分内容，刘师培作序指出："观此宣言所叙述，于欧洲社会变迁纤悉靡遗，而其要归，则在万国劳民团结，以行阶级斗争，固不易之说也。……若此宣言，则中所征引，罔不足以备参考。欲明欧洲资本主义之发达，不可不研究斯篇。复以古今社会变更均由阶级之相竞，则对于史学发明之功甚巨，讨论史编，亦不得不奉为圭臬。"① 可见，刘师培仅认识到《共产党宣言》中"阶级相竞"的史学研究方法比较重要，而并不赞成《共产党宣言》的阶级斗争理论。

刘师培的无政府主义宣传，在中国内地形成了一定的影响。1907年冬天，刘师培夫妇回国，在上海张园参加了柳弃疾（即柳亚子）发起成立的南社集会。在座间，柳亚子赋诗一首："慷慨苏菲亚，艰难蒲鲁东。佳人真绝世，馀子亦英雄。忧患平生事，文章感慨中。相逢拼一醉，莫放酒樽空。"② 在这里，刘师培夫妇被柳亚子赋诗称为中国的"苏菲亚"和"蒲鲁东"。可以见得，刘师培在日本出版的《天义报》及其对无政府主义的宣传，在国内产生了较大反响。尽管刘师培本人后来背叛了自己宣传的无政府主义，但他留下的遗产却对后来的青年、学生产生了重要影响。

自1908年1月开始，刘师培向端方上书自首，背叛了社会主义。从"自首"书披露的情况来看，在刘师培宣传无政府主义时，其实已经转向改良政治，其革命信念和革命精神已经消失殆尽。他没有把无政府主义作为真实的信仰，仅仅是作为一门学问来研究和宣传的。在"自首"书中，刘师培表示悔过，称自己本意潜心学术，因年轻无知而

---

① 李妙根：《刘师培文选》，上海远东出版社1996年版，第248页。
② 栾梅健：《海上文学百家文库·25：柳亚子 陈去病 高旭卷》，上海文艺出版社2010年版，第9页。

投身革命,自东渡日本以后,"遂大悟往日革命之非"①。可见,刘师培的无政府主义,仅仅是他的一种情怀。尽管喊着惊天动地的口号,却与政治、社会改造无关,仅仅是作为一种文化思想而已。从刘师培的自首书来看,其比较关心民众疾苦,特别是农民的苦难,但他旨在通过政府的改良解决民生问题,而反对以革命方式行民族主义和民主主义。

二 "新世纪"派的无政府主义宣传

当汇集日本东京的刘师培等人以《天义报》为平台,宣传无政府社会主义的时候,在法国巴黎也聚集了一批中国人,其中有留学生、知识分子等,他们倾向民主革命,以《新世纪》报为宣传平台,在宣传民主主义的同时,开展无政府主义的宣传。其中,主要人物有李石曾、吴稚晖、褚民谊以及后来加入的张继等,由张静江提供资金支持。李石曾和吴稚晖都是同盟会巴黎分会的成员,属于革命民主主义者。自1906年开始,《新世纪》报发刊,开始宣传无政府主义。大致在1906年至1911年,这一团体一直以《新世纪》报发声。直到辛亥革命爆发,大部分成员回国参加辛亥革命,该团体也基本不复存在。

作为同盟会成员,"新世纪"派成员宣传的却是无政府主义,这从杨笃生给于右任的信中可以找到一些根据。当时,杨笃生带着同样的疑惑,想知道吴稚晖等人作为革命民主主义者,为什么要宣传无政府主义。他说:"吴稚晖诸人,何以一骤而取此闳大不经迂阔难行之无政府论。……惟最近无政府论披靡各国,实一极新极新的改革之动机。……吴稚晖诸人之所以出此者,盖亦有不得已之故,惟一驰入无政府党波澜中,……凭借此种奇辟透露之议论以唤醒国人。"② 由此可以推论,作为民主主义宣传口舌的《新世纪》,之所以宣传无政府主义,一方面是无政府主义与民主主义具有类似的革命要求;另一方面,无政府主义在西方广泛流行,影响巨大,他们并不认为中国有施行无政府的可能,而

---

① 万仕国:《刘师培年谱》,广陵书社2003年版,第140页。
② 傅德华:《于右任辛亥文集》,复旦大学出版社1986年版,第197—198页。

是试图借船出海，就这一时髦学说，唤醒沉睡已久的国人共同推翻清王朝的专制统治。

除了上文杨笃生的一家之言外，《新世纪》报团队宣传无政府主义还有其他原因。他们认为，民主主义倡导的政治革命不够彻底，需要继续开展社会革命宣传，遂主张无政府主义；在西方无政府主义的影响下，他们对暴力革命产生了怀疑，转而主张通过和平方式实现人类的进化。具体地看，其无政府主义主要观点如下：

其一，社会革命是平和与进化。褚民谊在《新世纪》上发表《普及革命》一文，认为革命是社会进化的"叶轮"，并以参与人数的多寡为根据，把革命分为三种形式，即易姓改朝之革命、政治革命和社会革命。认为革命出于少数人或多数人，则危险较小，进步比较快，反对的人少，符合多数人的意愿，就容易成功，这是政治革命。而如果革命要出于多数人或全体人民，不仅平和且进步快，没有反对的人，一切凭大众的意愿来规划，合乎公理的就实行，不合乎公理的就革去，这是社会革命。无政府主义者认为，今日的革命要普及大众，就要提倡社会革命，并以书报宣传，演说鼓吹为手段，通过实行暗杀、罢工和博爱的方式，最终达到反对政府、反对资本家、反对宗教，以实现无政府主义的目的。

其二，革命即是教育。在《新世纪》第65号上，吴稚晖发表《无政府主义以教育为革命说》一文，认为革命就是破坏，如果不以教育养成革命思想，革命会随起随灭，只有破坏而没有建设，容易生出种种恶果。无政府主义提倡的革命，"其主要即唤起人民之公德心，注意于个人与社会之相互，而以舍弃一切权利，谋共同之幸乐。"① 在教育普及以后，人人抛弃其旧习惯，经过改造过上新的生活，这是必然出现的结果。"所以无政府主义之革命，无所谓提倡革命，即教育而已，更无所谓革命之预备，即以教育为革命而已。"② 吴稚晖认为，无政府主义

---

① 葛懋春等：《无政府主义思想资料选》上册，北京大学出版社1984年版，第210页。
② 葛懋春等：《无政府主义思想资料选》上册，北京大学出版社1984年版，第210页。

的革命目标就是追求真理、实现公道。通过日日教育，可以提高真理、公德，包括道德（共同博爱、平等、自由等），以及智识（实验科学等），培养人的公德心，改变不良旧习惯，促进社会进步，达到无政府主义革命的效果。这就是无政府主义主张的革命——教育论。

由于"新世纪"派人员众多，尽管都主张无政府主义，但观点不一，论述也很驳杂。他们在民主主义情绪中夹杂着社会主义，在无政府主义宣传中也流露出民主主义的色彩。从后续发展来看，其成员后来几乎都回归到民主主义阵营，放弃无政府主义或部分放弃无政府主义。事实上，这些人后来虽也以无政府主义者自居，但他们从来没有真正离开过革命民主主义阵营。

三 江亢虎的社会主义演说

江亢虎是第一个公开在国内宣传社会主义的人。1911年，在辛亥革命前夕，革命党即将起义，清朝统治一片混乱之时，江亢虎游学归来，他不惜丢掉官帽，公开宣称自己是社会主义者，并且身体力行，在苏浙沪地区公开宣传社会主义学说。在演说中，他说："鄙人以社会主义为唯一之信仰，以倡道社会主义为唯一之天职，故言皆有物语不离宗。"[①] 在这次演说的后记中，江亢虎记录："风雨如晦，鸡鸣不已，中心藏之，何日忘之。"江亢虎借用《诗经》表达了自己的志向与抱负。从这里来看，江亢虎与另一个无政府主义者师复的志趣是相投的，师复创办的《晦鸣录》同样来自对《诗经》"鸡鸣不已"的情感表达。江亢虎的学说还与孙中山主张的单一税制极为相似，也受到亨利·乔治《进步与贫困》"单税社会主义"学说的影响，江亢虎提出"地税归公"说，似与孙中山提出的"平均地产"异曲同工。江亢虎也说过，在中国，懂得单一税的人其实寥寥无几，只有孙中山、唐少川和他自己等几个人。

---

① 汪佩伟：《中国近代思想家文库——江亢虎卷》，中国人民大学出版社2015年版，第78页。

谋划社会主义试验的失败。革命爆发前，江亢虎在南京郊外龙潭山成立"农赈会"，进行"地税归公"试验，但由于辛亥革命的爆发而终止。此外，江亢虎还制定了社会主义试验计划。他计划"社会党成立，采此学说，箸之党纲，尝拟就崇明岛为试验场，特设地税研究会，编印讲义，按期演说，然亦第言论而已。"① 尽管设计得比较完备，但限于现实原因，基本上没有取得什么建树。后来，江亢虎多次试图找一块和平的地区，把自己的理想设计付诸实践，都没有能够施行，这也是江亢虎一直耿耿于怀、颇感遗憾的。

在长三角地区广泛开展社会主义宣传。1911年6月，江亢虎在杭州惠兴女学的《社会主义与女学之关系》演讲，被称为国内第一篇关于社会主义的演讲。江亢虎的社会主义演讲，被清廷斥责为"洪水猛兽"，他本人也被驱离杭州。回到南京以后，江亢虎演讲工商业与社会主义的关系，也受到地方政府的限制。1911年7月，江亢虎到上海，在上海张家花园发起成立社会主义研究会，出版会刊《社会星》，后来改为《社会》。研究会有明确的宗旨，既要研究社会主义，又要鼓吹社会主义。江亢虎认为，一要对社会主义进行研究。因为大多数人不知道什么是社会主义，就算有少数人知道，也常常是被误解的社会主义。所以，他"介绍西来之学说，发挥古人之思想，交通近世之言论，一以公平的眼光，论理学的论法出之"②。他试图在广义的层面上研究社会主义的内涵。二是鼓吹社会主义。江亢虎主张用言论和文字两种方式，用"无人不可鼓吹，无时不可鼓吹，无处不可鼓吹"③的方法，宣传社会主义，把社会主义的正当观念，传递普及到普通人的心中。1911年11月5日，仅在上海宣布独立两天以后，江亢虎在社会主义研究会基

---

① 汪佩伟：《中国近代思想家文库——江亢虎卷》，中国人民大学出版社2015年版，第92页。
② 汪佩伟：《中国近代思想家文库——江亢虎卷》，中国人民大学出版社2015年版，第84页。
③ 汪佩伟：《中国近代思想家文库——江亢虎卷》，中国人民大学出版社2015年版，第84页。

础上，宣布成立中国社会党，开展社会革命，其目的是与民主革命运动相互映照。就这样，江亢虎以中国社会党为组织，以革命为依托，加入到轰轰烈烈的社会主义运动中来了。

研究和宣传社会主义，是江亢虎和中国社会党的长期任务，但其愿望也仅仅止于对社会主义的宣传鼓动。江亢虎一直认为，由于中国的实际情况还远不能达到实现社会主义的程度，所以，在社会主义的宣传演说过程中，江亢虎认为，他的活动不属于政治活动，而仅是学术探讨或交流活动。辛亥革命以后，中国社会党以各分部为依托，继续扩大社会主义宣传，在分部成立社会主义研究会，不定期召开社会主义演讲会，出版发行社会主义刊物，宣传社会主义学说，继续扩大社会主义在社会各界的影响。

四　民生主义的形成

三民主义革命目标的确立。1905 年，孙中山从欧洲游历经过南洋返回日本，联合黄兴、陈天华等留日学生、知识分子成立了一个世界性的组织同盟会，除东京本部之外，还计划包括重庆、上海、汉口、香港和烟台五部，以及新加坡、比利时首都、美国金山大埠和檀香山大埠等四部，集合兴中会、华兴会和光复会等组织，正式提出"驱逐鞑虏、恢复中华、创立民国、平均地权"的革命目标。至此，三民主义成为革命党的鲜明旗帜。他们创立《民报》为机关报，宣传阐发"三民主义"思想。在《〈民报〉发刊词》中，孙中山明确指出，世界各国经过 18、19 世纪的民族主义、民权主义运动，"二十世纪不得不为民生主义之擅场时代也"[①]。孙中山是一个革命家，同时，又是一个理想主义者。在同盟会时期，他就大胆预测，20 世纪是开启民生主义的时代。基于这一判断，孙中山比较了欧美与中国社会的差异，提出把中国的政治革命和社会革命统一起来，"毕其功于一役"的设想。

---

① 《孙中山全集》第 1 卷，中华书局 1981 年版，第 288 页。

❖ 进步与虚幻

民生主义与民族、民权两主义不可分割。在东京《民报》创刊周年庆祝大会的演说中，孙中山用大量篇幅论证了民生主义。他说，民生主义千条万绪，需要仔细研究才能搞清楚。民族、民权两主义与民生主义不同的地方在于，前二者是当务之急，而民生主义解决的社会问题隐患在将来，现在还很少有人理会。尽管如此，对民生问题也不能忽略，要防患于未然，在今日就要想个解决的办法。他还说："我们革命的目的是为众生谋幸福，因不愿少数满洲人专利，故要民族革命；不愿君主一人专利，故要政治革命；不愿少数资本家专利，故要社会革命。这三样有一样做不到，也不是我们的本意。"① 明确表达了尽管社会革命还在将来，但不能不谈民生主义，并立志要把革命进行到底的愿望。

孙中山提倡民生主义与以下几个方面有关。其一，来自孙中山个人贫困生活的经历。日本友人宫崎曾询问过孙中山，他的土地平均之说来自何处？是学问上之讲求还是实际上之考察？孙中山回答说与自己的贫家子弟出身有关系。他还说，"吾若非生而为贫困之农家子，则或忽视此重大问题亦未可知"。② 正是贫困子弟出身的孙中山，对普通家庭的清贫和苦难才有直接的感受。其二，受到基督教教义的影响。孙中山青少年时期与基督教接触较多，受到基督教教义影响很大。冯自由曾回忆说过："考总理之信教，完全出于基督教救世之宗旨，然其所信之教义，为进步的及革新的，与世俗之墨守旧章思想陈腐者迥然不同。"③ 也佐证了孙中山革命思想受基督教的影响。其三，受到美国亨利·乔治《进步与贫穷》中单税社会主义思想的影响。1912年4月4日，孙中山接受上海《文汇报》采访，当记者问他退职后将做何事时，孙中山说："余乃极端之社会党，甚欲采择显理佐治（今译亨利·乔治）氏之主义施行于中国。"④

---

① 《孙中山全集》第1卷，中华书局1981年版，第329页。
② 《孙中山全集》第1卷，中华书局1981年版，第583页。
③ 冯自由：《革命逸史》上，新星出版社2009年版，第201—202页。
④ 《孙中山全集》第2卷，中华书局1982年版，第332页。

第二章 社会主义思潮的前奏

当然，民生主义并不是孙中山所独创。同盟会成立不久，出于宣传三民主义的需要，冯自由在香港《中国日报》刊登《民生主义与中国政治革命之前途》，解释过民生主义的来源问题。他说："十九世纪下半期，欧美森林中因殖产兴业澎湃之结果，发生一关于经济上社会上最重大最切要之新主义……曰民生主义。"① 并解释说，日本人把民生主义译名为社会主义。自20世纪初开始，由于欧美出现物质兴盛、生产发达、地租高涨而工资日益下降的状况，在社会党的鼓吹下，民生主义在欧美呈现出如日中天的气象。此文也是中国言论界较早系统地介绍民生主义的文章。

把民生主义远播海外。1907年后，出于同盟会内部的复杂性和革命活动的需要，孙中山离开东京，在日本、南洋和欧美间穿梭，为革命筹款。孙中山主张采取宣传和筹款并重的办法，联络华侨，共谋大志。在筹款之余，他仍苦思熟虑，于华侨中寻找一切机会开展民生主义宣传。1910年2月，孙中山在旧金山成立同盟会分会，明确修改同盟会誓约为"同心协力，废灭鞑虏清朝，创立中华民国，实行民生主义"②。他又在旧金山丽蝉戏院发表演说，倡导革命，提出"革命为吾人今日保身家、救性命之唯一法门"③。同时，在欧美学习政治法律的留学生中宣传五权宪法，提出不要盲奉欧美，要尊重中国国情，同时论证了监察权代表人民国家之正气，考试权凸显平民政治的中国传统。

辛亥革命爆发后，孙中山回国。在担任中华民国临时大总统期间，他一面安排军事和政务活动，一面筹划着民国的经济建设事宜。随着民国建立，清帝退位，南北统一，和平气象的呈现，孙中山看到了开展社会革命的曙光。1912年4月，辞去临时大总统的孙中山，开始了他念念不忘的民生主义实践。

---

① 《民报1》（1—4号），中华书局2006年版，第567页。
② 《孙中山全集》第1卷，中华书局1981年版，第439页。
③ 《孙中山全集》第1卷，中华书局1981年版，第441页。

小 结

20世纪的最初十年，是风雨如晦的时代，也是社会主义在中国酝酿的时代，尽管这种社会主义是空想的、虚幻的。帝国主义把中国瓜分殆尽，侵略渐至彻底。封建专制王朝愈加腐败，走到了历史的尽头。在革命救亡的思想文化舞台上，活跃着一群激进民主知识分子，他们以反清兴汉、爱国救国为底色，逐渐接纳了社会主义学说，从革命民主主义者转向社会主义者。尽管他们还不了解社会主义何以生成，却认识到社会主义对资本主义形成的张力，把社会主义作为研究和宣传的对象，是诸种改造中国方案中的一股清流。

这时的无政府主义、社会民主主义和民生主义等，尽管以社会主义之名，却没有超出资产阶级民主主义的范畴，也没有为中国社会提供明晰可行的方案。这些民主知识分子大都出生于富贵之家，具有良好的学识，本着朴素的再造中国的理想情怀，把从西方舶来的各种社会主义学说，用于中国的思想试验场上。他们并没有脱离自己的阶级立场，本质上仍然是资产阶级和小资产阶级的代表，其研究宣传的无政府主义、社会民主主义和民生主义等，仍然是小资产阶级反抗封建压迫和资本主义剥削的改良呼声。他们的宣传也仅仅局限于自己阶级的小圈子内，还没有充分展开，更没有达到社会底层，来唤醒最需要解放的普通群众，终归是思想理论层面的遐想。

近代中国的现实情况决定了社会主义还在遥远的未来。包括孙中山在内的社会主义者，都认识到社会主义是未来的事业。一方面，他们认识到社会主义是复杂的，还只处于研究阶段。就社会主义的内涵而言，在欧美也是千头万绪，必须要加以仔细的长期的研究，才能搞清楚。另一方面，他们认为中国远远落后于欧美资本主义国家，还缺乏实行社会主义的条件，当前的迫切任务是策划革命活动，推翻清朝专制统治，经过长期的准备工作，未来必然走向社会主义。

第三章　民国初年社会主义第一次浪潮

辛亥革命前，社会主义仅仅作为少数先进分子的思想倾向和研究宣传的对象，并没有在行动上有所建树。尽管江亢虎发起了社会主义研究会，在江浙一带多次开展社会主义演讲，但也仅局限于少数智识人士的探讨范围，且遭到清廷的监视、驱离，并没有引起普通大众的关注，难以说已经形成为一种思潮。随着资产阶级革命运动的大爆发，社会主义乘革命之势，正式登上历史舞台。具体表现为各社会主义者通过组建团体、公开标明宗旨和主张，以报纸杂志等为喉舌，彰显自己的学说，不断扩大影响并带动广大知识分子、中小资产阶级甚至底层群众参与进来，积极从事社会政治工作。作为一种思潮的社会主义，在革命中兴起，又成为支持革命和推动革命发展的重要力量。

辛亥革命爆发后，孙中山从海外回到中国，被委任为中华民国临时大总统，集中精力处理国是，但他并没有忘却实现民生主义的愿望。在形势不断向好发展的过程中，他义无反顾，抛开一切政治事务，全力开展民生主义宣传与社会建设。孙中山乐观地认为，民国成立，共和实现，民族、民权两主义已经达到，即将完成的是民生主义任务。社会主义的另一个重要人物江亢虎，在辛亥革命爆发之时，积极响应革命、反对专制，赞成共和。在上海宣布独立仅仅两天后，江亢虎与他的同志们就在社会主义研究会的基础上，改组成立了中国社会党，正式开启了他一生中最闪光的社会主义宣传与实践。无政府主义的代表人物师复，在革命爆发以后，停止了独行侠式的暗杀、爆炸活动，经过短暂的思考，重新规划了实现社会理想的方式。他以广州为大本营，联合同志，开始研究与宣传无政府主义，逐渐把中国无政府主义运动推广到海内外。

在民国初年兴起的社会主义思潮中，中国社会党是较早响应辛亥革命的，同时又是最早以政党名义开展社会主义运动的。比较各社会主义学派，中国社会党人员最多、规模最大，党员一度多达50万，影响也最广，成为社会主义思潮的主体力量。

第一节 中国社会党在行动

中国社会党是模仿欧洲社会党或社会民主党的名称而建立，其主义也类似于欧洲社会党，但经过江亢虎的改造，二者的主张又有明显的差别。尽管江亢虎多次宣称，中国社会党不是政治组织，不是政党，仅仅是社会团体，但从其发布的纲领来看，多条纲领都涉及政治问题。可见，准确定位中国社会党是比较难的，但其鼓吹政治革命和社会革命是客观的事实。

一 中国社会党的思想主旨

1911年11月5日，上海光复两天以后，江亢虎召集"社会主义研究会"特别会议，提议把研究会改组为"中国社会党"，并且亲自起草了八条党纲，并在会上得到通过，中国社会党由此成立。在《申报》上发布的《中国社会党宣言》提出的八条宗旨为：

赞同共和

融化种界

改良法律、尊重个人

破除世袭遗产制度

组织公共机关，普及平民教育

振兴直接生利之事业，奖励劳动家

专征地税，罢免一切税

限制军备，并力军备以外之竞争。

上述八条纲领是江亢虎参照西方社会党的纲领，结合本人对社会主义的理解拟定的。他说："原本夙所主张之社会主义，参考各国社会党之规章，按切中国固有社会主义之理想，及近世社会之状况，斟酌结撰而成。"① 八条党纲是中国社会党的标识和旗帜，反映了江亢虎和中国社会党的基本诉求和要实现的理想目标。

接着，中国社会党又发表《中国社会党规章》作为该党的党章。党章中明确规定，"中国社会党为社会党在中国所组织之团体"，这里只是说中国社会党是一个团体，并没有称为政治性政党，可能的原因是，江亢虎认为社会党参与政治的时机还未到。这从中国社会党党章规定的事务上也可见一斑：一、发行机关杂志、新闻、传单、小册；二、定期或临时开演讲会；三、组织公共之产科医院、蒙养院、小学、中学，破除家庭制度；四、建设社会银行，筹划遗产归公之方策；五、置备土地，办理农工商业团，为党员之实际试验场。此外，还规定了对外联络、组织小团体和党内自由行动等事项。

党章还对党员的入党要求做了规定。十六岁以上无精神病、受过普通教育、能自营生计的人。并规定党员不分国界、种界、宗教界，不论男女，义务权利平等。不符合党员资格的可以作为准党员，并根据实际情况约定权利与义务。从这个规定里，同样看不出社会党的政治性质。

通过中国社会党公布的八条政纲和章程，基本可以断定中国社会党的非政党性质。但国内学界对江亢虎则存在不同的看法，对中国社会党的性质也持不同观点。随着时代的变迁，越是接近当今时代，学界对中国社会党的评价越是客观公允。主要有如下几种观点。

在 20 世纪 80 年代，对中国社会党的评价几乎出现一边倒的否定。一种观点认为："它是一个以资产阶级、小资产阶级知识分子为主，有

---

① 汪佩伟：《中国近代思想家文库——江亢虎卷》，中国人民大学出版社 2015 年版，第 116 页。

小资本家、小商人、小手工业者和其他劳动群众参加的资产阶级政党",并且判定,该党在后期"成了袁世凯破坏资产阶级共和国,巩固专制统治的御用工具"。① 还有一种观点认为:"中国社会党绝不是一个社会主义的党,而是一个标榜社会主义的资产阶级的政党。"② 到90年代,随着对江亢虎及中国社会党研究的深入,比较公允的评价也相继出现。一种观点认为:"中国社会党是民国初年的一个进步的党派,是具有中国特点的第二国际社会民主主义政党。"③ 并且认为:"民元前后的江亢虎,是一位在中国鼓吹和倡导社会主义的大师,他的基本政治立场是进步的。"④ 该观点同时认为,在当时,中国社会党"不是一个完全的政治党派",而是鼓吹和研究社会主义的党派。指出中国社会党不仅具有进步的性质,同时具有第二国际社会民主主义的性质。

本书认为,评价一个党派要立足于当时的历史状况。江亢虎自称宣传的是社会主义学说,尽管他理解的社会主义与科学社会主义还相差很远,他建立的党被称为中国社会党,却也不同于欧洲社会党。在当时中国社会,几乎每一条中国社会党的纲领都具有民主、进步的趋向,社会党的活动也基本融进了资产阶级革命洪流中。这样看来,中国社会党无疑是一个进步的党派,也可以称为进步的民主革命团体。具体分析,第一条赞成共和,明显具有资产阶级革命的性质。第四条遗产归公、第五条组织公共机关,普及平民教育,又明显具有社会主义的性质。第六条奖励劳动家,也是资本主义的改良措施。江亢虎解释过:"奖励劳动家,与泰西之推倒资本家,手段不同,而目的则一。其结果总期人人为劳动家,即人人为资本家。"⑤ 所以,从阶级属性上看,中国社会党无明确的阶级界限,具有横跨资产阶级、无产阶级甚至其他一般平民阶级

---

① 曾业英:《民元前后的江亢虎和中国社会党》,《历史研究》1980年第6期。
② 沈骏:《江亢虎的社会主义与中国社会党》,《华中师范大学学报》1989年第2期。
③ 汪佩伟:《江亢虎研究》,武汉出版社1998年版,第82页。
④ 汪佩伟:《江亢虎研究》,武汉出版社1998年版,第142—143页。
⑤ 汪佩伟:《中国近代思想家文库——江亢虎卷》,中国人民大学出版社2015年版,第116页。

的倾向，但其没有认识到阶级斗争而主张改良。尽管他提出了最终走向"无治共产主义"的理想，但却又说不违反"国家社会主义"。可见，在中国社会主义运动早期，社会主义者们对社会主义的认识还是初步的甚至是模糊的，没有厘清不同类型社会主义政党的性质及其之间的差别。

二　中国社会党的组织形式

中国社会党成立以后，首要任务是迎接共和、推进民主。为此，其内部成立了"共和建设会"，并召开会议宣布支持共和、民主，抱着求同存异的态度欢迎革命。在孙中山回国的欢迎辞中，江亢虎明确指出，孙中山在民权、民生方面的主张与社会党的宗旨"多不谋而同"，尤其赞同平均地权一说。

扩充组织，协议分工。为了扩大影响，中国社会党广泛招募成员，在全国各地设立支部，加强组织协调，并很快在南京、苏州建立了分部。1912年3月，南京临时政府颁布《中华民国临时约法》，规定人民拥有集会、结社的自由，这为社会党进一步扩大提供了合法依据，不久，长沙、扬州、嘉兴、镇江、广州等分部相继建立。为了突出社会团体特征，中国社会党在组织上不设党魁，只设干事，干事由会议选举产生，并且明确规定，在遵守联合会共同决议基础上，总部与分部之间只有事务上的关系，二者完全平等，分部不受本部节制，只要人数达到50人及以上，经过本部核准，即可成立分部。各支部层面的组织也要体现权利相互平等、自由发展的特征。

发行刊物，加强社会主义的宣传鼓动。中国社会党除了发行《社会》刊物作为总部机关报之外，还创办了《社会党月刊》和《社会党日刊》《人道周报》《社会世界》《女权报》等刊物。此外，南京支部出版《人报》作为机关报，嘉兴支部创办《人道杂志》，绍兴支部发行《新世界》等。当时，仅由社会党创办的宣传社会主义的报纸杂志就多达50余种。

定期召开联合会，讨论重大事务。随着中国社会党的组织和党员快速发展，江亢虎提出以召开联合会的形式，讨论党内重要事务。1912年1月28日，中国社会党在上海总部召开第一次联合会。江亢虎在会上报告了会议宗旨，并提出修改规章。党员张克恭汇报了上海本部的工作。在讨论阶段，会议代表对党员入党资格、出版物、支部负责人和党费等各项议案，进行了讨论并予以通过。在这次会上，江亢虎被推选为主任干事。第一次联合会的顺利召开，完善了中国社会党的制度化建设，也推动了各项社会主义试验的蓬勃开展。1912年10月，中国社会党召开第二次联合会，重点讨论社会党的定位问题，讨论社会党是否改组为"完全政党"问题。江亢虎仍然抱定社会党既有的宗旨，坚持"世界社会主义"方向，反对将党改组为政治党派，引起了党内激进派的不满和反对。以沙淦等为代表的一派，坚持无政府主义，不久，单独组建纯粹的"社会党"，趋向政治，中国社会党内部出现分裂。新成立的社会党，由于言辞激烈、开展政治运动，仅仅存在了10天，就被袁世凯取缔。其间，尽管江亢虎多方斡旋，最后还是回天无力，遭到解散。

在中国社会党存续期间，形成了南北两个中心共同发展的局面。在北方由陈翼龙组建北京支部，辐射北京及周边地区，后来改名为"万国社会党"。陈翼龙倾向革命民主主义，主张以国家社会主义为宗旨。1913年初，陈翼龙在天津设立支部，主要由李大钊和郭须静负责支部事务。为了推行党务，社会党积极开展社会建设，在北京设立平民学校，学生免费读书，全部党员教师义务授课，还成立世界语学会，宣传男女平等，注重女子教育。陈翼龙还亲自授课，宣传"各尽所能、各取所需"的无政府主义观点。1913年7月，由于陈翼龙行动过激，被袁世凯杀害，北京社会党分部被查禁，开办的学校也遭到解散。

从形式上看，中国社会党是组织比较完备的团体。从总部到支部，从政纲到章程，有理论指导，有统一行动；党员活动有条理、有纪律；队伍发展迅速，团队庞大。社会党抓住社会变革的关键期，迎头赶上，推动了中国革命运动的发展。其以组织的形式开展社会主义宣传，起到了初步的思想启蒙作用。但中国社会党又是一个松散的组织，党员进出自由，活动自由，在一定程度上削弱了组织的执行力和凝聚力。

三 中国社会党的革命活动

中国社会党的目标是在推动政治革命取得胜利后，继续开展社会革命，实现"各尽所能，各取所需"的共产主义社会。作为一个改良主义政党，这决定了其不可能高举政治革命的旗帜，而唯有依附于资产阶级革命运动获得自身的发展。在民主革命期间，江亢虎志在于社会主义的研究和宣传，而不在于革命行动。尽管社会党成员被要求在政纲规定的范围内自由活动，但仍然与民主革命派联合，广泛开展了社会实践活动。在社会主义学说的宣传上，各地各支部通过"社会主义研究会""演讲会""流动宣讲会"以及发行刊物等形式，广泛介绍了包括马克思主义在内的各社会主义流派及其活动状况。各类演讲会规模宏大、成绩斐然，诸如，上海总部在每月第二、四周的星期日，定期举办社会主义"演讲会"，规模少则几百人，多达数千人。据统计，1912年6月2日举行的演讲会，到会的男性5000多人，女性200余人，历时3个小时，一度造成会场拥挤。① 由此可见，中国社会党在当时的活动盛况。下面本书就结合中国社会党的政纲，阐释其主要活动轨迹。

积极为实现共和奔走号呼。中国社会党从消灭封建专制政府的角度出发，广泛开展了支持、协助革命党的民主共和运动；组织发起"共和建设会"，广泛讨论新社会的组织形式，参与民主政治建设。江亢虎本人还亲自到码头迎接孙中山归国，拥戴革命领袖，同时，发表了热情洋溢的演说歌颂孙中山及其伟大的事业。

以共和为体，倡导融化种界。社会党倡导改造国民习性，号召各民族平等、人类平等、四海归一，提出建立一个"大公新世界"。江亢虎

---

① 汪佩伟：《江亢虎研究》，武汉出版社1998年版，第94—95页。

秉承社会革命意旨，针对革命军不分类别杀害满人的现象，发表《致革命军书论"兴汉灭满"事》一文，既表示赞成民主共和，为革命军站台，表达了对革命的钦佩之意，又认为单纯提出"兴汉灭满"是"大不可"的。他提醒革命派要防止民族矛盾激化和领土丧失，避免作出违背革命初衷的事。

主张改良法律、尊重个人。江亢虎倡导男女权利义务平等、号召女子接受教育，走出家门，从事革命运动和社会工作。在民国政坛上，社会党女会员组成"女子参政同盟会"，宣传男女平等参政，涌现出一大批社会党的女干部。女党员林宗素还直接拜见孙中山，并得到孙中山许诺女子参政的答复。在社会上，一批女党员组成"女子救援会"，筹款募捐，为革命军筹集军饷，还组成护士组，上前线护理伤员。甚至有一批女党员还组成"女子军事团"，支援前线作战，1912年1月30日，女子军事团战斗部还直接参加北伐。① 中国社会党提倡的男女平等，以及女子参政、女子救援的活动，推进了民国初年的女权运动。

尝试施行破除世袭遗产制度。江亢虎倡导建立社会主义"实行团"，开展"遗产归公""教育平等"的试验，并共同拟定《规约》，吸引了不少真诚的社会主义者加入，但由于过于理想化，没有达到预期成果，不久"实行团"就自然消失了。

组织公共机关，普及平民教育。社会党成员在各地设立幼儿园、育婴堂，开展婴幼儿教育。当时创办的私人育婴堂就多达十余所。在南京等地，社会党支部还创办平民公学，招收贫困家庭儿童，安排平民子女入学接受教育。当时，各地创办的各类平民学校有一百多所。

振兴直接生利之事业，奖励劳动家。中国社会党重视直接开展实业活动，组织各类实业团，开办了一些工厂、企业，开展抵制洋货活动，积极提倡使用国货。尽管中国社会党员大都活跃于学界和商界，但此时江亢虎已经关注到工人群体，把他们称为劳动家。他把劳动家分为以手

---

① 汪佩伟：《江亢虎研究》，武汉出版社1998年版，第104页。

工业为主的普通工人和以大工业为主的工厂工人,以及小商人、租户等几个类别,并且积极支持工人争取自身权利的活动。他曾经支持过徐企文在上海发起的中华社会党,并实行了两党联合。中华社会党是主张改善工人生活,支持工人反对资本家斗争的组织。他还派出党员深入工人中间,在浦口码头工人和铁路工人中组织工人团体。同时,中国社会党利用"五一"劳动节等节日开展纪念活动,积极宣传社会主义主张。

倡导专征地税试验。江亢虎主张以地税为突破口,发展教育、慈善、交通等福利事业。他还积极开展"地税归公"试验。首先在崇明岛成立"地税研究会",先行开展研究,设计了三步走的试验办法。具体顺序为:先宣传、散布,讲清楚地税归公的学理;再测量清丈、登记和预算土地;最后开展实地试验。此外,江亢虎还提出一个宏大的社会主义试验计划。1913年2月,他以一篇《筹边策》上书中央政府,并发函各省都督,寻求支持。面对比较复杂的满蒙回藏等边疆问题,他试图以社会主义方案来解决,倡议满蒙回藏地区保持永久中立,开展资本公有、外交中立、实行社会主义,以期建成"社会主义之模范地""无政府主义之试验场"。但由于复杂的原因和设想不切实际,该计划没有得到中央政府的支持,最后不了了之。

江亢虎发起的中国社会党,搭乘革命的东风,在大江南北掀起了一股社会党旋风。二次革命爆发以后,袁世凯实行反对革命党和社会党的两手政策,在南方武力进攻革命党,在北京查封北京社会党支部,逮捕陈翼龙,并下令查封全国的中国社会党支部。尽管江亢虎多方努力抗争,终无济于事。在中国社会党第三次特别联合会上,江亢虎发表《去职宣言》,请辞中国社会党总部职务。他说,两年以来,社会主义这一名词已普及于大多数中国人心目中。袁世凯可以解散中国社会党的四百多个支部,但绝不能消灭五十万社会党人对社会主义的信仰。尽管语词比较夸张,却足以见得当时中国社会党的盛况。虽然中国社会党被取缔,但对江亢虎来说,已经实现了初步目标。本来,江亢虎成立中国社会党的意旨在于宣传鼓动社会主义,让社会主义扎根于普通民众心中，而社会主义能否施行则是第二位的。对于中国社会党的破产，江亢虎已然心灰意冷，感觉没有留在国内的必要，决意离开这一是非之地，出国避难。

中国社会党在国内掀起的社会主义思潮，与辛亥革命运动相互配合，产生的影响是比较深远的。一方面，参与中国社会的改造，促进了中国实业建设和社会事业的发展。另一方面，把社会主义理念传播到中下层民众中间，为社会主义运动的继续开展做了铺垫。中国社会党名称上有一个"党"字，究竟是一个理论团体，还是一个政治团体、一个政党，这一团体究竟是以开展社会革命运动为目的，还是单纯以研究社会主义为目的，众说不一。后来，江亢虎曾多次辩解，只是一个鼓吹机关，言下之意，中国社会党只是一个研究宣传社会主义的团体。但是，中国社会党却被袁世凯当作政治活动团体解散，江亢虎的生命还受到威胁，这说明中国社会党并没有脱离政治的轨道。

第二节　民生主义宣传与实践

1912年4月，正值中国社会党事业蓬勃发展之际，南北和谈成功，孙中山按照约定，辞去南京临时大总统职务，离开政治漩涡，把主要精力投入到民生主义的宣传与建设上。孙中山的设想是：在民国统一、五族一家、民主共和的和平框架下，大力开展民生建设，一举完成社会革命任务。在接下来的一年多时间内，他主要在政商和舆论界，寻找一切机会，宣传民生主义和社会革命，影响波及大江南北、长城内外，形成一波宣传实践民生主义的运动，成为民初社会主义思潮的重要一翼。

以孙中山为代表的民生主义者，在大力宣传之外，还积极践行民生主义，表达了民主革命派试图彻底改造中国社会的理想与愿望，尽管因二次革命的爆发而被迫中断，但其产生的影响力是不容忽视的。在这段时间，孙中山在各地、各行业发表了60余次演说，大都与平均地权和节制资本有关，畅谈民生主义、社会革命构想。黄兴等倾向社会主义，也积极响应孙中山提倡的社会革命，配合孙中山的社会主义宣传，为社会主义运动留下了难得的经验。

一 对革命方位的研判

辛亥革命如疾风暴雨般袭来，很快扫清各种障碍，革命党占据了江南半壁江山，以南京为临时首都，建立了中华民国政府。1912年元旦，孙中山担任临时大总统。在南京临时政府存续的三个月间，革命形势很快从革命走向共和，出现五族一家、南北统一的光明前景，让人预料不及。孙中山理想中的中华民国图景似乎已经完整地呈现在眼前。在南京参议院解职辞中，孙中山欣喜地说："在本总统受职之初，亦不料有此种之好结果，亦不料以极短之时期，而能建立如此之大事业。"[①] 孙中山设想，有了民国做基础，全体国民将逐渐受到共和的熏染、不断觉醒，整个社会将走向民主和文明，接下来，民国继续巩固发展，在各种事业上不断改良进步，积极参与世界各国的竞争。所以，孙中山多次宣称，总统解职以后，他要完全以一个普通国民的身份，与全国人民一道，在和平的环境下，"协力造成"中华民国之巩固基础。

面对新的形势，孙中山对时代方位作了研判，得出革命重心已经转移的预判。在政治转型和社会变革的特殊时期，能否正确研判国情世情，对促进转型是非常重要的。孙中山曾作出三个时代的划分：在辛亥革命前，以中国革命同盟会为主体，联合内外各界人士，反抗封建王朝统治和帝国主义压迫，那时的中国，还没有进入现代国家的行列，应属于"纯然"的革命时代；在南京中华民国临时政府的三个月间，经历了清帝退位和南北统一，各种制度也相继建立，社会呈现出一幅光明的前景，这被孙中山称为民国的"草创"时代。此后，在民国框架内，革命的主要任务是利用和平的环境来建设国家，巩固中华民国的基础，促进世界的和平。[②] 所谓的"促进世界和平"，就是走向没有民族压迫、

---

① 《孙中山全集》第2卷，中华书局1982年版，第317页。
② 《孙中山全集》第2卷，中华书局1982年版，第318页。

封建专制，实现国强民富的新时代。

民国新时代的到来，标志着革命也发展到新的阶段。孙中山认为，包括辛亥革命在内的历次革命运动，倾覆满洲专制政府，缔造了中华民国。这时，民族革命和政治革命的任务已经完成，民族主义和民权主义的理想已经得以实现。在民国共和时代，仍需继续革命，但革命的性质发生了变化，重心也随之转移，已经从民族革命和政治革命转向社会革命。通过社会革命，可以一举实现民生主义的理想，有望实现三民主义。所以，还在临时大总统任上，孙中山已经确定了开启民生建设的计划，开始筹划他的社会革命蓝图。在卸任临时大总统到二次革命爆发的这段时间内，孙中山致力于社会革命运动，留下了社会主义的精彩一笔。

只有开展社会革命，才能实现初心。孙中山认为，政治革命成功只是部分的胜利，还不是全部之胜利。"虽然今日革命虽告成功，共和虽已成立，不过达吾人一部分之目的，决非已遂初心者也。"[①] 他告诫道：只有全体同志继续以推翻满洲政府的精神，努力前行，直到完成了"三民主义"任务，才能无憾。黄兴对孙中山的社会革命观给予了配合与支持。1912年9月，在北京社会党欢迎会上，黄兴直截了当地说："我国此次革命，非但种族上革命，非但是政治上革命，其结果乃是社会上革命。"[②] 仅仅开展政治革命是不彻底的，因为社会上一切不平的等级都是政治上所造的恶。他号召国人，在政治革命基础上继续前进，放宽眼界，化除私心，将富贵贫贱各阶级一律打破，使全国人人得享完全幸福。

从当时的政治态势来看，清帝退位后，中华民国临时政府建立，南北议和国家统一。尽管南北之间还存在变数，但中国大地整体上呈现出和平景象，现实朝着革命者预期的方向在前进，中国确实出现了走向光明未来的曙光。实际上，就局势发展来看，在表面一片祥和之下，恢复

---

① 《孙中山全集》第2卷，中华书局1982年版，第337页。
② 湖南省社会科学院：《黄兴集》，中华书局1981年版，第267—268页。

帝制者蠢蠢欲动，北洋政客们在做着投机的勾当，国家面临着深刻的政治和社会危机，则是革命者们预料不及的。

二 对民生主义的宣传

作为宣传鼓动的行家里手，孙中山深知要实现社会革命的预期愿望和目标，首先要做好宣传鼓动工作，让自己的同志和广大国民接受社会革命的主张，所以，做好宣传工作，是实现民生主义的第一步。孙中山辞职后的三次演讲，精辟阐释了社会革命和民生主义。

第一篇是《在南京同盟会员饯别会的演说》。1912年4月1日，孙中山卸任临时大总统发表告别演说。从形式上看，这是孙中山的告别演说，而实质上，是孙中山开启社会革命，转向民生建设的宣言书。

首先，孙中山阐明了自己即将着手的革命事业。他说，离开总统位置，不是不管事务，而是转向另一个革命领域，即把政治革命向前推进的社会革命运动。他借批判洪秀全只单纯开展民族革命，最后遭到失败的教训，表示：" 满清退位，中华民国成立，民族、民权两主义俱达到，唯有民生主义尚未着手，今后吾人所当致力的即在此事。"① 今日来看，孙中山对中国政治革命复杂性的认识不足，想法过于单纯了，军事上的暂时胜利并不表明政治革命的同步胜利。通常情况下，只有建立起完全的政治体制，才能说实现了政治革命的初步目标，而是不是能够取得最终胜利，还要看后来的治理水平。而孙中山当时乐观地认为，一次战争解决了中国几千年的专制制度，取得了民族、民权主义的胜利，现在看来实在是为时过早。但当时，暂时的胜利遮蔽了潜在的政治危机，也蒙住了孙中山的双眼。按照既往逻辑，政治革命胜利后，集中精力要做的事务，自然是开展社会革命，完成民生主义的使命了。

接着，孙中山明确阐释了为什么要继续开展社会革命，实现民生主义。民生主义是三民主义不可分割的一部分，也是孙中山对中国社会的

---

① 《孙中山全集》第2卷，中华书局1982年版，第319页。

愿景和目标。他说："社会革命为全球所提倡，中国多数人尚未曾见到，即今日许多人以为改造中国，不过想将中国弄成一个极强大的国，与欧美诸国并驾齐驱罢了。其实不然。"① 那么，孙中山究竟要建立一个什么样的中国呢？他设想的是，经过社会革命，建设一个没有少数资本家专政的、比欧美更加和谐的伟大中国。这样美好国家的出现，当然要用和平的方式，不能用流血和武力来进行。相比较于欧美各国，中国的社会革命是当务之急。在中国大资本家还没有出现的时候进行，对民众来说是没有什么痛楚的。如果此时不进行，待到中国的资本家大量出现，贫富差距过大时再进行，就悔之晚矣。

那么，如何开展社会革命？孙中山直言不讳地说，首要的是实现"平均地权"。他说："若能将平均地权做到，那么社会革命已成七八分了。"② 所以，孙中山主张在全国范围内普及平均地权。采取的主要办法是，在民政开办的时候，把地主的地契换过，改变以往把土地分为上、中、下三等的做法，而改为因地制宜地核定地价，照地价收税。他还特别提出，要在换过的地契中注明，在国家需要这块土地时，按照地契的价格收买。这样就能避免在国家用地之时，出现地主趁机涨价的情况。孙中山的主张是立足收税和政府开发实业需要购买土地的考量，以国家为主体，行土地改革的思路。这样做的好处是，既满足了国家的税收之利，又有利于国家发展实业，如修铁路、公路等。孙中山认为，只要平均地权的政策搞好了，社会主义就容易实行了。

振兴国家，需要大兴实业。那么，资本从哪里来？孙中山主张向外国政府或外国资本家借债。中国总人口多，不缺工人，人工遍地都是，但资本匮乏，只要给资本家足够的利益，通过借贷，就能解决资本问题。但在兴办实业的过程中，也要防止国内大资本家的出现，这就需要采用社会主义的政策。孙中山说："一面图国家富强，一面当防资本家

---

① 《孙中山全集》第2卷，中华书局1982年版，第319页。
② 《孙中山全集》第2卷，中华书局1982年版，第320页。

垄断之流弊,此防弊之政策,无外社会主义。"① 具体做法是实行一切大实业,如铁道、电气、矿产、水道等事务收归国有的政策,才不致使一二私人独享其利,实现全民富有,从而达到国强民富。

孙中山最后展望了民生主义的愿景。三十年之后,把铁路等大实业收归国有,国家财力不断富足,就可以拿出更多的钱财,扩大教育、养老等民生工程。同时,提高民众政治权利。最后,孙中山总结:"采用国家社会政策,使社会不受经济阶级压迫之痛苦,而随自然必至之趋势,以为适宜之进步。所谓国利民福,莫不逾此,吾愿与我国民共勉之。"② 到那时,中国的文明程度,就不仅是与欧美国家并驾齐驱的问题,而是要远远超越资本主义国家。这就是孙中山设计的民生社会主义的理想蓝图。

第二篇是《在上海南京路同盟会机关的演说》。1912年4月16日,孙中山在上海南京路同盟会机关发表演说,对即将开启的社会革命构想进行了补充,同时,他对党内反对实行民生主义的观点进行了辩驳。当时,一部分同盟会员反对孙中山的社会革命观点。他们认为,民生主义在欧美等发达国家都不能实行,在中国这样落后的国家更是实行不了的。也有一些人认为,在外国资本控制中国的关口,不仅不应该抵制资本家,反而要大力发展资本主义,依靠资本家来抵抗外国资本,否则,在资本经济的世界中,便没有中国人的立足之地。孙中山解释称,主张民生主义,不是要反对资本家,而是要反对资本家垄断的出现,反对资本家和反对资本家垄断不是一回事。他说:"夫吾人之所以持民生主义者,非反对资本,反对资本家耳,反对少数人占经济之势力,垄断社会之富源耳。"③ 他举例说,如果铁道在一二资本家手里,则旅客、货商和铁路工人就要受垄断之苦;如果土地归少数富者所用,则会妨害公共建设,平民更没有了立锥之地。实行民生主义,是为了排斥少数大资本

---

① 《孙中山全集》第2卷,中华书局1982年版,第323页。
② 《孙中山全集》第2卷,中华书局1982年版,第324页。
③ 《孙中山全集》第2卷,中华书局1982年版,第338页。

家，使全国人民都能享受生产上的自由。所以，孙中山认为，他的民生主义就是国家社会主义。

第三篇是《在广州报界欢迎会上的演说》。1912年5月4日，孙中山在广州报界欢迎会上发表演说，阐述民生主义的具体实施问题。5月12日，孙中山在与广州报界公会主任的谈话中，又对报界的质疑进行了回应，更加具体地阐释了民生主义如何实施的问题。在报界欢迎会上，孙中山延续了第二篇演讲的思路，畅谈平均地权的平均之法：一是照价纳税；二是土地国有。就是在这次演讲中，孙中山正式提出了土地国有的命题。同时，他指出，中国革命不必要效法美法等先进国，因为这些国家的政治被操纵在资本家之手，会成为实行社会主义的阻碍，而"我国革命，为五千年未有之举，故所主张不必取法于各国，或且驾美法而上之。"① 并且，他把平均地权称为实行民生主义的"第一级"。在与报界公会主任的谈话中，孙中山重申了实行平均地权之法的紧迫性，强调了欧美受托拉斯垄断的弊端。因而在中国，为了避免未来受到土地托拉斯之害，实行平均地权、还利于民是当务之急。

孙中山的民生主义是和他倡导的实业建设联系在一起的。他认为，只有交通发达，物质通畅，工业先进，启迪民智，才能国强民富。当巡回演讲结束之后，他从平均地权的宣传鼓动转向更加具体的社会政策筹划，提出了进行社会革命的另一个设想：兴办实业，重点是兴办铁路。1912年6月22日，在与《民立报》记者的谈话中，孙中山一改先前大力宣传的平均地权问题，转向实业建设，并痛快地说："观拟专办铁路事业，欲以十年期其大成。"② 这也是孙中山第一次在公开场合提出要专办铁路事业。

孙中山认为，政治是末，物力是本，只有在物质上打下基础，政治才能顺畅。1912年8月22日，在给宋教仁函中，孙中山向宋教仁解释了他为什么提倡兴办铁路、大办实业的问题。孙中山指出，尽管民国已

---

① 《孙中山全集》第2卷，中华书局1982年版，第354页。
② 《孙中山全集》第2卷，中华书局1982年版，第381页。

经建立，但民国却面临着现实困局，主要是物力缺乏。在物力缺乏的境况下，任何人在政治上都不可能有所作为。而内力日竭，外患日逼，断非一时所能解决的。如果仅仅从政治上来解决问题，情况必然会变得越来越糟糕。所以，必须发展物力，从根本上下手，使"民生充裕，国势不摇，而政治乃能活动。"① 这就是孙中山为什么要舍政治而办实业的动因。

在经年内，孙中山从南方到北方，从国内到日本，寻找一切阐发民生主义、社会革命的机会。他的足迹遍布大江南北、长城内外。在各种场合，他通过演说、记者采访以及通信等方式，甚至在酒会上、旅途中，也竭力宣传民生主义和社会革命的设想。社会革命话语一时得到广泛传播，得到社会名流、政客、商人和资本家的广泛响应，甚至袁世凯和北京政府也一度大力附和。难能可贵的是，孙中山面对不同听众群体，都能结合其职业特点开展民生主义宣传。诸如，1912年4月10日，在武汉湖北军政界代表欢迎会的演说中，提出"军人与官吏，不过为国家一种机关，为全国人民办事"②。4月17日，在上海中华实业联合会欢迎会演说中，提出"中国乃极贫之国，非振兴实业不能救贫"③。5月6日，在广东女子师范第二校演说中，提出"处于今日，自应以提倡女子教育为最要之事"④。等等。同时，孙中山还利用中国社会党这一平台，连续三天在上海大戏院演讲《社会主义派别及批评》，为中国社会党站台，既宣传了社会主义，同时解读了民生主义，会场一度出现"全场欢呼，万头攒动"的热烈场面。

孙中山的社会主义夙愿得到黄兴等革命者的积极支持。黄兴不仅是孙中山政治革命的合作者，也是其社会革命的坚定支持者。黄兴多次说过，他坚决支持孙中山秉持的民生主义，并且在孙中山的宣传基

---

① 《孙中山全集》第2卷，中华书局1982年版，第404页。
② 《孙中山全集》第2卷，中华书局1982年版，第334页。
③ 《孙中山全集》第2卷，中华书局1982年版，第339页。
④ 《孙中山全集》第2卷，中华书局1982年版，第358页。

础上，对民生主义进行了补充。1912年6月底，黄兴在同盟会上海支部夏季常会上发表演讲，指出同盟会党纲的独特之处就是民生主义。不管怎么说，民生主义"实则世界大势所趋"，社会革命终不可免，况且同盟会主张的社会主义，又极为平和易行。他要求同盟会会员"均当知此主义之必要，力谋进行"。① 民生主义的要义是平均地权或土地国有，这是立国的根基。黄兴还积极支持孙中山开发实业、优先修建铁道的倡议。1912年8月，黄兴为《铁道杂志》作序，指出"今者共和成立，欲苏民困，厚国力，舍实业莫由。然不速建铁道，则实业决难发展"。② 他认为通过发行杂志，以唤醒国人树立铁道观念，把兴修铁路作为救亡之策是一个好的办法。面对未来，黄兴与孙中山的观点殊途同归，前者提倡国家社会主义，认为社会革命是政治革命的一部分。通过对比法、美等西方国家资本家和劳动家阶级对立、贫富悬殊的现状，判定将来社会革命在所难免，黄兴认为，只要实行国家社会主义，提倡土地国有、财产归公、广设学校、发达教育等，就能免去欧洲将来社会革命之事。③

以孙中山为代表的革命民主主义者的民生主义、社会革命宣传鼓动，进一步扩大了社会主义的影响，推动了社会主义思想潮流在学界、政界、商界、军界和舆论界，甚至在侨界的高涨。鉴于孙中山对社会主义的乐观精神及其倡导民生主义的积极态度，被当时的记者们称为"第一乐观派"。

三 民生主义实践

作为一个革命家，孙中山非常注重革命的实际效果，在社会革命中也不例外。他在大力开展社会革命宣传的同时，开始了民生建设的实践。因为他十分清楚，即将开展的社会革命，就是要革除长期以来存在

---

① 湖南省社会科学院：《黄兴集》，中华书局1981年版，第238—241页。
② 湖南省社会科学院：《黄兴集》，中华书局1981年版，第252页。
③ 湖南省社会科学院：《黄兴集》，中华书局1981年版，第267—268页。

的贫穷、落后，使中国达到与世界发达国家相当的水平，这是他开展革命的终极目标。

(一) 平均地权实践

起初，孙中山设想"平均地权"政策在全国同时铺开，熔民族、民权和民生主义于一炉，"毕其功于一役"。在操作层面，他仿效英国的做法，改变以往按照土地规模征税的办法，改为核定地价，按比例抽取地价税。同时，预留出优先保证国家按地契价格用地的权力。后来，孙中山逐渐认识到，中国各地情况复杂，统一实行起来比较困难，遂主张不必要在全国同时实行，可以先在部分条件比较好的地区试行，然后再推广到全国。

廖仲恺是孙中山平均地权的坚定支持者。廖不仅是孙中山政治革命的助手，还是其为数不多的民生主义的坚定支持者之一。辛亥革命前，廖仲恺向国内介绍西方社会主义，《进步与贫乏》《社会主义史大纲》等社会主义著作就是廖仲恺翻译并在《民报》上发表的。革命后，廖仲恺担任广东军政府总参议，兼任财政厅厅长。由于广东革命和群众基础较好，孙中山决定率先在广东地区试行"平均地权"之策。1912年6月9日，孙中山在广州行辕与社会各界代表谈话，商量研究地价抽税问题，计划实施平均地产，表达了要把广东造成一"模范省"的愿望。6月12日，廖仲恺遵照孙中山的安排，安排税收改革。廖仲恺制定了地税换契法案，交于省议会审议。该法案有两个意愿：其一是希望通过地税改革增加收入，解决广东眼前的财政危机；其二是通过地权改革，逐步实行土地国有化，希望践行民生主义。在议会上，廖仲恺要求全省的土地所有者，在两个月内，将清政府所发的"三联印契"登记检验，再行换发新的契约。按照孙中山自由申报地价的设想，法案证明了土地的"价值准由民间自由呈报，惟声明如将来政府或收用此土地时，即照所报数目给价，可以不虞有少报之嫌"[①]。在法案的审议过程中，遭

[①] 广东省社会科学院历史研究所：《廖仲恺集》，中华书局2011年版，第1页。

遇到重重阻力，经过多方妥协，最后才得以通过，但法案已经变得面目全非。即使这样，税法在施行中，仍然遭到士绅豪强的抵制，还有一些地主、资本家一直在观望、拖延。在此后几个月的实践中，所收的税金不过百余万元，和预期的两千万元相差甚远。由此可见，在政治变革不彻底的情况下，实行民生主义是十分艰难的。

（二）实业建设

修建铁道是孙中山社会革命的中坚。孙中山借鉴西方国家依赖铁路交通获得物流畅通、开启民智的经验，和自己二十年的留心观察，认为"交通为实业之母"，遂号召在全国范围内，修建十万公里铁路。只要铁路四通八达，就能解决中国地区封闭、人口素质低下的问题。建造十万公里铁路的想法，比较早见之于1912年8月22日孙中山写给宋教仁的信中，信中提出："于十年之内，筑二十万里之线，纵横于五大部之间。"① 孙中山担心他的同志们害怕修路规模过于宏大而惊疑，因此没有正式发表，打算先到北京看看情况再做决定。足以见得，孙中山对自己的宏大计划也是有所保留的。修铁路需要布线、资金、技术、劳动力，孙中山都做了明晰的规划。他计划在全国范围内，修建南路、中路和北路三条沟通全国的干路，三条路第次进行，并"欲以十年期其大成"。铁路经过的地段，利用"平均地权"的政策，以原核定地价的方式回收，在资金和技术上，拟借外国资本家的贷款和利用外国技术人员。具体的做法是：一借资兴办，二华洋合股，三定期限，批与外国人承筑，四十年期满无价收回或提前收回。孙中山设想，只要他的修路计划得到实现，中国的物质流通起来，人员流动起来，整个中华大地就会鲜活起来，就能达到资源富足，实现国家强盛、人民富裕。

为了实现修路目标，孙中山亲自担任上海中华民国铁道协会会长，不久又担任全国铁路总督办，还专程到张家口詹天佑设计并修建的京张铁路进行考察，并特邀詹天佑担任自己的助手。1912年10月，孙中山

---

① 《孙中山全集》第2卷，中华书局1982年版，第404页。

发布《通告各省督抚议会电》，在上海组建铁路总公司，积极与外国财团开展谈判，多方筹措修路资金。尽管最后未能成功，但孙中山以发展交通改善民生的做法，方向是正确的，也是值得称道的。

综合来看，民初孙中山开展社会革命的设想与实践，是其民生主义的完整表达。利用和平的环境，孙中山给自己及其事业的定位是：不任官职、不丧主权、不用官产、官批民办。经过多地考察，深入思考，借鉴西方国家经验并结合中国实际，孙中山最后确定了实行民生主义的宏伟蓝图。具体内容被孙中山称为"四大纲"。一是资本，要节制资本，防止出现西方国家的资本家垄断；二是土地，要估本抽税，缩小贫富差距，追求社会公平的实现；三是实业、铁路，要官批民办，为其他实业的发展提供条件；四是教育问题，要普及教育，为国培养专业人才。① 这四个方面的设想是民生建设的基本组成部分，是孙中山开展社会革命实践的基本要素。尽管在《实业计划》中，孙中山又提出过中国开展物质建设的六大计划，但整体上基本没有越出这个框架。

四　孙中山社会革命的心路历程

孙中山是一个资产阶级革命家，在他的视野中，一边是资本主义的物质发达，另一边是社会主义的公平正义。从实现国家独立富强、民生富足的愿望出发，孙中山既服膺于资本主义的物质优势，又唾弃资本主义的贫富分化，所以，他的最终目标不是资本主义，而是社会主义。对于后人的质疑，何香凝曾回忆说过，孙中山"的确曾想避免使中国走上资本主义的道路"②。

首先，号召广大人民群众支持社会革命。孙中山把社会革命的事业称为人民事业，自己愿为"人民事业之发起人"。孙中山认为，经历政治革命以后，全体国民已经得到了全面的民主、完全的自由，享有充足的权利。官吏、军队都是人民的公仆，做普通平民是最幸福的。他说自

---

① 《孙中山全集》第 2 卷，中华书局 1982 年版，第 552 页。
② 何香凝：《回忆孙中山与廖仲恺》，生活·读书·新知三联书店 1978 年版，第 15 页。

己卸任以后已经不是以总统的资格,而是以普通人的资格来与广大国民相见的。"故仆今日所享之自由,最为完全,其所以完全者,以为国民的自由也"。① 同时,孙中山主张开放党禁,发挥政党和民党等不同党派的作用,各党之间相互监督,相互扶持,支持好政府,打倒坏政府,以保证全体国民真正拥有完全自由和权利。

其次,为国民做民生的事业,理应得到广大国民的认可和支持。孙中山认为,凭借自己的威望和良好心愿,在民生主义建设中一定会出现一呼百应的局面。但经过北京一行,他听到不少反对的声音,也遭到一些冷嘲热讽,这促使孙中山逐渐认识到"破坏易,而建设难"。在宋教仁刺杀案之后,孙中山对北京政府愈发失望,也促使他头脑更加清醒。面对前路艰难,他曾痛心地说过:民国甫建,而专制之毒焰愈张;中国虽然经历了革命,而政治之本源未清,新旧之党争愈烈。② 此后,孙中山谈论更多的是社会革命面临的艰难困境。

再次,既然是社会事业,就需要大家齐心协力共同来办理,个人要以国家事业为重。在太原、石家庄、济南各地的演说中,孙中山在倡导社会事业的同时,耐心劝说不同阶层的民众要顾全大局,为国家民生的发展作出自己的贡献。一方面,鼓励国民要继续发扬牺牲精神。孙中山多次勉励社会各界,不仅革命时代要有牺牲精神,在建设时代,还要牺牲个人,为大家谋幸福,并且建设时期的牺牲比以前的牺牲还要加倍才行。③ 另一方面,号召国民要破除保守落后的观念。要完成10万公里铁道建设的艰巨任务,需要大众一心,全力以赴,以崭新的思想做指导,支持民生主义建设。要改变现状,就不能死水一潭,要让人和物都流动起来,他提出:"人不活动,则为废人,国不活动,则为废国"④。

最后,客观分析国民贫困的原因,提出权利和义务相结合的观点。

---

① 《孙中山全集》第2卷,中华书局1982年版,第334页。
② 《孙中山全集》第3卷,中华书局1984年版,第60页。
③ 主要在《在太原各界欢迎会的演说》《在太原商学界宴会上的演说》《在山西同盟会欢迎会的演说》等演说中提出这一主张。
④ 《孙中山全集》第2卷,中华书局1982年版,第481页。

孙中山认为，中国地域广阔、人口众多、物产丰富却如此的贫困，主要原因就是在清朝的专制政体下，人民没有权利，当然就产生没有义务的思想。既然没有自由平等的幸福，则"自甘暴弃责任，毫无竞争之心，进取之性"①。在共和政体下，孙中山倡导全体国民在享受共和、权利的同时，须负起一个国民的责任，各尽国民的义务。对于国民党等政党而言，是代表着人民心理，使国家巩固，社会安宁的，理应承担更多的义务。对国民的各种义务，"均应担当而尽心为之"②，才是名副其实的政党。

民初孙中山的民生主义宣传与建设，以及开展社会革命的设想，由于二次革命的爆发而被迫中断，但他坚守民主共和、广泛宣传民生主义，及对中国社会未来前景的展望，感染了大批国人，在中上阶层中产生了广泛影响，成为民初社会主义思潮的重要推手。

第三节 至纯虚幻的无政府主义

在近代中国，无政府主义是较早传入国内的社会主义学说。前文介绍过，刘师培等在日本出版的《天义报》和一批留学法国学生出版的《新世纪》报上，都对无政府主义做过专门的译介、宣传；在国内，蔡元培等一批进步知识分子也受到无政府主义的影响，并通过相应形式宣传过无政府主义。但这些人都不是无政府主义的纯粹信仰者，只是无政府主义的研究者或同情者、支持者。辛亥革命爆发后，参与推进社会主义思潮形成、信仰无政府主义并对无政府主义研究、宣传作出重要贡献的，是以师复为首的一群后起之秀。此外，蔡元培等组织的"进德会"，也是以无政府主义为旨归的。

一 无政府主义的中坚

辛亥革命以后，师复和他的同志们从社会主义的各种派别中脱颖而

---

① 《孙中山全集》第2卷，中华书局1982年版，第476页。
② 《孙中山全集》第2卷，中华书局1982年版，第469页。

出,在中国南方掀起了一场无政府主义旋风。

1911年冬春之际,师复与丁湘田、郑彼岸打算到北京刺杀袁世凯,因为清帝退位,南北议和成功,遂改变行程,转道到杭州西湖附近的白云庵居住了一个月,静观辛亥革命以后国家形势的变化。此时,师复认识到,在民国的民主共和氛围中,无政府主义已经有了传播和实施的条件。1912年5月,他回到广州,和志同道合的同志郑彼岸、林君复等开始成立无政府主义社团晦鸣学社,从事巴古宁、克鲁泡特金无政府主义(又称安那其主义)的研究、宣传工作。这标志着在国内正式出现了无政府主义的组织。

当时,师复等人开始油印一些小册子,如《无政府主义名著丛刊》等,同时,在邓警亚主编的《平民日报》副刊内开办专栏,宣传无政府主义,① 后来专栏因故取消。1913年8月,师复等开始出版《晦鸣录》(亦名《平民之声》《民声》),以"实行世界革命,破除一切强权,建立真理之新社会"为口号,主要围绕共产主义、反对军国主义、工团主义、反对宗教主义、反对家族主义、素食主义、语言统一、万国大同等八个方面的宣传。《晦鸣录》出刊两册后,被政府查禁。师复等辗转澳门、上海,继续出版《民声》杂志,倡导无政府主义。师复因病逝世以后,林君复(笔名嵩父)担任编辑,继续出版《民声》。后来一批无政府主义者看到大同世界在中国建立无望,大都意志消沉。还有一些遁入空门,如林君复就是其中之一,另外还有太虚(又称乐天),以及陈哲梅、鲁哀鸣、李正方等一批无政府主义者。

师复在研究宣传无政府主义的同时,比较倾向于无政府主义实践活动。首先,他从个人自我革新做起,强调破除旧道德、建立新道德的重要性。晦鸣学社成立之时,师复连续发表文章,对现存的旧道德、伪道德进行批判,号召开展"思想革命",以助社会之进化。其一,在个人卫生层面,宣传不抽烟不喝酒,以"改良人格""求智识之高尚",推

---

① 邓警亚:《无政府主义者活动片断》,《广州文史资料存稿选编》第5辑,中国文史出版社2008年版,第75页。

进"社会之改良"，通达"人类之进化"。① 其二，在自由平等层面，首先宣传不用仆役、不乘轿及人力车，以恢复人的自由平等之人格，以达到"人人执一有益于人之业，以成互相扶助之社会"②。其次，批判婚姻制度是强者欺压弱者的工具，主张"欲社会之美善，必自废绝婚姻制度，实行自由恋爱始"③。再次，批判家族主义，主张由废婚姻，废姓氏，达到废家族，发动"纲常革命""家庭革命"，让人人负起对社会的责任、财产归公，实现人人自由平等。

1912年7月，师复等又成立无政府主义的活动组织"心社"，作为宣传无政府主义的外围组织。晦鸣学社和心社相比较，前者被师复定位为"读书论道"的场所，属于自由集合的团体性质，而把后者作为结交志同道合之士的组织。"心社"实行绝对的自由主义，主张个人自由入社出社。入社成员共同订立社约十二条，即"1. 不食肉，2. 不饮酒，3. 不吸烟，4. 不乘轿及不坐人力车，5. 不用仆役，6. 不婚姻，7. 不称族姓，8. 不做官吏，9. 不做议员，10. 不入政党，11. 不做海陆军人，12. 不奉宗教。加入心社的社员自由结合，没有奖励，也没有惩戒，其活动全靠个人自觉自愿。这一举动在社会上引起了不小的震动。当时，受到封建礼教束缚的青年，有不少人加入了心社，身体力行，改造自己的旧习惯，特别是"不称族姓"和"不奉宗教"两条，对当时的青年影响深远。而一些封建卫道士、守旧分子和基督教等宗教团体，则骂心社叛逆，视他们为洪水猛兽。

师复创办"心社"的意趣，在个人层面，是破坏伪道德，提倡新道德，改良个人不良嗜好；在社会层面，是破坏恶制度，建立良制度。而他成立的"晦鸣学社"，试图"独立不倚"地开展追求真理的研究活

---

① 唐仕春：《中国近代思想家文库——师复卷》，中国人民大学出版社2015年版，第30页。
② 唐仕春：《中国近代思想家文库——师复卷》，中国人民大学出版社2015年版，第32页。
③ 唐仕春：《中国近代思想家文库——师复卷》，中国人民大学出版社2015年版，第35页。

动;以《晦鸣录》为喉舌,刊行无政府主义主张,提倡真理、科学,为"陷于痛苦秽辱、不可名状之境"的平民发声。师复认为"世界之人类,皆兄弟",政府是万恶之源,欺凌他国,破坏和平,并主张以和平改良方式,实现"各尽所能、各取所需"的无政府世界。这些宣传在当时影响很大,在晦鸣学社期间,"前后成出印刷物数万册"①。

此间,在中国南方,无政府主义声势很大,影响了一大批青年,还波及海外。在香港皇仁书院读书的袁振英和他的同学杜彬庆、钟达民等受其影响,组织成立了一个无政府主义团体"大同社",主张无家庭、无国家,提倡世界大同,与当时广州的心社遥相呼应。② 还有一些外国革命者与师复有密切联系。在广州存善东街8号(今宝华路)即晦鸣学社所在地活动着一些安南(今越南一带)的革命者,他们围绕革命问题和社会科学思潮问题进行讨论,研究斗争方法。此外,师复还教过他们制造炸弹。这些人中有不少都是无政府主义者。③

值得说明的是,师复继承了早期中国无政府主义运用世界语传播无政府主义的传统。《晦鸣录》通常以汉语和世界语两种文字进行排版。目的是用世界语和国际上的无政府主义对话;通过实现文字的共通,达到语言的共同,最后实现世界大同的愿望。在新文化运动中,兴起的文学革命,其中有关废除汉字,使用世界语的观点,与师复无政府主义也不无关联。

二 师复主义的脉络

师复是一个彻底而执着的无政府主义者。在无政府主义的道路上,师复的心态一直是矛盾的,他既热烈欢呼无政府社会的美好前景,同时又纠结于中国政治混乱、民德败落的社会现实。鉴于这个原因,师复把

---

① 唐仕春:《中国近代思想家文库——师复卷》,中国人民大学出版社2015年版,第72页。
② 李继锋等:《袁振英传》,中共党史出版社2009年版,第15页。
③ 郑佩刚:《无政府主义在广东活动的一鳞片爪》,《广州文史资料存稿选编》第5辑,2008年版,第62—63页。

第三章 民国初年社会主义第一次浪潮

无政府主义既看作一个目标,同时又看作一种现实的运动。师复在日本留学时接触并欣赏无政府主义,入狱期间对无政府主义的思考,嗣后又集中研究并最终接纳无政府主义的复杂经历,表征了师复从狭义的个人主义者,升华为对社会负有责任担当的无政府主义者的历程。在无政府主义的大旗之下,师复走了相互交织的两条路线。其一是力行做道德的楷模。其二是培养民众无政府主义的意识。他立志通过"破坏一切伪道德、恶制度,而以公道的、真理的新道德、良制度代之"①。他梦想全人类进入绝无强权、完全自由的无政府社会,实现平民真正自由之幸福。

首先,无政府主义的实现需要以个人新道德为基础。师复的无政府主义之路是从建立新道德入手的。为了在中国实现无政府社会,师复力行做新道德的楷模,这个思路最早来自其开展的无政府共产主义实验基地。出狱不久,师复曾邀约志同道合的几个同志,在广东新安附近的赤湾建立了一个"红荔山庄",作为共产主义的试验场,坚持半耕半读,践行着一个无政府主义者的理想。但由于民德的没落,很短时间内实验便以失败告终。此时,师复的心路发生了分裂,他既坚信进化论的正确性,认为无政府主义的蓝图是先进的,是人类最美好的生活方式。但由于世风日下、民心道德失落,他又认为,这种状况迟滞了无政府主义在中国的实现。所以,要实现无政府主义,首先要破坏旧道德,树立新道德。组织"心社",就是师复倡导与践行新道德的具体表现。

从师复无政府主义的实践路径来看,不管其他人如何来去变化,其本人始终坚守着"新道德"的信念,纵然在恶劣的环境中也始终不弃,以求重塑社会的"良心"。后期,他的身体出现极度营养不良,却放弃了医生告诫他要用肉食品补充营养的建议,后来他身患肺病,有同志建议他卖掉印刷设备,先治疗疾病,他却坚称,如果师复死了,也就是一个人,而不能断的是无政府党的"东方命脉"。师复试图以个人英雄主

---

① 唐仕春:《近代中国思想家文库——师复卷》,中国人民大学出版社2015年版,第43页。

义的姿态,用自己的斗志和鲜血,涤荡当时那个污浊的中国社会,来践行他"惟其心所安"的誓言。

其次,无政府主义倡导为人类谋幸福的责任担当。师复在力行"新道德"的基础上,进一步宣传、传播"良制度",以达良心。师复坚持用微弱之力,传播无政府主义,期望在民众心中留下"真理"的种子。在近代政荒民弊的环境下,师复通过无政府主义的实践,已经清醒地认识到,中国缺乏实现无政府社会的条件。但基于个人良心的驱动和社会责任的担当,传播无政府主义一直是他矢志不渝的事业。即使在极端困难的条件下,他仍然奔走号呼,哪怕身边只剩下不多的信仰者、追随者,他也要始终保持无政府主义的"本原"状态,而不能因为一些人的篡改而使无政府主义变了味道。

师复的无政府主义,是结合了日、法、俄几国无政府主义思潮和古代中国"大同"社会理想的混合体。其基本信条是:政治上主张无政府,反对任何强权,追求绝对自由;经济上坚持无私产,崇尚"各尽所能、各取所需"的共产主义。由于无政府主义者来去自由,从数量上无法准确统计师复时代的无政府主义者,但坚定的信仰者并不是太多,造成其影响力受到限制。在大革命高涨之际,不少无政府主义者追逐权势、改换门庭,连老牌的无政府主义者吴稚晖和张继等人都改旗易帜,投到了民国政府门下,做起了国会议员。师复遗憾地批判他们放弃了对人类谋真正之幸福的追求,转而攀附政府、热衷政治的做法,是"逐海滨之大臭",认为他们失掉了做人的责任。

再次,在维护和传播无政府主义信念上矢志不渝。师复主要以笔伐的方式来开展宣传,坚持以理服人。他不厌其烦地和来自各地的信仰者通信交流,解释什么是无政府主义及其美好的前景。当时,社会主义概念庞杂,其中有两种"社会主义"受到人们的追捧,即孙中山的"三民主义"和江亢虎的中国社会党。师复坚信,只有社会主义(无政府主义)才能救中国,孙江二人的主张都不是纯粹的社会主义,而是一种社会政策。师复认为,一种理论并不因参与、赞同的人多就成为真理。师复坚持"真理"为少数人所把握的救世情怀,提倡绝对自由、互助的精神。按照无政府主义的标准,他辩称马克思主张的集产社会主义,只主张资本公有,具有不彻底性。他更认为,孙江二人以社会政策代替社会主义是对社会主义的错误理解,尽管孙江二人"在恶浊的政治中自彪一帜",但并不是"真正的"社会主义者。由于世人对社会主义了解甚少,辨明社会主义的文章也寥若晨星,他号召人们积极研究社会主义,如果不加以澄清,孙江二人的社会主义学说,必然会损害社会主义的前途。

最后,纯粹的虚幻的无政府主义救世情怀。师复坚持彻底的无政府主义。前文说到,师复认为中国暂时还没有实现无政府主义的可能,尽管经过十年历练,无政府主义在中国,仍如"襁褓时代之婴儿"。但在万马齐喑的时代,师复明知不可为而为之,开始了无政府主义的行动。在他的宣传影响下,在全国多地出现了无政府主义的传播组织,如广州无政府共产主义同志社、南京无政府主义讨论会、常熟无政府主义传播社等。1914年7月,师复在上海成立无政府共产主义同志社,"主张灭除资本制度,改造共产社会,且不用政府统治者也"①。他号召全体社员一致行动,为实现经济上、政治上绝对自由的无政府共产主义社会而奋斗。师复归纳出无政府共产主义社会的三个词汇,即自由、互助和劳动。在走向共产主义的征途中,他号召反对一切强权、追求绝对自由;反对任何战争,不主张以暴制暴。师复曾预测,第一次世界大战,不管哪一方胜败,也不管时间长短,世界平民的灾难都会比之前更甚。他提倡人人应该劳动,依靠工团联合一致行动,加强"万国联合",通过一切社会"革命"(不包括暴力革命)的手段,来消灭"社会罪恶之源泉"的资本制度,取消作为"平民之蟊贼"的政府。师复坚信无政府共产主义一定会到来,这是人类社会进化的必然,是"二十世纪不可避之趋势"②。

---

① 葛懋春等:《无政府主义思想资料选》上册,北京大学出版社1983年版,第304页。
② 唐仕春:《近代中国思想家文库——师复卷》,中国人民大学出版社2015年版,第149页。

师复公开提出无政府共产主义的目的与手段。由师复起草,以上海无政府主义同志社名义公布的《无政府共产党之目的与手段》罗列了十四条目的:一是一切生产要件归之社会公有;二是一切生产要件归劳动者自由取用;三是取消阶级,人人都要适当劳动;四是劳动产品人人皆可取用;五是废除一切政府;六是无军队警察监狱;七是无一切法律规条;八是分行业自由组织公会;九是废除婚姻制度,男女自由结合,子女公共保养;十是人人接受最高等教育;十一是老者由公共养老院养老、病者由公共病院调制之;十二是废除一切宗教;十三是二至四小时劳动之外,时间自由支配;十四是教育使用世界语。这十四条表达了无政府共产主义的最终目的。为了实现上述目的,文中又罗列了如下四种手段:其一在开始期,采取一定的方式传布主义。用报章、书册、演说、学校等方式,对一般平民进行主义传播。其二在传播期,适时进行抵抗,如抗税抗兵罢工等;扰动,如暗杀暴动等。其三在传播成熟期,开展平民大革命,推翻政府及资本家,改造社会。其四在终结期,开展世界平民大革命。就世界革命运动而言,中国是落后的,要奋起直追,致力于传播无政府主义。

师复是纯粹的无政府主义者,但他不是一个冥顽不化的人。在师复心中,无政府主义是他不屈的信念,而民众的自由与幸福却超越于他的无政府主义信念。他认为,只要对社会文明进步有促进作用的,都理应支持。无政府主义反对政治、反对战争带给平民的灾难。在武力讨伐袁世凯政府的二次革命中,师复从无政府主义立场上来分析认为,不管对于袁方还是讨袁方,都是政治上的战斗,都是无政府主义所反对的。因为在战争中,受苦受难的都是平民。但如果从政治上来看,讨袁无可厚非。既然战争已经爆发,他还是希望讨袁战争早日取得胜利,以解除民众的战争之苦,早日过上和平的生活。正是师复的悲悯情怀,导致他对无政府主义信之愈深,脱离现实的实际愈远。这也足以反映出师复社会主义的虚幻特征。

就师复在国内无政府主义组织中的创始人地位和作用及其对无政府

主义的阐发和他个人至纯志坚的品格，师复的无政府主义被其追随者、后继者称为师复主义。与江亢虎组织的中国社会党和孙中山倡导的民生主义的规模相比较，师复主义在当时的影响相对较小，但其后续的影响力却不容小觑。师复说过："今日一般人之心目中，以为中国言社会主义者有二人焉：即孙逸仙与江亢虎是也。"①事实上，师复主义与前述二人代表的学说，在中国社会思想舞台上，形成了三足鼎立的局面，成为民初社会主义思潮的主要流派。

三 "进德会"与无政府主义

除以师复为代表的无政府主义之外，在上海还聚集着一批老牌的无政府主义者及其新秀。辛亥革命以后，受到个人无政府主义的影响，这些人辞官不做，积极开展个人修德活动，如李石曾没有接受临时大总统孙中山的提议去法国担任大使，汪精卫辞而不受粤都督之职等。吴稚晖、张静江、张继、李石曾以及汪精卫、蔡元培等人，成立了无政府主义组织"六不"会和进德会，意在整饬世风，倡导修德。进德会的创立，主要起因于当时一些来往于苏沪的各省军人和官员纵情声色，并且这些人不以为耻反而认为是英雄本色。受其影响，在社会上也逐渐兴起了奢靡之风，一些政客跑官等不良风气也开始出现。进德会试图阻止旧道德泛滥，为社会和官场激扬起一股清廉、慎独的清新风气。

进德会的成立经过及会约。1912年2月26日，进德会在《民立报》发布《进德会会约》，发起人为李石曾、汪精卫、张继和吴稚晖四人。明确该会成立的缘起是，民国新建，要根除亡清社会的腐败现象，如"吃花酒""斗麻雀""讨小老婆"等陋习，除去凋敝的原气，为新社会树立新风气，进而改变国风。进德会会约分为普通会约和特别会约。普通会约要求入会的会员遵守不狎邪、不赌博、不置妾三条，能遵守前两条的称为进德会赞成员。特别会约在普通会约基础上增加五条，

---

① 师复：《师复文存》，革新书局1927年版，第21页。

合称"八不",即不狎邪、不赌博、不置妾、不做官吏、不做议员、不吸烟、不饮酒、不食肉。这"八不"又分为甲乙丙三部,各人自由选择,能做到前四条的为甲部特别会员,能做到前六条的为乙部特别会员,能做到八条的为丙部特别会员。①但考虑到正值新政府用人之际,不久又删除了不做官吏、不做议员的规定,改称为"六不会"。在现实生活中,要做到这六条非常困难,这批人中始终能遵守会约的也仅有李石曾和吴稚晖两人,这也足以见得进德会会约要求之高。作为社会名流,会员中不少人参与了南北和谈,诸如蔡元培、汪精卫,以及李石曾等,作为代表团成员和北方代表唐绍仪等一同北上。在北上的"新铭"号轮船内,唐绍仪、李石曾和蔡元培等人继续商讨改革世风事宜,他们在"六不"基础上,增加了简化婚丧嫁娶应酬、精简称呼等,以求排斥或改良社会陋习,称之为社会改良会。根据蔡元培回忆,社会改良会约大概有五十余条,共三十三人签名,②首列即是蔡元培本人。

秉持进德会,开展教育救国运动。进德会的成员大多数既赞成共和,同时,又向往无政府主义,热衷于社会改良事业。进德会诸人约定,在政治事务完成以后,他们共同从事社会工作。在北京,以李石曾为主,建立起"俭学会",倡导送青年学生去英法留学,这一做法得到北洋政府教育总长蔡元培的支持,遂成立"留法预备学校",面向平民子弟,为留学勤工做准备。勤工俭学目的是开展文化教育兴国。后又成立"留法俭学会",其戒约为:不狎妓、不赌博、不吸烟、不饮酒、不为一切伤身耗财之事。从"留法俭学会"的"戒约"来看,其与"进德会"如出一辙。由此可见,李石曾等秉持"进德会"思想,以"留法俭学会"为实践,试图开启教育救国之路。进德会成员还发起成立"世界社",以"传布正当之人道,介绍真理之科学"为宗旨,通过报刊宣传方式开启民智,开展自然、艺术科学研究,组织留学,传布进德

---

① 葛懋春等:《无政府主义思想资料选》上册,北京大学出版社1984年版,第336—337页。
② 崔志海:《蔡元培自述》,河南人民出版社2004年版,第81—82页。

会和社会改良会的思想,意图普及新式教育,使中国逐渐融入世界,使每一个人都有接受教育的机会。

"进德会"倡导的理念和师复"心社"的社约有异曲同工之处,他们都是从个人视角出发,以破除旧道德,提倡新道德为主。但与师复的纯粹无政府主义信仰相比较,进德会成员的无政府主义则比较混杂。按照胡汉民的说法,李石曾、吴稚晖和张静江等一直崇尚无政府主义,他们也致力热心于民族革命,而汪精卫、蔡元培、张继等只是有无政府倾向。① 由此可见,进德会继承的是无政府主义的衣钵,意在用无政府主义及其方式,来净化社会风气,改造不良风俗,提高个人道德修养,为未来中国培养一批擎天立地的人才,这在当时的士绅和官僚阶层引起了很大的反响,也得到一批青年学生的青睐。

最后,有一个问题需要简单交代,在民国之前的近十年间,各种社会主义已经传入中国,为什么在革命发生以后才突然爆发呢?除了各社会主义乘革命东风之外,还有以下几个方面的原因。

其一,清王朝言论钳制的失效。清朝建立以后,采取愚民政策,对言论、出版和集社等方面严格控制。在清末,又颁布了多部约束出版物的律令,钳制趋势加剧。戊戌变法以后,为了进一步加强对言论出版的控制,使新闻出版活动纳于政府的管辖之下,1906年7月,由清商部、巡警部和学部共同制定颁布了《大清印刷物专律》,这主要是针对革命派和改良派而制定的。专律明确规定,印刷及新闻记载都要到京师的印刷总局登记,否则以犯法论,罚款150元,监禁5个月,并制定了详细的条款。1908年3月,清朝商部、民政部、法部等参考日本的做法拟定颁布了《大清报律》,规定每日发行的报纸,要在前一日晚十二点前,月报、旬刊和星期一报等在前一日中午十二点前,送交到地方官署查核。此外,还有《报章应守规则》和《大清律例》等,对出版报刊、言论等有诸多约束,造成了在国内办报难、刊登违背清政府的言论更难

---

① 李烈钧等:《党人三督传》,上海书店出版社2000年版,第67页。

的状况。这样，不仅使革命党成为地下分子，就是从事社会主义研究的人也难有发声的机会。而当辛亥革命爆发，清政府对南方地区失去控制时，上述律令基本上失去了效力，此时革命党对管辖区域着眼于革命运动，对报刊出版结社等来不及治理，各种思想言论在社会上能够畅通无阻、自由传播。

其二，新政权制定保护言论自由的法律。民国时期的各地政权，倡导自由民主共和，反对专制集权，在出台的法令中，设有保护言论出版自由的条款。1912年3月颁布的《中华民国临时约法》明确规定，"人民有言论、著作、刊行及集会、结社之自由"。各省地方政权也有类似的规定。这给各种思想理论走上社会历史舞台提供了广阔的空间，加速了社会主义思想的传播。

其三，各地军政当局、社会贤达等支持广开言路。革命党成员大多接受过民主自由、共和的熏陶，在传统观念上有巨大的转变，支持人们自由发表言论，开办报纸杂志，畅谈共和自由。孙中山就鼓励多成立政党，这样既能监督政府，又能实现相互监督，鼓励知识分子创办报纸杂志，宣传革命、民主、自由。言论自由受到尊重，大开民主之风，为公开研究传播社会主义提供了好的环境，甚至一些政要本人就是同情甚至信仰社会主义的人。军阀陈炯明在漳州曾经邀请无政府主义者开办报纸，支持社会主义宣传，一大批无政府主义者云集漳州，也推动了社会主义的传播。

上述几方面因素，助推了社会主义思潮的出现。但不久，二次革命爆发，袁世凯背弃共和，打败了革命军，不仅通缉孙中山、黄兴等，下令取消国民党，还下令取消中国社会党，查禁无政府主义等进步组织和报刊等，社会主义思潮遭到压制，接着，又相继颁布法令，禁止结社、游行、限制言论自由等。在1914年，北洋政府公布《治安警察条例》，禁止政治结社及同盟罢工，规定学生不得政治结社，也不得参加政治集会；又公布《报纸条例》，限制言论自由。1915年1月22日，制订《教育纲要》，强调尊孔读经。这一系列限制人们言论政策的出台，使社会主义思潮逐渐沉寂。

小　结

民初的社会主义运动，在民主共和背景下，主要有三支社会主义流派参与其中，共同形成波及社会各界的思想潮流。一是江亢虎组织的中国社会党，一是孙中山主张的民生主义，一是师复创立的无政府主义和李石曾等创立的进德会。从近代中国社会主义运动的演化来看，这是其在中国形成的第一次高峰。

各种社会主义的目标大致相同，都旨在使中国摆脱贫穷落后的状况，实现人类大同，但他们主张实现的手段却不相同。孙中山试图通过政治革命手段，先建立一个民主共和国家，再进一步开展社会革命来实现。江亢虎则希望在和平环境下，通过走政党道路、社会改良的手段来实现。师复从个人做起，在建立新道德、新民主，在提升人的素质基础上自然实现。三者都是以人性为根据，以公理为准绳，以进化为前提，建构人类美好的未来。他们都倡导革命，但都不认同以阶级斗争为前提的政治革命，而是着眼于对当前社会进行改良。由于手段上的不彻底，与其宏大目标的张力，最终陷入了空想。

从改造中国社会的角度来说，各社会主义流派都没能承担起改造中国的责任，也没有发动广大基层群众。他们尽管译介了一些资料，也结合中国情况建构起自己的社会主义观点，但在普通群众中基本没有产生太大的影响，乃至张东荪在谈到发动群众上，曾批判说："民国元年的时候只输入了'社会主义'四个大字，多一个字也没有。"[①] 这也足以证明，民国时期的社会主义思潮只存在于中上等阶层之中，对底层的普通群众没有丝毫触动。

尽管如此，在社会主义思潮中，各种思想相互支持和斗争，有力地

---

① 左玉河：《中国近代思想家文库——张东荪卷》，中国人民大学出版社2015年版，第163页。

❖❖❖ 进步与虚幻

推动了中国社会发展的进程,吸引了一大批知识分子和青年持续投入到改造中国的宏大潮流中来。作为民主、进步思潮的各社会主义,启迪了民智,传播了民主自由平等观念,批判了旧文化、传播了新文化,对资本主义、帝国主义进行了尖锐的批判。随着民国局势的演变,社会主义思潮继续向前,并不断有新形式出现,在新文化运动中扮演着重要的角色,再一次风起云涌,酝酿形成第二次社会主义高潮。

第四章　五四时期社会主义第二次浪潮

民国初年，正值社会主义思潮在中国社会激荡、高涨之际，袁世凯背离共和，"二次革命"爆发并失败。在北洋政府的政治高压下，社会主义各组织相继被政府查禁，骨干分子被逮捕、通缉，轰轰烈烈的社会革命运动陷入低谷。但中国社会主义运动并没有就此消失。以《新青年》为标志的新文化运动，激活了中国社会的文化层，加之袁世凯复辟失败，在政治上出现松动。各社会主义流派的成员经过分化、整合，采取多种方式继续宣传、鼓动，社会主义在苦苦支撑中逐渐复苏。

另外，第一次世界大战把欧洲变成了一个屠宰场，资本主义的弊端暴露无遗。当时，社会主义思潮在欧洲风起，各种社会主义学说随着欧风东进不断传入中国，吸引更多的人加入到社会主义运动中来。不仅无政府主义等流派重新走到中国社会舞台的前沿，还有几支新生的力量，如新村主义、工读主义、基尔特社会主义等加入其中。随着俄国"十月革命"的胜利，马克思主义在中国逐渐传播开来，吸引了一大批先进知识分子和青年学生对科学社会主义展开研究、宣传。到五四运动前后，进步团体集中涌现，各社会主义学说竞相登台，形成了又一波社会主义的思想潮流。

第一节　民主革命低潮中的社会主义

辛亥革命第二年，袁世凯坐上中华民国大总统的宝座，在羽翼逐渐丰满之时，他把口头上高喊的共和、民主抛之脑后，走上了专制、独裁之路。袁世凯的北洋政府连续作出违背共和的事情，刺杀宋教仁，善后大借款等，导致"二次革命"爆发。在北洋政府的军事高压下，革命很快就失败了。嗣后，袁世凯下令解散国民党，孙中山、黄兴等国民党人被逼流亡海外，民生主义的宣传、实践暂告一段落。接着，袁世凯借口中国社会党涉嫌参加、支持民主革命，宣布其非法组织，并进行查禁，中国社会党总部主任江亢虎也远走欧洲，中国社会党成员各求自保或另寻门路。无政府主义者创办的《晦鸣录》被监控，组织遭到取缔，师复等人被迫转移到澳门，在国内的影响也逐渐减小。在袁世凯的高压下，社会主义思潮的三支劲旅同时遭到沉重打击，随着民主革命的失败而陷入低潮。

一　社会主义各组织被取缔

民初，中国社会党是最大的一支社会主义流派，其组织众多，成员号称五十万，活动范围遍及全国各地。中国社会党的结束与其成立相类似，来也匆匆、去也匆匆。当袁世凯宣布取缔该党以后，各组织、各成员很快如鸟兽散，其不伦不类的民主社会主义学说也沉寂下去。后来，很多成员归入无政府主义。

（一）艰难支撑的无政府主义

二次革命爆发以后，师复主义秉承不参与政治的信条，专心传播无政府主义，但对革命也有一定的关注。师复不希望发生战争，他认为不管袁世凯和革命军孰胜孰负，最后受到伤害的都是平民百姓。战争初开，师复希望专制的袁世凯早日失败，战争早日退去，还民众一方和平的空间，为无政府主义的传播提供一个和平的舞台。1913年8月，师复等无政府主义者发行《晦鸣录》，但一出刊即被北洋政府暗探盯上。在北洋政府内务部档案中，郑汝成《关于密查〈晦鸣录〉致金绍城函》中，明确无误地说要"密查"《晦鸣录》，但由于在租界"不能制止"，只能"随时留意"。① 当

---

① 中国第二历史档案馆：《中国无政府主义和中国社会党》，江苏人民出版社1981年版，第1页。

《晦鸣录》第 2 期出版之后，还是遭到军阀龙济光的查禁。不久，《晦鸣录》改变名称，以《民声》之名继续出版。

晦鸣学社也被军阀查封。接着，袁世凯、黎元洪又在全国查禁无政府主义，师复等人连同《民声》刊物被迫转移到澳门，在风雨飘摇中苦苦支撑，继续从事无政府主义的宣传活动。不久，应袁世凯政府的请求，葡萄牙当局查禁了《民声》，广州政府同时缉拿无政府主义的同志，师复等被迫辗转各地。

1914 年，无政府主义的一批成员到革命形势较好的上海落脚，恢复《民声》出版，继续从事无政府主义宣传活动，在师复逝世之前，《民声》共出版 22 期。1915 年，师复逝世以后，无政府主义的同志继续出版《民声》到 28 期，至此，围绕《民声》开展的无政府主义研究宣传活动告一段落。

（二）民生主义的没落

二次革命失败后，革命党的主要人物孙中山等流亡海外，留守国内的革命党成员，继续开展民生主义宣传。1912 年 1 月 21 日，同盟会成员徐企文在上海发起成立中华民国工党，并在国内和南洋各地相继建立支部。1913 年，徐企文被袁世凯杀害，中华民国工党停止活动。1916 年 9 月 30 日，韩恢在上海发表宣言，中华民国工党得以恢复，并更名为中华工党，继续宣传民生主义。其《宣言书》中说："实行发展我党民生事业及民生主义中之人道主义"，宗旨是"甲、促进工业发达；乙、开通工人智识；丙、消改工人困难；丁、提倡工人尚武；戊、主持工界参政"。在手段上，强调"慎重稳健"，主张工人和资本家合作，即"欲与资本家相提携，借以改良工人之德性，开通工人之智识，强健工人之身体，宽裕工人之生计，增高工人之地位"。组织上，"以工人为主体，而以资本家助其成功"，"万不可屏逐资本家于局外，合一炉而冶之"。工党成员的成分很复杂，除工人外，还有资本家和资产阶级政客加入。工党对工人进行的一些经济斗争表示支持，曾支持上海制造局工人成立上海制造工人同盟会，支持缫丝工人成立缫丝女工同仁会。1917年下半年,重新恢复后的工党停止活动,其影响也就此消失。

由于革命的失败,民国只剩下躯壳,孙中山放下了念念不忘的民生主义,在日本成立中华革命党,组织讨袁事宜。在袁世凯死后,孙中山回到上海,组织恢复国会工作,将主要精力放在伸张民权层面。1916年7月,孙中山吸取前一阶段革命失败的教训,在上海出席沪上粤籍议员茶话会,发表《尚贤堂茶话会上的演说》,又在沪上两院议员欢迎会上发表演说,提出"直接民权"之说,即主张中央集权和地方自治相结合。孙中山认为,民权是立国之基础,然后方能开始长久建设。他以普通人的身份游览杭州、宁波、绍兴等地,提出约法恢复后的建设问题,但始终没有使用民生主义之名。1917年2月,孙中山在上海研究民权问题,写成《会议通则》,又名《民权初步》一文,不久又发表以英文写成的《实业计划》一文,对中国开办实业的途径、原则和计划详细进行阐述。尽管孙中山不提民生,但其意仍然在于民生。

对于革命的失败,民生主义的没落,同盟会元老冯自由深有感触,他说:民国成立以后,从前主张三民主义(社会主义)的革命党人,做官的做官、发财的发财,或组织政党或竞选议员,多数忘却了民生主义,认为民生主义是不合时宜的东西。这种说法尽管是一家之言,但也充分说明了民生主义一直没有真正走进民主主义者的内心,在政治环境恶劣的情况下,民生主义者更加难以寻觅。

二 权力斗争与革命力量的削弱

革命失败的直接原因是袁世凯背叛革命,并用武力镇压革命派。此处还有一个重要原因,是革命派内部的争权、分裂。革命力量的削弱,直接导致在战争中的失败。社会主义思潮是在响应革命的声浪中出现的,而随着革命的失败,袁世凯对各社会主义进行查禁,对人员进行迫害,掐灭了社会主义思潮的发展势头。

在辛亥革命爆发不久,革命派就出现了分化。伴随革命的发展,临时政府开放党禁,鼓励政治上相互监督,持不同政见的人分类汇集,纷

第四章 五四时期社会主义第二次浪潮

纷成立政党、社团，发表政见。各种政党、社团像雨后春笋般地产生。1912年10月，仅在民政部备案的社团就达到85个，再加上其他一些小的政党、社团，总量多达几百个，其中既有政治团体，也有文化和学术社团。在南京临时政府和北京政府存在分歧的同时，革命阵营内部也出现了分裂。以章太炎为首的光复会成员，联合武昌起义的文学社、共进会成员，在与临时政府的权力之争中逐渐分化，他们联合江浙一带的立宪党人，成立统一党。武昌起义的一些将领，如孙武等，联合一些旧官僚组织社团，立宪派成员于右任、张謇等成立共和统一会。还有其他一些反对革命的政治组织、社团，共同形成了对抗同盟会的力量。更有一些同盟会员直接加入立宪派组织，大大阻滞了革命派继续前进的步伐。章太炎及其光复会，是同盟会的骨干力量，在日本时曾积极支持刘师培宣传社会主义。在革命开始以后，章太炎等却参与了反对革命的阵营，带动了一批革命者从革命派中分裂出去，削弱了革命的力量。

在辛亥革命时期，章太炎是颇具影响力的革命者，其思想倾向直接影响了一大批追随者。正是章太炎与孙中山等革命派的政见分歧，严重削弱了革命力量。革命爆发以后，在与谭人凤商谈新政府成立问题时，章太炎提出"国民党兴，革命党消，天下为公，乃克有济"[①]的主张，将矛头直接指向同盟会，反对以孙中山为首的革命党组织政府，为接下来革命派内部出现分裂，埋下了隐患。在袁世凯就任临时大总统之后，章太炎为了实现自己的政治抱负，主动投靠袁世凯，担任总统府高级顾问。章太炎的做法吸引了一大批革命者投向袁世凯，丰满了袁政府的势力。直到刺杀宋教仁案发生以后，章太炎才看清袁世凯假共和的面目，但他仍然反对孙中山等提出的"武力讨袁"，而主张"政治解决"。仅上述一例，就严重分散了革命力量，再加之其他怀抱各种心思的假革命者的推波助澜，使袁世凯羽翼渐丰，获得了喘息的机会。

为了适应形势的变化，同盟会联合共和党、民主党，成立统一的国

[①] 陈永忠：《革命哲人：章太炎传》，浙江人民出版社2008年版，第140页。

民党，但在组建过程中，在党纲制定上发生分歧，共和党直接提出在党纲中废除民生主义的主张，在遭到同盟会拒绝后，他们仍然把"男女平权"的规定取消了。由此可见，在同盟会组建国民党的过程中，民生主义明显遭到了抵制，浇灭了革命派在实现民族、民权主义后，继续走向民生主义的热情。孙中山辞去临时大总统以后，在宣传实践民生主义过程中遭遇到极大的困难，甚至不能被自己的同志所理解，也与国民党内部存在的分裂，以及反民生主义者有很大关系。

三 政党对抗与社会主义思潮受阻滞

现代社会中的政治必须依赖于政党，通过政党体现权利。民国成立以后，国民党一家独大，在议会中获得主动权，限制了总统的权力。袁世凯深感在政党建设中的失策，需要建立一个强有力的政党来获得权力。为了控制国会，使自己占有总统职位，在国会选举中获得绝对优势，袁世凯联合梁启超、王赓等出面联络以章太炎为首的统一党、以黎元洪为首的共和党和以汤化龙为首的民主党，以对抗国民党。尽管在选举中败于国民党，但也有效地阻滞了民主进步力量的扩大。进步党于1913年5月选举黎元洪为理事长，依附袁世凯的力量，实行立宪派等非国民党人士主张的图谋政治变革意图。进步党的组党宗旨有二：一是欲将全国政治导入轨道；二是欲造成一种可为模范之政党。在现实中，试图建立一强大的、专制的中央集权政府。同时，名义上为了抵制国民党而成立的进步党，在实际中，不仅与国民党对抗，也对各社会主义团体进行了批判。在进步党看来，在当时的中国，有两种政治势力阻碍社会进步：一种是"官僚社会之进步的势力"（指以袁世凯为首的北洋势力）；一种是"莠民社会之乱暴的势力"（指以孙中山为首的革命派，也称"暴烈派"）。在二者中，进步党首先反对国民党和民主进步势力。进步党以《天民报》《大共和日报》《庸言》《时事新报》《天铎报》等为宣传平台，进行反对革命的宣传，抵制民主共和向前发展。

进步党依附袁世凯的直接目的是抵制国民党扩张议会权力，同时，也阻碍了民主共的发展。当时，各政党团体，尽管都有自己明确的纲领，但在招募成员的过程中，并没有严格按照其纲领行事。因此，各政党的成分极其复杂，只要对政治、社会事务感兴趣的人常常被拉入党内，特别是一些有实权或者有声望的人，不管主张如何，都是各政党拉拢的主要对象。1913年1月3日出版的《时事新报》对党员入党过程有具体描述："吾当为君介绍入某党，不俟承诺，翌日则党券党证已送至矣。"① 导致一些无政府主义、中国社会党成员随意变换门庭。如1915年8月，杨度联络孙毓筠、李燮和、胡瑛、刘师培及严复，共同发起成立政治团体"筹安会"，公开为袁世凯称帝摇旗呐喊。孙毓筠、李燮和、胡瑛、刘师培都参加过同盟会，而刘师培还曾经是对研究宣传无政府主义有重要影响的人。

作为一种进步力量，社会主义思潮在革命高潮中形成。它的兴衰，与民主进步的力量和革命党的力量强弱正相关，而与专制独裁的力量负相关。在革命被袁世凯遏制的同时，各社会主义思潮也遭到遏制。同时，以各种政治面目出现的政党和团体，在民初的政治社会舞台上进行活动，一方面分化了社会主义主体力量，另一方面，还混淆了视听，既削弱了革命的力量，也对社会主义思潮的传播产生了消极影响。最终，在袁世凯的高压态势下，社会主义思潮陷入低谷。

第二节　五四时期的社会主义思潮

二次革命失败以后，革命形势走向低潮，不仅资产阶级革命民主主义运动遭到打击，社会主义思潮也随之陷入低谷。但辛亥革命开启的民主共和之门，在反对袁世凯专制的民主运动中不断敞开，逐渐开启了民智，进一步推动着人们继续寻求改造中国的方案。一大批具有坚定信念的社会主义者，逐渐从被打击的混沌状态中复苏，在政治高压的夹缝中

---

① 转引自李新等《中华民国史》第1卷上，中华书局2011年版，第31页。

❖❖ 进步与虚幻

继续开展社会主义的研究与宣传。

政治高压对政治运动的阻滞，促使中国进步知识分子另辟蹊径，把眼光投向政治之外的经济、社会、文化及学术领域，试图寻求突围。1915年，以陈独秀为代表主张新文化的团体，开始活跃于中国社会舞台，他们以《新青年》为宣传鼓动平台，集聚了一批先进知识分子。同时，一批青年学生加入进来，倡导民主与科学，新文化运动逐渐席卷南北各地。对什么是新文化运动，陈独秀本人曾经做过界定。他说："新文化运动，是觉得旧的文化还有不足的地方，更加上新的科学、宗教、道德、文学、美术、音乐等运动。"[①] 正是在新文化运动的大背景下，西方各种学说被国人舶来，在"新思潮"的大旗下，纷纷登上中国政治社会舞台，不断被国人接纳、传播和试验。与之相对应的是，国内的学术、政治组织和团体也纷纷建立起来，表达着不同的政治思想诉求。其中，被袁世凯取缔的各社会主义重新活跃起来，加之更多新的社会主义学说传入，如新村主义、工团主义、基尔特社会主义、马克思主义等。它们竞相登台，表达主张、开展论争、从事社会主义的各种试验，形成了又一波社会主义的思想潮流，直接推动了五四运动的爆发，并且在运动后的一段时间内得以存续。

陈独秀创办《新青年》的初衷是以进化论，打破中国几千年旧传统，对中国青年思想进行改造，试图从根本上唤起青年的自觉。根据当时的环境状况，《新青年》坚持避免进行政治批判，是为了规避当局的干扰，同时，陈独秀认为仅仅谈政治，也是治标不治本。于是，《新青年》转而批判传统和旧文化，以期打碎"国粹"，彰显新文化，为未来中国发展开辟新的现代文明。1917年初，陈独秀把《新青年》从上海迁到北京，在北大云集了一批新文化运动骨干成员，开始了轰轰烈烈的文学革命运动。在北京大学里，校长蔡元培坚持兼容并包的理念，各种思想在这里云集，在师生中成立的各种学术、政治组织和团体，影响颇

---

① 陈独秀：《新文化运动是什么?》，《新青年》1920年第5期。

大。仅当时由蔡元培亲自倡导成立的"进德会",会员就达到1000人左右。这些团体思想驳杂,都试图在改造中国政治、社会的进程中发表自己的主张。

五四运动时期,到底有多少类型的社会主义,时人的说法也各不相同。1919年12月,张东荪在《解放与改造》杂志上发表《我们为什么要讲社会主义》一文,对各派社会主义进行了分类。他说:"我们所主张的社会主义,既不像工行的社会主义(Guild Socialism),建立一个全国的工行(National Guild);又不像多数的社会主义(Bolshevism),组织一个无产者专政政治(Proletarian Dictatorship);更不像无治的社会主义(Anarchism)废去一切机关;复不像国家的社会主义(State Socialism)把所有生产收归国有。"① 可见,当时自称为社会主义的至少有五种。1921年1月,陈独秀在广州公立法政学校发表题为《社会主义批评》的演讲,谈到"应讲何种社会主义"问题时,他说:"除了'废止资本私有'为各派社会主义共通之点外,从来学说不一,至今尚留存的,有力量的,可分为五派:一、无政府主义;二、共产主义;三、国家社会主义;四、工团主义;五、行会社会主义",② 并对各派社会主义做了优劣分析。而且,他特意说到"最要注意的"是前三派。几乎同时,毛泽东也从改造社会方法的视角,归纳过几种他所关注的社会主义。1921年1月,在新民学会长沙会员大会上,毛泽东向新民学会会员报告了巴黎方面蔡和森的提议。他说,国内对于社会问题的解决有两派,即陈独秀等主张的改造和梁启超、张东荪等的改良。他认为,世界解决社会问题的方法大致有以下几种:1. 社会政策,2. 社会民主主义,3. 激烈方法的共产主义(列宁的主义),4. 温和方法的共产主义(罗素的主义),5. 无政府主义。毛泽东对这几种主义都作了分析。他说,

---

① 左玉河:《中国近代思想家文库——张东荪传》,中国人民大学出版社2015年版,第140页。
② 吴晓明:《德赛二先生与社会主义——陈独秀文选》,上海远东出版社1994年版,第181—182页。

社会政策，是补苴罅漏的政策，不成办法。社会民主主义，借议会为改造工具，但事实上议会的立法总是保护有产阶级的。无政府主义否认权力，这种主义恐怕永世都做不到。温和方法的共产主义，如罗素所主张极端的自由，放任资本家，亦是永世做不到的。激烈方法的共产主义，即所谓的劳农主义，用阶级专政的方法，是可以预计效果的，故最宜采用。①尽管上述几人的说法不完全一致，但总体看来，包括了无政府主义、基尔特社会主义、共产主义、工团主义、行会主义、国家社会主义、社会民主主义等若干。这些社会主义流派都曾经活跃于五四时期的中国社会舞台上。可见，五四时期形成的社会主义浪潮比较辛亥革命时期的种类更加多样，情况也更为复杂。

这一时期，可以分为相互联系的两个阶段。前一阶段，尽管袁世凯奉行政治高压政策，仍然有一部分社会主义者在风雨如晦的年代里苦苦坚守，继续传播社会主义，如师复的无政府主义等，为社会主义的再次兴起保存了血脉。后一阶段，袁世凯倒台以后，国内政治形势相对缓和，海外留学归来的知识分子与国内的社会主义者相互联合，推动了社会主义继续发展，掀起了第二次浪潮。

一 无政府主义的大爆发

促成社会主义思潮第二次兴起的中坚力量是无政府主义，它在很大程度上是师复无政府主义流派持续坚守和开枝散叶的结果。中国社会党被袁世凯解散，一时热闹的场景消寂下来，国民党被取缔，民生主义也风光不再。苦苦支撑的无政府主义在中国社会党和民生主义留下的空场中乘势而入，加上国外花样翻新的无政府主义学说不断传入，在马克思主义广泛传播之前，中国先进知识分子和青年几乎接纳了或接触过无政府主义。尽管无政府主义是一个比较极端的、虚幻的学说，是社会主义的乌托邦，但它主张的消灭资本制度、经济政治绝对自由、财产归公

---

① 参见《毛泽东文集》第1卷，人民出版社1993年版，第2页。

及改良互助、实现世界大同等思想主旨，对追求民主进步的人们来说，不啻是一次思想的启蒙，产生了震撼人心的效力。

无政府主义之所以出现井喷现象，与当时中国的政治局势有密切关系。袁世凯失败以后，逐渐形成了军阀混战的局面。北洋政府走马灯似的更迭，官员腐败无能，"民元约法"被完全抛弃，社会一片混乱的景象。为了护法运动，在孙中山领导下，成立南方护法军政府，而军政府内军阀派系林立，不仅内部矛盾重重，还南北勾结，共同欺压百姓，破坏护法。孙中山面对山河败落的局面，在辞职通电中失望至极地说："吾国之大患，莫大于武人之争雄，南与北如一丘之貉。"① 正是一届又一届政府带给人们的都是愤懑与失望，才使无政府主义思潮乘势而起。

(一) 师复主义从研究宣传转向现实

1914年，当中国社会党喧嚣消散，民生主义也无处觅踪的时候，师复从澳门重新回到上海，继续开展他的无政府主义事业。经过革命经验的积累，师复的无政府主义已经出现了从研究宣传向现实运动的转向。他把批判的矛头直指现存的资本制度，把资本制度直接称为"人类蟊贼""万恶魔王"。他通过开展"五一"劳动节纪念活动，发表"五一"纪念文章，如《五月一日》等，宣传无政府主义。师复组织成立民声社，继续定期出版《民声》杂志，同时出版集刊《平民之钟》和批判江亢虎社会主义的《伏虎集》等，捍卫无政府主义。

无政府主义提出现实的任务。1914年7月，师复成立无政府主义工作机关"共产主义同志社"，倡导平民革命，并公布了无政府党的主要任务，即一方面传播无政府主义，在世界范围内联络同志；另一方面为实行革命运动做预备。不久，师复发表《宣言书》，提出"消灭资本制度，改造共产社会，且不用政府统治"的号召，即主张经济上政治

---

① 《孙中山全集》第4卷，中华书局1985年版，第471页。

上的绝对自由。他预言,通过反对强权,铲除资本制度和政府,必然能达到"社会上惟有自由,惟有互助之大义,惟有工作之幸乐"①的大同理想。所以,师复倡议:"对于真理之障碍物,以'直接行动'划除之,无所容其犹豫。"②广州无政府共产主义同志社还提出,为了"神圣之主义"的实现,要"决死""毋畏"。此时,中国社会党灵魂人物江亢虎已出国多时。原中国社会党的一部分成员,转向无政府主义,在一些地区相继成立了无政府主义组织,如蒋爱珍等在常熟成立"无政府主义传播社",无吾等在南京成立"无政府主义讨论会",继续开展无政府主义宣传活动。无政府主义者还在广州等地成立同志社团,加之上海的同志社,形成了很大的规模。不仅在国内,无政府主义还播撒到海外,甚至在新加坡、加拿大、苏门答腊等地都有无政府主义的活动。师复还积极与西方无政府组织加强联合,致书万国无政府党大会,详细介绍中国无政府主义的开展情况。

　　师复主义还尝试与工人运动相结合。1914年秋,上海漆业和水木业工人举行大罢工,师复支持上海漆业工人罢工,称赞罢工为革命的工团主义,并按照无政府主义的理想,提出了具体方针。在《民声》23号上,师复发表述评《上海之罢工风潮》,号召无政府党和社会党都应该支持工团组织,培养工团独立战争的能力。工人按行业组织工团,通过多设平民学校,办工人小报等,启发工人觉悟;在争取改善工人地位方面,主要主张增加工资、实行8小时工作制和星期日休息制;并强调"工团之宗旨,当以革命的工团主义为骨髓,而不可含丝毫之政治意味"③,以工团自身的力量灭除贫富阶级。他们宣扬法国蒲鲁东的生产合作思想,试图通过纯粹的工人互助来摆脱资本主义下的贫困与剥削,把工人运动纳入工团主义的轨道。

---

① 唐仕春:《中国近代思想家文库——师复卷》,中国人民大学出版社2015年版,第148页。
② 唐仕春:《中国近代思想家文库——师复卷》,中国人民大学出版社2015年版,第149页。
③ 葛懋春等:《无政府主义思想资料选》上册,北京大学出版社1984年版,第330页。

第四章 五四时期社会主义第二次浪潮

师复主义一脉具有维护其主义正统性的特别要求，具有明显的空想性。当宋教仁案发生后南北刀兵渐起时，师复从无政府主义出发，主张和平解决纷争。他希望不要用战争破坏现有的和平局面，造成平民再次的灾难。而当战争不可避免，二次革命硝烟弥漫的时候，师复认为，此时再高喊和平已经没有意义，评论双方的胜败也没有什么价值，因为遭受战争伤害的都是平民。他只希望专制集权的袁世凯快速退出历史舞台，尽快结束战争。当时，师复并没有支持革命党，是因为"无政府"的信条告诉他，不管是袁世凯政府，还是革命的民国共和政府，以及无论其他什么样的政府都尽当早日废除，还人民以真正的自由。可见，师复无政府主义具有十足的空想成分。既然如此，按照类似的标准，在师复眼里，中国社会党赞成共和，因此是一个从事政治运动的"普通政党"，与真正的社会党、社会主义毫无干系。当早期无政府主义者吴稚晖在辛亥革命后当选国会议员的时候，师复气恼万分，致书吴稚晖，批判他和张继参加政府，做议员的行为，声称其已经抛弃了无政府主张。足以见得，师复主义是无政府主义中的激进派。

按照国际上的通行说法，社会主义主要有两大类，即共产社会主义和集产社会主义，另有"独产主义"等分支。① 二次革命失败后，在中国究竟有多少种社会主义，按照师复的罗列，大致有十余种。主要有无政府共产主义、江亢虎的"中国社会党"、孙中山的社会主义（民生主义），还有一些如"极端社会主义""纯粹社会主义""无治主义""三无主义二各学说"等。师复自称他信仰的社会主义属于"无政府共产主义"，也简称无政府主义，其党派名称为"无政府共产党"，简称无政府党。无政府党的核心要义是以反对强权为根本，首当反对资本制度，既表达了师复主义进行彻底社会革命的梦想，也体现了师复主义严重脱离实际的局限性。师复主义的极端性和师复个人的人格魅力，吸引着一大批激进青年和知识分子加入到无政府主义的行列。可惜的是，师

---

① 《孙中山全集》第 2 卷，中华书局 1982 年版，第 508 页。

复由于疾病和长期的营养不良，不久辞世。师复逝世以后，他的同志们把他认作无政府主义的宗师，不断鞭策激励着后继者继续前进。到五四运动时期，更多类别的无政府主义开始涌现。

(二) 无政府主义的组织和宣传方式

在近代中国无政府主义存续史上，社团加杂志的组织和宣传方式是标配。在师复主义的影响下，无政府主义者纷纷开始结社或创办学会，创办的刊物数量众多，促使无政府主义逐渐风靡南北。从组织规模和杂志数量上，可以透视出无政府主义的流行图景。根据民声社统计，仅1916年4月到11月，发行的《民声》达到1万册，附带《平民之声》也发行了500多册，还有《总同盟罢工》约700册、《军人之宝筏》500册和《无政府主义》700册。①

以无政府同志社为主体的无政府主义继续得到宣传。师复死后，林君复继任《民声》编辑，他以嵩父为笔名，主笔发表文章，另有梁冰弦、黄尊生、郑佩刚、乐无等作为撰稿人，断断续续，一直坚持到1928年停刊，《民声》共刊出28集。

新的无政府主义组织和杂志开始出现。随着新文化运动的开展，北京大学逐渐成为无政府主义的聚集地，学生社团众多，这与蔡元培的办学理念有密切关系。蔡元培致力于对北大进行改革，他说："我们第一要改革的，是学生的观念。"②他试图改变北大学生读书当官的观念，而引导学生转向学术研究，所以，他鼓励学生成立各种社团，开展学术研究，无政府主义组织随之就势兴起。1917年5月，郑佩刚来到北京，仿照师复时期无政府主义开展宣传的方式，与北京大学学生黄凌霜、袁振英等十余人成立无政府主义团体"实社"，编辑出版《实社自由录》刊物。同年，在南京无政府主义讨论会的基础上成立"群社"，主要以无吾、求同、真风等人为骨干，出版《人群》杂志1期，《周年报告》1册，计划中的《一九一五》还未出版，便被政府查禁，最后以无吾被

---

① 胡庆云：《中国无政府主义思想史》，国防大学出版社1994年版，第98页。
② 崔志海：《蔡元培自述》，河南人民出版社2004年版，第103页。

逮捕告终。1918年5月,剑平、克水等人在山西组织成立无政府主义社团"平社",出版《太平》杂志,宣传无政府主义。

1918年1月,蔡元培担任北京大学校长一职以后,又重新成立"进德会"。该团体大致延续了民国初年"进德会"的甲乙丙入会条件,具有明显的个人无政府主义特征,汇集北大的社会名流和专家学者大都入会,以期达到"绳己""谢人"和"止谤"的效用。[①] 这时,吴稚晖、李石曾等老牌无政府主义者也汇集北大,继续开展无政府主义宣传,影响了一大批产生无政府主义倾向的青年学生。不久,在北大学生中出现了一批无政府主义者,并且分化为两个不同派别。其中,以黄凌霜、区声白等为主,继承师复主义,外接克鲁泡特金学说,创办《北京大学学生周刊》,宣传无政府共产主义;另一派以朱谦之为主,创办《奋斗》杂志,宣传巴枯宁主义。到1919年,两派无政府主义共同组成"互助团",并且亲历了五四运动。

在北京之外的地区,无政府主义也铺展开来。上海仍然是无政府主义主要活动地区。1918年2月,梁冰弦、刘石心等在上海开办大同书店,与吴稚晖创办《劳动》月刊,先后发行5期。他们主要在工人阶级中宣传无政府主义,产生了很大影响。郑佩刚在上海开办发行社,出版了一批无政府主义小册子,如编印《民声丛刊》、翻译外国无政府主义者的书籍等。即使在比较偏僻的地区,也有无政府主义的活动。1918年5月,在山西闻喜县,无政府主义者剑平、克水等在闻喜中学组织"平社",发行《太平》杂志。从1917年开始,无政府主义者还到海外,出版了一批无政府主义刊物。诸如,梁冰弦在新加坡出版了《世界风云》和《世界工会》,华林在菲律宾出版《平民》杂志。1919年,赵太侔还在美国出版了《劳动潮》杂志等。

各地无政府主义者逐渐走向联合。为了统一开展无政府主义研究宣传,实社、平社、群社、民声社等合并成立进化社,共同开展无政府主

---

① 参见蔡元培《蔡子民先生言行录》,岳麓书社2010年版,第157—158页。

义活动。1919年1月,由郑佩刚主持、陈延年主编,《进化》月刊杂志得以出版,共出版4期。进化社继承的是师复主义,为了纪念师复,还出版了师复专号。《进化》的"特别启示"言明:"今去先生遗志不瞑之期已有五周岁矣,而《进化》适联合民声社、群社、实社、平社诸团体,以公布于世,盖思所以继先生之志而止来日之希望也。"①足见师复影响之大。进化社被解散后,杨志道到天津和姜般若组织了无政府主义组织——真社,出版《新生命》,继续宣传无政府主义和新村主义。当时,还出版了一册名为《克鲁泡特金的思想》的介绍性作品。

无政府主义甚至影响到当时的军界。一些无政府主义者认为,单靠个人的手枪、炸弹不能实现无政府主义的抱负,是搞不出名堂的。他们试图掌握武装力量,在军界中发展了一批无政府主义者,如广州某部驻军首长沈应时就是一个无政府主义者,他为无政府主义开展工会工作出了不少力。无政府主义还渗透到工人中间,当时,广州各工会基本是被无政府主义者掌握的。后来,在孙中山办黄埔军校期间,也有不少无政府主义者去投考,诸如李良荣、杨介克等。当然,此时无政府主义已经日薄西山。

经过五四运动的洗礼,无政府主义继续扩张,甚至连地方军阀也开始欢迎无政府主义。1919年底,陈炯明打着社会主义旗号,邀请梁冰弦和刘石心到福建漳州,主编《闽星》半周刊,后又创办《闽星》日刊,进行无政府主义宣传。为了壮大声势,梁冰弦还函邀国内一大批无政府主义者汇集漳州。他们通过散发传单、组织宣传队向群众演说等方式,号召打倒资本家,打倒军阀。不久,由于宣传过激、声势太大,一批无政府主义者被陈炯明逮捕。②至此,漳州的无政府主义遭受打击,逐渐没落。

一战以后,西方各种思潮继续传入中国,无政府主义的多种新类别被部分中国人接纳,诸如新村主义、工团主义、基尔特社会主义等,也

---

① 《特别启示》,《进化》第2期。
② 蒋俊等:《中国近代的无政府主义思潮》,山东人民出版社1991年版,第210—213页。

融合进流行的社会主义思潮之中。对于这些派别下文还要专门进行阐述。当时，无政府主义与民初的中国社会党相类似，出现了井喷态势。但尽管流派众多，却一直没有形成统一的理论，自师复死后，中国无政府主义在理论建构上受到了大大削弱。老牌无政府主义者郑佩刚就说过，无政府主义的"理论建设，后继无人"①。理论上的短腿，造成五四时期，无政府主义虽声势浩大，却社团散乱，一直没有形成完整的理论，也没有形成统一的行动，声势浩大却力量弱小。

尽管如此，无政府主义的影响也不容小觑，其参与人员众多，流行范围甚广，后成为中国共产党主要创始人的陈独秀和李大钊，都不同程度受到过无政府主义的影响。1918年8月，在《新青年》上，陈独秀发表《偶像破坏论》一文，明确提出，国家是一个骗人的偶像，自有了国家，侵略和战争不断，世界人民就失去了和平。他说："各国的人民若是渐渐都明白世界大同的真理，和真正和平的幸福，这种偶像就自然毫无用处了。"②民国初年，各种社会主义思潮兴起，陈独秀一直保持着特立独行的激进民主主义立场，加入到推翻封建王朝以及反对袁世凯"二次革命"行列，而他在新文化运动中，却开始向往无政府主义，可以见得当时无政府主义在中国流行程度和影响之大。李大钊曾经对无政府主义的"互助论"确信不疑。1919年7月，他在《星期评论》上发表《阶级竞争与互助》一文，认为当前的世界黑暗到了极点，必然要经历一场大变化、大洪水，才能洗出一个崭新光明的互助的世界。他说："我信人类不是争斗着、掠夺着生活的，总应该是互助着、友爱着生活的。阶级的竞争，快要息了。互助的光明，快要现了。"③ 在当时社会混沌不清、思想理论错杂的时刻，陈独秀和李大钊倾心于以社会主义面目出现的无政府主义也属正常。不久，在马克思主义和无政府主义的比较、选择中，他们都彻底地走向了马克思主义。由于各种思潮变换

---

① 葛懋春等：《无政府主义思想资料选》下册，北京大学出版社1984年版，第919页。
② 《新青年》第5卷第2期，1918年8月15日，第90页。
③ 《李大钊全集》第2卷，人民出版社2006年版，第356页。

快速，其中也不乏一些投机者。周作人曾回忆说，《新潮》杂志的傅斯年、罗家伦等，一年前还是旧派，转瞬就变成了新派。参加五四运动之后，他们得着学校资助的机会便远走高飞留洋去了。①

（三）无政府主义的观念更新

新文化运动时期的无政府主义，继续继承着师复无政府共产主义派的衣钵，反对一切强权，在政治上主张无政府，在经济上主张共产。主要继承者除了师复的同人郑佩刚、林君复等，还出现了一批后起之秀，黄凌霜、区声白、朱谦之等也比较活跃。相较于民国初年的无政府主义，新文化运动时期的无政府主义在思想主旨上出现了一些变化。

其一，面对恶劣的社会制度，想法趋向务实。无政府主义沿袭了过去注重教育与宣传的方法，但他们面对恶劣的社会制度，对无政府社会实现的难度有了更为深刻的认知。黄凌霜就认为，世界的进化是缓慢的，从专制到共和，历经千年，民众并没有得到想要的幸福，社会仍然需要变革。虽然无政府是至美的，共产是至善的，但想取得成功，却不是旦夕可以达到的。所以，黄凌霜在《自由录》的《弁言》中明确地说，无政府主义者要"先将无政府共产主义之观念，灌输于一般平民之脑海中，以促其自觉"②。至于灌输的方法，则可分为激烈的和温和的。面对残酷的现实，一部分无政府主义者受到俄国革命的影响，承认阶级斗争的存在，认为"阶级斗争正是到达无强权社会的方法，正是社会革命的一种功夫"③。

其二，在实现无政府社会的手法上，倡导平民革命。这与师复等早期无政府主义者没有什么不同，但主张在行动的范围上向世界扩展。师复曾在《无政府共产主义同志社宣言书》中指出，要想实现无政府共产的社会，所用的唯一手段就是"革命"，但师复同时又给革命以特殊规定，"凡持革命之精神，仗吾平民自己之实力，以与强权战斗之一切

---

① 周作人：《周作人回忆录》，湖南人民出版社1982年版，第356页。
② 葛懋春等：《无政府主义思想资料选》上册，北京大学出版社1984年版，第349页。
③ 葛懋春等：《无政府主义思想资料选》上册，北京大学出版社1984年版，第472页。

行动，皆曰革命"①。凡是真理的障碍物，都要毫不犹豫地直接行动予以铲除。这里，师复是主要针对中国本国的平民而言的。区声白重复了师复的思想，他认为，"造成今日不平等之社会者，政府之罪也"。他倡导以平民革命的手法，等到大多数平民达到自觉，可以单独进行也可以联合进行，把全球所有政府一概铲除，誓必杀尽皇帝、总统、官吏、资本家等怪物然后罢休。由此，他在《平民革命》一文中大声疾呼："革命！速革命！摧陷而廓清之，无留余毒。"② 只有这样才能建成一个真平等、真自由、真博爱之无政府共产社会。

其三，把劳工运动作为实现社会主义的力量。传统无政府主义者信仰的劳动至上，仍然是新文化运动时期无政府主义者信仰的，但他们更有针对性，更多地从泛谈劳动概念转到关注普通劳动者，诸如工人和市民上。受到工人数量增加、工人罢工等活动影响日增的影响，1918 年 3 月，吴稚晖在《劳动》刊物发文指出，之所以中国工人面对资本家剥削而无组织无行动能力，是由于工人中缺乏工党，而要兴起工党组织，需要开展工人补习教育。黄凌霜则主张开展直接的"劳动运动"，对工人阶级进行教育灌输。1920 年，他在《劳动者》撰文说："我们现在所急者，在于把吾人经济政治之理想，从实际上一点一滴、一勺一合、一两一斤灌溉到工人的头脑子里去，教他们明白私产之当废，新组织之当新。"③ 然后通过组织工人行会、联合会等方式，达到改造世界的目的，而仅仅抱以空想的乌托邦态度，不采取实际行动，无政府主义就没有实现的可能。

其四，更加注重对社会的改造与试验。民初无政府主义的重心在于宣传、鼓动，新文化运动时期的无政府主义者在此基础上，更加注重对社会的改造与试验。特别是青年和学生，更容易接受现实的无政府行动，五四运动前后在北京等地开展的新村主义、工读主义试验，都是受

---

① 葛懋春等：《无政府主义思想资料选》上册，北京大学出版社 1984 年版，第 305 页。
② 葛懋春等：《无政府主义思想资料选》上册，北京大学出版社 1984 年版，第 356 页。
③ 葛懋春等：《无政府主义思想资料选》上册，北京大学出版社 1984 年版，第 490 页。

到无政府主义影响而出现的。

二 民生主义的搁置与迁移

（一）搁置民生主义

在国内无政府主义风起云涌的时候，孙中山主要倾向于他的政治革命活动，对民生主义暂时无暇顾及。二次革命失败之后，孙中山流亡海外，迫于形势压力，重新谋划未竟的政治革命，暂时搁置民生主义。孙中山是资产阶级革命派的核心，尽管其内部分化严重，但他对民生主义的态度，在很大程度上代表着一大批追随者的态度。这一时期，孙中山确实放下了对民生主义宣传实践而强调民权主义的培育。1917 年 6 月，在《复陈蕙堂函》中，孙中山说："民生主义本在筹办中，现值时局已非，共和国家被倪逆等推倒，刻以挽救为重，须俟共和恢复，当继办民生。"① 可见，孙中山的民生主义思想是以民族、民权主义为前提，以共和国家的存在为支撑的，如若国家不存，从事民生主义、社会建设的环境丧失，民生则无从谈起。在军阀混战、国之不国的境况下，孙中山首先考虑的是共和国家存续和人民权利的伸张问题。所以，在这一阶段，他很少提及"民生"二字。也可以说，他感觉没有资格再提民生主义，只好暂时搁置起来，但孙中山一刻也没有忘记自己革命的归宿，就是要开展社会革命，实现民生主义。

孙中山一直倾向于社会主义，这是显而易见的。1915 年，孙中山曾经给第二国际写了一封信，他认为第二国际是社会主义的正宗，于是要求第二国际赶快派专家到中国来，"帮助我将中国建成世界上第一个社会主义的共和国"②。这种思想表达，比俄国通过十月革命建立的无产阶级专政的时间早两年。这封信是用英文写的，现在还保存在第二国际的档案里。在孙中山那里，社会主义思想早已有之，前文已经作过交待。在辛亥革命前，孙中山一直主张要建立一个如美国那样的西方资产

---

① 《孙中山全集》第 4 卷，中华书局 1985 年版，第 105 页。
② 郝盛潮：《孙中山集外集补编》，上海人民出版社 1994 年版，第 186 页。

阶级共和国，但这个共和国又与西方资本主义国家不同。孙中山要建立的是节制资本家的，让全国民众都能享受民主、自由生活的共和国。很显然，孙中山是受到了社会主义的影响。

同时，孙中山也没有忘却对中国社会主义发展的关注。在护法战争期间，他曾批判过无政府主义的过激观点。1917年2月，在《批陈树人函》中，孙中山指出，无政府主义是在欧洲"最黑暗之专制国"发生的，是对政府暴虐无道的过激言论，如在俄国、西班牙等国。而在当下，各国已经陆续实行了宪政之制，无政府主义在欧洲各国已经逐渐消灭。对于无政府主义在中国不合时宜地流行，孙中山认为，是一些"少年之辈，矜奇立异，奉为神圣，不过一知半解"，最好采取与之辩论的办法来对付。他强调指出，国家不可废，无政府主义不可行，但可以削减其过激性，"使之化为平和，或可为吾党之助"①。孙中山指出了无政府主义的虚幻性和空想性，认为只要削其所短，使之平和，便可用其所长。后来无政府主义者发生了分化、转化，其中一部分转向三民主义，一部分转向马克思主义。不能不说，孙中山对无政府主义的看法是具有前瞻性的。

（二）以革命促民生

社会革命是孙中山革命事业的重要组成部分。孙中山认为，既然政治革命、社会革命都属于革命的范畴，则不必细分彼此。1919年5月，当邵元冲问询他研究的是何种学问时，孙中山说："余所治者乃革命之学问也。凡一切学术，有可以助余革命之知识及能力者，余皆用以为研究之原料，而组成余之'革命学'也。"② 孙中山提出革命学，试图以革命的方式，促进中国社会的改造。1919年10月，当在上海青年会上讲述改造中国的第一步是什么时，孙中山说，不是教育也不是实业和地方自治，而是革命，革命"与改造是完全一样的。先有了一种建设的

---

① 《孙中山全集》第4卷，中华书局1985年版，第13页。
② 《孙中山全集》第5卷，中华书局1985年版，第55页。

计划，然后去做破坏的事，这就是革命的意义"①。很显然，孙中山更加坚信了他的"毕其功于一役"的革命信念。要建筑灿烂庄严的民国，就要实行革命，而实行革命的策略，应该像造房屋一样，需要搬去三种陈土，即旧官僚、武人和政客，才能立起坚固的基础。孙中山已认识到军阀的腐败与反动是阻碍中国进步的绊脚石，誓要立志搬开。这被孙中山称为改造中国的第一步。

孙中山逐渐认识到民众参与革命的力量。在五四运动爆发以后，孙中山在上海寓所著书立说，继续谋划中国的未来，无暇过问外事，但他对社会发生的变化仍然是保持关注的。1919年6月5日，在《批马逢伯函》中，护法军政府咨议马逢伯，请求孙中山发表对巴黎和会后局势的意见，孙中山回复说："近日闭户著书，不问外事，如国民果欲闻先生之言，则书出版时，望为传布可也。"② 但是，不几日，孙中山就在回复川军将领颜德基的函中，表达了对民众运动的看法。1919年6月12日，在《复颜德基函》中，他说："月来国民怵于外患之烈，群起救国，民气大张，是足证国民知识进步，公理之终足以战胜强权也。"③ 对国民知识进步及民众中出现的新气象表示欣慰。孙中山一直认为，中国的主要问题在国内，现在中国民众起来反对西方列强的侵略，是民智得到开发的表现。从学生罢课、工人罢工中，孙中山逐渐认识到民众的觉醒和力量。

孙中山认为，五四运动的爆发，正是新思想鼓动的结果。1919年6月18日，在《复蔡冰若函》中，他说明了《孙文学说》出版的要旨："文著书之意，本在纠正国民思想上之谬误，使之有所觉悟，急起直追，共匡国难，所注目之处，正在现在而不在将来也。试观此数月来全国学生之奋起，何莫非新思想鼓荡陶镕之功？故文以为灌输学识，表示吾党根本之主张于全国，使国民有普遍之觉悟，异日时机既熟，一致奋

---

① 《孙中山全集》第5卷，中华书局1985年版，第125页。
② 《孙中山全集》第5卷，中华书局1985年版，第64页。
③ 《孙中山全集》第5卷，中华书局1985年版，第65页。

起，除旧布新，此即吾党主义之大成功也。"① 可以见得，此时，孙中山不仅认识到思想鼓动陶镕在教育群众中的作用，而且认识到只要群众觉悟，就能促进革命运动。

（三）引导民众走向自觉

最初，孙中山对劳工运动的认识是不够清晰的。1919年6月22日，在戴季陶发行的《星期评论》上刊登的一篇名为《国际同盟和劳动问题》的文章，引起孙中山的兴趣。在自己的寓所里，孙中山与戴季陶进行了一次关于劳工运动的谈话。戴季陶认为，由于多种因素，中国很少有人关注到劳动群众的问题，劳动阶级自身也缺乏阶级自觉，从而导致工人运动具有很大的盲目性和危险性，需要加以研究，并提供指导。孙中山强调，三民主义要建立和平、自由、平等的国家，在政治上实现民主，在经济上实现民众幸福，这样就能避免种种阶级冲突、阶级竞争的苦恼。所以，需要工商业的发达，工人经济生活的安全幸福，但很多人不明白其中的道理。从这次谈话中，孙中山还是不认可阶级斗争的作用，反而认为群众杂乱无章的运动，不仅害了群众自身，也干扰了三民主义的实现。当戴季陶批评无政府主义宣传的有害性时，孙中山表示了赞同和肯定。他认为："中国在社会思想和生活还没有发达，人民知识没有普及，国家的民主的建设还没有基础的时候，这种不健全的思想，的确是危险。"② 孙中山同时认为，思想的杂乱，民众运动易被煽动，是过渡时代一种自然的事实，要顺势而为，不可过度渲染，在思想震荡时代具有必然性，虽然有害，但不需要过分忧虑。

主张在民众中宣传建设思想。民国失败、民生主义受挫，给孙中山留下了深刻教训。但民生主义是孙中山挥之不去的牵挂，他寻找一切机会宣传民生主义。经过反思，他认为，民国之所以失败，重要原因是国人未开化，不明白破坏成功以后，如何开始建设的办法。为了开启民智，1919年8月，孙中山指定胡汉民、汪精卫、戴季陶、朱执信、廖

---

① 《孙中山全集》第5卷，中华书局1985年版，第66页。
② 《孙中山全集》第5卷，中华书局1985年版，第71页。

仲恺等成立建设社团，出版《建设》杂志，"鼓吹建设之思想，阐明建设之原理、冀广传吾党建设之主义，成为国民之常识，使人人知建设为今日之需要，使人人知建设为易行之事功！"① 这也是孙中山开始重视向普通群众开展社会革命宣传的明证。

（四）革命旋涡中的改良

孙中山是一个革命者，而纵观孙中山的一生，其在从事革命活动的过程中却时时表现出改良的倾向，所以，孙中山本质上是一个改良的革命者。首先，在最广泛的意义上定义革命概念。他认为，凡是一切有利于革命的方式，都是革命的养料。其次，和平先于革命。在辛亥革命中，为了早日迎接和平，孙中山主张南北议和，在迫不得已之时才掀起了二次革命。在护法运动中，孙中山反对段祺瑞的假共和，但还念念不忘他的实业计划。他认为，只要北方政府承认宪法，恢复国会，护法救国的目的便已达到，革命便告结束。1918年3月15日，在《致邓泽如函》中，他明确地说："文自光复以还，久欲从事发展国内实业，奈以政局迭起纷扰，竟有志未逮。去夏归国，深悯民生凋敝，亟欲有所计划。旋以政变又生，匆匆以护法归粤，经秋涉春，运筹军事，几无宁晷旁及民生事业"。② 接着，孙中山说，现在广东局势已经安稳下来，可以开展民生计划，设立矿务局，并邀请邓泽如来主持矿务。在大革命期间，孙中山明知北京军阀没有和平的诚意，但仍然抱病坚持到北方和谈。可见，孙中山以改良为主线，并根据时局的变化，以革命促改良，目标就是实行他的民生主义。

在革命过程中，只要稍有和平的转机，孙中山便试图施行他的实业建设。在上海蛰伏期间，孙中山专心著述，1917年到1919年，他相继完成《民权初步》《孙文学说》和《实业计划》，汇编成《建国方略》，全面阐释了建设国家的梦想。但在当时国弱民穷的环境下，这一无法实现的蓝图，只能被孙中山束之高阁。恶劣的环境制约了民生建设，而妥

---

① 《孙中山全集》第5卷，中华书局1985年版，第89—90页。
② 《孙中山全集》第4卷，中华书局1985年版，第398页。

协决定了革命的失败。在国民党第一次代表大会上,阐述国民党宣言的旨趣时,孙中山坦白地说:"大抵我们革命在起初的时候奋斗均极猛烈,到后结果无一次不是妥协。"① 排满、倒袁、护法等,都是有头无尾,有始无终,终归失败。到1924年,孙中山表示要重新担负起革命的重任,计划进行彻底革命,对内反对军阀,对外反抗帝国主义,以实现民生的愿望。但此时,中国社会已经发展到由无产阶级领导革命的时期,革命也已经跃进到世界无产阶级革命时代,代表资产阶级的国民党早已错失良机,革命的任务已经转移到无产阶级政党身上。孙中山领导的革命最终走向妥协,是由中国民族资产阶级的软弱性和妥协性决定的。孙中山主观上立志要进行彻底的革命,而当妥协的机会来到的时候,作为资产阶级革命代言人的孙中山先生,还是身不由己地走上妥协改良的道路。

三 新群体与新流派的井喷

(一) 新生力量走上社会舞台

随着一战的结束,更多的西方思想学说传入中国,有的着眼于传播文化,有的着眼于改造社会,都试图在中国思想文化舞台上占有一席之地。国内新文化运动的影响也逐渐显现,新思想新文化从北京、上海等中心城市向其他城市扩散,在智识阶层和高校学生中的影响尤其显著,从批判旧文化宣传新文化,扩展到提出改造社会政治的诉求。接受新学的新青年,思想活跃,且学生比较集中,容易形成规模效应,毕业后走向四面八方,又容易把新思潮带到各地。其中,不少学生在校期间,就成为各种思潮的骨干分子。

以北京大学为中心,全国各地高校青年学生以《新青年》为引领,形成了一批追随新思想、新观念、新文化,崇尚民主、科学的青年群体。青年和学生还借学会、社团等组织,创立了一批宣传刊物。当时,

---

① 《孙中山全集》第9卷,中华书局1986年版,第126页。

比较著名的学生社团有：1918年10月，北大学生傅斯年、罗家伦、徐彦之等成立的新潮社；许德珩、高君宇、孟寿椿等成立的国民社，在1919年初，这两个社团还分别创立《春潮》和《国民》刊物。在王光祈、李大钊的支持下，学生成立了少年中国学会，出版《少年中国》《少年世界》；长沙的蔡和森、毛泽东成立新民学会；武汉的恽代英成立利群书社；天津的周恩来等成立觉悟社等。其中，具有代表性的刊物有《星期评论》《湘江评论》《建设》《觉悟》《解放与改造》《新中国》《新鲜》《曙光》《新社会》等，这些学会社团的成员思想多元，新旧观念掺杂，但追求新文化的意旨是共同的。在新思潮的影响下，一批学生还开展了新文化的传播实践。1919年3月，由学生成立的平民教育演讲团，走出校门，到城区、工厂、农村进行讲演，宣传新文化。

这时，受到俄国十月革命的影响，马克思主义开始在中国得到传播，出现了一些研究探讨马克思主义的社团，一批激进知识分子也开始走近马克思主义。1920年，陈独秀由于在五四运动中的激进行动，被政府逮捕下狱。出狱后回到上海的陈独秀与从日本回国的李达、李汉俊、陈望道等人，组织马克思主义研究会，研究、宣传马克思主义。也就是从这时开始，上海、北京、长沙、武汉、山东等地纷纷成立共产主义小组，直到1921年成立中国共产党，这期间的主要力量都是青年和学生。

这一时期的社团究竟是什么性质的组织，李大钊曾经比较详细地论述过这一问题，他认为社团就是政党。1917年2月15日，李大钊在《甲寅》日刊上发表《学会与政（党）》一文，认为，学会与政党是性质不同的两个称谓，本来没有什么联系。而当时北京的政团（社团），却都以"学会"来命名，呈现出"辛亥改革之后，北京之内皆政党也。去岁共和复活以还，北京之内皆学会也"①的现象。各学会、学社等要是以讲学为目的也就罢了，但事实未必如此。李大钊说："学会者政党

---

① 《李大钊全集》第1卷，人民出版社2006年版，第276页。

之假面具也。"① 因为在当时，很多政党都是假借学会的名义而得以存在的。由此可见，五四时期的社团、学会等组织，都是研究、宣传主义和伸张主张的政治团体。

在无政府主义的大力影响下，五四期间出现的新社会主义流派，也大都属于无政府主义，主要有新村主义、工读主义、基尔特社会主义等。

(二) 桃花源式的新村主义

从克鲁泡特金和托尔斯泰那里首先引入的是无政府主义。在遭到北洋政府的打击之后，以无政府主义为基础，克氏的互助论和托尔斯泰的泛劳动主义，受到部分中国知识分子的青睐，演化为相对独立的新村主义思想形态。它幻想通过"和平的社会改造的办法"，进行"共产村"试验，实现"理想的社会——新村"。

新村主义是无政府主义提倡的无政府共产主义试验的进一步升华。1912年，中国社会党总部主任江亢虎曾计划把崇明岛作为其"社会主义研究"的实验基地。师复也曾经在深圳附近的"红荔山庄"进行共产主义的试验。当时，在理论上还没有提出"新村主义"的名词。几年之后，周作人从日本引入新村主义，实质上是上述等人的新村情怀在理论上的升华。

周作人之所以信仰"新村主义"，宣传"新村"与"互助"，与他在北京经历的张勋复辟事件有很大的关系。周作人曾在回忆录中有过记载。1917年，周作人应蔡元培之邀来到北大，先做国史编纂，后任文科教职。在北京，张勋复辟引起了周作人对改造中国社会的深入思考，他说："经过那一次事件的刺激，和以后的种种考虑，这才翻然改变过来，觉得中国很有'思想革命'之必要，光只是'文学革命'实在不够。"② 在周作人眼里，张勋复辟事件尽管只存在了两个星期，但大大影响了中国的政治和文化变革。在政治上，复辟失败后段执政、张大帅

---

① 《李大钊全集》第1卷，人民出版社2006年版，第276页。
② 周作人：《周作人回忆录》，湖南人民出版社1982年版，第316页。

等掀起的直皖战争、直奉战争等，一直波及北伐时期北洋派坍塌结束；在文化上，蓬蓬勃勃兴起的新文化运动中的各种改革，都是受到复辟的刺激而发生的。可见，张勋复辟事件对周作人的影响是巨大的。在来北京以前，尽管周作人也经历过辛亥革命、洪宪帝制等事件，但绍兴地处偏僻，天高皇帝远，对周作人似乎并没有产生太大的影响。在北京的情形就不一样了，无论大小事情，都是在眼前演出，看得近，影响也就深远。张勋复辟事件改变了周作人后来的人生走向，促使他对中国社会变革进行积极的思考，处处留意着外来的思潮。这不仅促使周作人积极参与新文化运动，也为他不久接受"新村"思想、传播新村思想埋下了伏笔。

周作人的新村主义是从日本带入的，一开始主要在文学团体中传播，除了周作人之外，在作家中还有郑振铎、王统照、庐隐、易家钺、郭绍虞等人也在宣传新村主义。北京大学学生社团批评社主办的《批评》半月刊，在1920年第4期上刊载"新村专号"，刊有王统照的《美化的新村谈》、庐隐的《新村底理想与人生底价值》、易家钺翻译的日本人三田隆吉的《游伊豆的共产村记》和郭绍虞的《新村研究》等。1920年1月，李大钊也在《星期评论》上发表《美利坚之宗教新村运动》一文，重点介绍了在美国存在过的宗教新村。李大钊认为，宗教新村是传入美国的乌托邦派社会主义的一种试验，他们试图离开现在的社会来组织一种理想的社会，确立"共产主义"的生活，给人们树立一种合理的生活模范。鲁迅也给予周作人大力支持，他翻译了武者小路实笃的《一个青年的梦》，先在《国民公报》副刊上发表了一部分，后又在《新青年》上分四期刊载，介绍的也是新村主义。陈独秀和蔡元培在《与支那未知的友人》附记中，高度评价日本新村主义者武者小路实笃。通过北京、上海知识文化界的介绍和传播，大批青年学生受到过新村主义的影响。

当具有无政府性质的新村在国内流行时，江亢虎也发表了对新村的看法。他认为，新村是理想社会主义的一种，从欧美的实验来看，可分

第四章　五四时期社会主义第二次浪潮

为两种。一种是消极的，与无政府主义类似。从性质上说，是个人的、天然的、避世的、宗教的，与世界文化、群众福利没有太大的关系。另一种是积极的。与社会共产主义类似。从性质上看是团体的、科学的、用世的、政治的、进化的。江亢虎从世界社会主义观念出发，比较欣赏积极的新村试验。他认为，新村主义比乌托邦主义容易办些，但总归偏重于理想方面，不能在现实中进行。

江亢虎对欧美的新村主义比较熟悉，欧美的新村经过三五年，或十余年都归于失败。他认为，新村失败的原因主要是经济不能独立，往往被资本家吸收同化。在美国，新村大都不发达，自我封闭，免不了受到外面资本社会的物质利诱和环境的影响。所以，社会主义必须要有完全独立的经济机关，况且社会主义也不是一个人或一个团体所能实行的。最后，江亢虎认为，在中国还没有建设新村的环境。

周作人是新村主义的主要代表。在日本留学时，他接触到日本白桦派宣传的新村主义，逐渐对新村主义产生好感。1918年12月，白桦派在宫崎县深山中开展"新村运动"的新村主义实践，周作人十分关注，并写文章在《新青年》上进行宣传。他发表的《人的文学》[①]一文，从文学层面，倡导人道主义思想；以进化论为基础，阐述人的精神和肉体关系，把二者看作是一体的两面而不是对抗的二元；人们应该过着既利己又利他的生活，即人人通过劳作实现保暖健康的生存，以爱智信勇为道德基础的人人自由幸福的生活。这种理想生活样态被周作人称为"个人主义的人间本位主义"。1919年7月，周作人还亲自到日本新村实验地参观，并感觉良好，遂成为中国的新村主义者。回国以后，周作人大力宣传他的新村主义，他在《新潮》第2卷第1号和《新青年》第6卷3号上发表《访日本新村记》，介绍日本新村的情况。当新村运动在中国破产以后，周作人在回忆录中明确地说道："登在《新潮》九月号的《访日本新村记》，是一篇极其幼稚的文章，处处现出宗教的兴

---

① 周作人：《人的文学》，《新青年》第5卷第6号，1918年12月15日。

奋来。"① 足以见得那个时候，周作人对日本"新村"的狂热程度。

究竟什么是新村？1919 年，在《新青年》第 6 卷第 3 号上，周作人发表《日本的新村》一文，他认为："新村运动主张泛劳动，提倡协力的共同生活，一方面尽了对于人类的义务，一方面也尽了各人对于个人自己的义务，赞美协力，又赞美个性，发展共同的精神，又发展自己的精神。实在是一种切实可行的理想。"② 1919 年 11 月 8 日，周作人在天津学术讲演会上，又演讲《新村的精神》（载《新青年》7 卷 2 号）。他认为新村运动有两条重要的思想。第一，各人愿各尽劳动的义务，无代价地取得健康生活上必要的衣食住。第二，一切的人都是一样的人，尽了对于人类的义务，又完全发展对于自己的个性，这就是新村的精神。这种精神强调人的生存权利，还有尽劳动的义务，以此为前提，完全发展自己的个性，过正当的人的生活。周作人的新村主义宣传，是其在迷茫时刻的一种慰藉。他曾反思："新村的理想现在看来是难以实现，可是那时创始者的热心毅力是相当可以佩服的，而且那种期待革命而又怀忧虑的心情于此得到多少的慰安。"③ 他从信仰新村主义开始，一直到 1924 年春天才彻底地放弃这一信仰。

经过周作人及其同人的宣传鼓动，新村主义在新青年中引起很大的反响，接着，周作人又把新村主义的理想付诸试验。1920 年 2 月，他在北京发起成立新村支部，在《新青年》7 卷 6 号上刊载《新村北京支部启事》，在全国各地引起了一股议论新村试验的高潮。在五四运动时期，各种空想社会主义者大都开展过新村试验，所以，周作人并不是最早的。据郑配刚在《无政府主义在中国的若干史实》中说，1918 年，墨西哥华侨余毅魂、陈视明等在昆山子红村购得二十五亩地和一间暇屋，披荆斩棘，躬耕其间。不久，又有黄大昆、邝即超等加入，建立"知行新村"，共同劳动，团结一致，组织学习，幻想以新村作为理想

---

① 周作人：《周作人回忆录》，湖南人民出版社 1982 年版，第 370 页。
② 周作人：《日本的新村》，《新青年》6 卷 3 号，群益书社，1919 年 3 月 15 日，第 266 页。
③ 周作人：《周作人回忆录》，湖南人民出版社 1982 年版，第 370 页。

试验园地。① 当时，很多人都赞成开展新村试验，诸如孙伯兰、张东荪、蔡元培、吴稚晖等。后来成为马克思主义者的李大钊、陈独秀、毛泽东、蔡和森、恽代英灯等都向往新村建设，积极支持并开展新村建设研讨。毛泽东在北大时曾拜访过周作人，制定了新村计划，并试图在长沙岳麓山试验。在新村运动的基础上，还衍生出"工读互助团"，提倡青年半工半读，在青年中很有市场。

（三）苦短甜长的工读主义

五四运动时期，中国知识分子受托尔斯泰的泛劳动主义、克鲁泡特金的无政府主义及互助论和桃花源式大同社会的影响，提出了"工读主义"的理想。工读主义是无政府主义和当时中国政治经济形势相结合的产物，是对青年及学生思想产生重要影响的一种空想社会主义。工读主义在北京、上海等城市一度流行，不仅有团体，同时开展工读互助试验，与当时中国出现的留法勤工俭学运动相互呼应。

从民国初年开始，留法俭学活动兴起，后来逐渐演变，到五四运动时期，留法勤工俭学活动达到高潮。前后十余年，赴法俭学人数多达一千六百余人。他们接受了欧风的沐浴，留法俭学的目的也很单纯。1913年，刊登于《法兰西教育》上的《留法俭学会发起人公启》中明确说道："改良社会，首重教育。欲输入世界文明于内国，必以留学泰西为要图。……曾经同志筹思，拟兴苦学之风，广辟留欧学界。"② 这一活动带着中国无政府主义者改造中国的愿望，贯穿其中的是教育救国、实业救国、科学救国的理念。发起者是李石曾、张继、吴稚晖等无政府主义新世纪派人物，以及蔡元培等支持者。在民国元年，"留法俭学会"发起成立，除了在北京设立预备学校，教育总长蔡元培提供校舍外，黄复生等又发起四川俭学会、上海俭学会等，同时，还设立"女子俭学会"和"居家俭学会"，制定的会约也具有明显的个人无政府主义色彩。至此，青年学子留欧俭学之旅大幕缓缓拉开。

---

① 葛懋春等：《无政府主义思想资料选》下册，北京大学出版社1983年版，第951页。
② 张允侯等：《留法勤工俭学运动（一）》，上海人民出版社1980年版，第11页。

进步与虚幻

随着时局的变化，赴法劳工增多，李石曾等于1915年成立了留法勤工俭学会，1916年，又成立了华法教育会等，组织劳工、学生等赴法勤工俭学。吴玉章在解释华法教育会成立的目的时，特别提到国人对社会主义的误解。他说："'社会主义'一名词，早已通行世界，而东亚人士尚有惴惴然惟恐其发生者，亦有援引而妄用者，殊不知今日为社会主义盛行时代。"① 说明留法俭学会的设立，发挥着国人求学西方、探求世界学术的津梁作用，在留法俭学会的组织下，赴法中国青年在法国一边做工、一边求学。按照李石曾、蔡元培等人的愿望，留法青年主要是利用做工来补贴求学资费的不足，意在实现"以俭求学之主义"②，待学子接受西方先进文明，学成归来，以促进中国社会之改良。而出现戏剧性变化的是，赴法学生在法国这个号称最民主的资产阶级国家里经过对一系列事实的亲身感受，认清了资本主义制度下民主、自由、博爱的真面目，逐渐摆脱着对资本主义的幻想。他们从当时法国爆发的一次次工人罢工中，看到了劳工阶级的力量。王若飞在《圣夏门勤工日记》中曾感慨："现在这种劳动，完全是替别人做事，拿劳力卖钱，不是自动自主的劳动，若认为安，则是现在的劳工运动，可以无须乎有了。"③ 这是他对资本制下工人劳动状态的真实揭露。而他对劳工运动的认可，也是当时很多赴法青年的普遍想法。

受到赴法勤工俭学的启发，参加新文化运动的一批人，在国内开启了以青年学生为主体的工读互助试验。但五四运动期间的"工读主义"与赴法勤工俭学的情况又有不同。前者立足于以工促学，以学促进教育的欧化；后者则对工读赋予了新的内容，目的是以工读促进互助，把互助作为一种改造社会的生活方式。1919年12月，少年中国学会执行部主任王光祈秉持"要与恶社会宣战，非自己先行创造一个生活根据不

---

① 张允侯等：《留法勤工俭学运动（一）》，上海人民出版社1980年版，第83页。
② 蔡元培：《勤工俭学传序》，《留法勤工俭学运动（一）》，上海人民出版社1980年版，第52页。
③ 中共贵州省委党校等：《王若飞文集》，人民出版社2014年版，第28页。

可"的愿望,发表《城市中的新生活》一文,首倡在城市中组织"工读互助团"。互助团的倡导者主要是大学教授,如王光祈、陈独秀、李大钊、蔡元培、胡适、高一涵、周作人等,团员主要是青年学生,如罗家伦、施存统、俞秀松、何孟雄等,是一群有智识的理想主义者。"工读互助团"主张的主义类似于无政府主义,他们采取半工半读的生活方式,以求实现"各尽所能,各取所需"理想社会。这从《工读互助团简章》规定中可见一斑:第一,团员每日每人必须工作四小时;第二,团员必需之衣食住,由团体供给。团员所需之教育费、书籍费,由团体供给,惟书籍系归团体公有;第三,工作所得归团体公有。北京互助团有团员40余人,下分四组。为了实现"共产主义",他们宣告脱离家庭、不再婚姻、走出学校。受到北京互助团的影响,上海、天津、武昌、南京等地的工读互助团也相继成立,长沙的毛泽东也计划在他创办的湖南自修大学里开展工读互助,"实行共产的生活"。

工读互助团的实践活动受到当时一批社会名流的关注,如陈独秀、李大钊、胡适、张东荪、施存统、戴季陶、恽代英等。李大钊曾经热情赞扬过工读主义的做法,他说:"使工不误读,读不误工,工读打成一片,才是真正人的生活。"① 胡适是北京工读互助团的发起人之一,他观察北京团成立两个月后情况,开始直面工读互助团的具体困难。他首先认为,互助团对"工"的问题解决得不好。互助团成员不仅工时增加,且工种近乎苦力的现状。同时,他认为对"读"的问题根本就没有计划,感慨北京工读互助团的计划书"实在是太草率了,太不切事实了"②,预感互助团办不长久。他认为,对穷学生来说,半工半读是极为平常的事,不要借"工读主义"来提倡新生活新组织。他赞成半工半读,但反对工读主义。认为在工读互助团期间,提倡工读互助的人要注重计划团员自修学问的方法。如果这一点做不到,只能算作泛劳动主义或者新组织,而不能挂"工读主义"的招牌。李大钊也和胡适持基本相

---

① 《李大钊全集》第3卷,人民出版社2006年版,第138页。
② 胡适:《工读主义试行的观察》,《新青年》7卷5号,群益书社,1920年4月1日。

同的观点。他在写给陈独秀的信中，谈到了工读互助团面临的困难和存在的缺点。李大钊认为，都市工读团只能是纯粹的工读主义，不要与新生活方式挂钩。他说："我以为在都市上的工读团，取共同生产的组织，是我们根本的错误。"① 要想实行工读互助的新生活，只能到农村去。由于工读互助团内部团员在精神上不团结，经济上又难以维持，加上工作太过艰苦，导致在工作学习两方面都没有搞好。不久，各地互助团就相继解散了。

尽管工读互助团试验以失败告终，但工读主义对青年学生的影响不容忽视，工读主义在北京以外的学生及其社团中也有很大的影响。1919年10月，天津觉悟社成立，以周恩来为首的觉悟社成员，曾经研究过"学生是什么"的问题。他们从工读主义出发，认为"凡以读书为主，工作为副的人，全可算他为学生"②。并由此推论出"现在中国学生的责任是什么？"即"现在中国的学生在发展个性，研究学术，求着实验以外，还要负一种促进社会去谋人类幸福社会进化的责任"③。使觉悟社青年学生改良中国的志向溢于纸面。工读主义也同时影响着湖南的毛泽东和新民学会会员。1919年12月，毛泽东撰文述说了自己曾经想在岳麓山设立工读同志会，从事半耕半读，但由于种种原因，未能成行。不久，他又建议在岳麓山建设新村，并言及"此新村以新家庭新学校及旁的新社会连成一块为根本理想"④，并列出了比较详细的新村学校建设规划，以实现其融合新家庭、新学校和新社会于一体的新生活。

工读互助主义团试验的存续时间虽然短暂，但影响却不小，特别是造成的后续影响比较深远。一方面，参与或关注工读互助团的一大批青年，后来成为坚定的马克思主义者。如毛泽东、恽代英、邓中夏、黄日

---

① 《李大钊全集》第3卷，人民出版社2006年版，第179页。
② 中共中央文献研究室等：《周恩来早期文集》上卷，中央文献出版社1997年版，第447页。
③ 中共中央文献研究室等：《周恩来早期文集》上卷，中央文献出版社1997年版，第449页。
④ 中共中央文献研究室等：《毛泽东早期文稿》，湖南出版社1995年版，第449页。

葵、高君宇、沈泽民等，他们有的时刻关注着工读互助团的发展，有的直接参与了试验。另一方面，工读互助团这一改良社会主义试验的失败，促使人们的观念发生了重大变化，使更多的人认识到用类似于"工读"的办法改良中国是没有前途的，推动人们继续探索改造中国的新道路，也促使一批青年学生认识到，仅仅依靠自身的力量不足以形成改造中国的巨大力量，逐渐产生了走近工人阶级和深入广大普通民众中去的认识。工读互助团的失败，还直接导致了"问题与主义"争论的终结，至此，新文化运动的主要人物发生了分裂。

（四）本末倒置的基尔特社会主义

基尔特社会主义在中国的出现，稍晚于其他各社会主义流派，也仅停留于论证阶段，但它引起的有关社会主义问题的论战，却对马克思主义在中国传播发展的影响很大。具体地说，基尔特社会主义肇始于梁启超、张东荪等成立的新学社和其创办的《解放与改造》时期，于罗素在中国各地演讲时期逐渐引起人们的关注，不久便沉寂下去。基尔特社会主义主张发展实业和教育，反对劳农主义和阶级斗争，并声称劳农主义是伪劳农革命。

基尔特社会主义可以追溯到梁启超等在民国初年成立的进步党。进步党有两派，梁启超等属于研究系，即进行理论研究的俱乐部。研究系最初是为了研究宪法而组织起来的，梁启超是其领袖人物。在共产国际代表马林眼中，研究系一直是反对国民党的政治团体，而他们主张的基尔特社会主义则具有投机的性质。马林说："有时这派成员鼓吹社会主义以争取中国青年的支持，但后来看到召集来的仅仅是改良主义者，他们便显示了真实意图，不主张社会主义，而是要资本主义。尽管如此，它仍希望以基尔特社会主义来吸引改良主义者们。"[①] 他们创办的刊物有北京的《晨报》、上海的《时报》以及《解放与改造》等，由此也可以看出，基尔特社会主义是一种鼓吹社会改良的学说

---

① 李玉贞等：《马林与第一次国共合作》，光明日报出版社1989年版，第50页。

❖❖ 进步与虚幻

基尔特社会主义一词被人们广泛知晓，来自当时一场著名的社会主义问题论战。1920年11月，张东荪在《时事新报》上发表了一篇极短的文章——《由内地旅行而得之又一教训》。他通过在内地几个地方的旅行，看到了中国内地和沿海通商口岸的不同。他看到中国内地处于极度贫穷的状态，于是在思想上发生了转变，从一个高唱社会主义的人，开始反对谈论主义，而主张发展实业。他说："觉得救中国只有一条路，一言以蔽之，就是增加富力。而增加富力就是开发实业。因为中国的唯一病症就是贫乏，中国真穷到极点了。"[①] 更进一步，张东荪认为，要改善人们的贫穷状况，让大多数人过上"人的生活"，仅仅空谈主义必定没有好的结果。所以，他说："我们也可以说有一个主义，就是使中国人从来未过过人的生活的，都得着人的生活，而不是欧美现成的什么社会主义、甚至国家主义、什么无政府主义、什么多数派主义等等，所以我们的努力当在另一个地方。"[②] 他认为，自己主张"开发实业"是比较务实的，而那些谈论"主义"的人是好高骛远的。张东荪经过一次内地旅行，发表一个短篇，就把当时各种坚持社会主义的人统统打倒在地，遂引发了一场社会主义问题的大论战。正是在这场论战中，张东荪成为基尔特社会主义的代表。

由于论战正好发生在罗素在华演讲期间，所以不少人认为，张东荪和梁启超等人是受到罗素的影响而形成基尔特社会主义观点的。事实上，罗素在华演讲，主要目的是宣传自己的哲学理念，为了适应中国听众的需要，他也发表了一些如何改造中国的观点。罗素赞赏基尔特社会主义是事实，但张、梁的主张显然不是来自罗素，只是与罗素的社会观点比较接近。作为学者的张东荪，一直在积极思考中国社会的前途问题。他表达的基尔特社会主义的改良观点，具有自己的逻辑演进过程。

[①] 左玉河：《中国近代思想家文库——张东荪卷》，中国人民大学出版社2015年版，第143页。

[②] 左玉河：《中国近代思想家文库——张东荪卷》，中国人民大学出版社2015年版，第143页。

第四章　五四时期社会主义第二次浪潮

辛亥革命期间的张东荪,倡导改良,关注革命。革命后不久,张东荪从革命转向改良,参加了梁启超组织的进步党,后又入研究系。这期间,他对中国政治变化一直保持高度关注。1914年4月,张东荪发表《政治革命和社会革命》一文,针对当时社会上流行的关于革命作用错误的观点进行了批判:其一,认为革命对国家社会没有益处,还不如不革命的好;其二,认为革命以后社会未有改观,应该恢复到未革命之前的状态。① 针对这两种观点,张东荪明确表示反对,赞成革命,更希望革命之后人民觉醒,开启建设之途。张东荪认为,革命的功用是有程度差别的,关键在于革命之后如何处置。他说:"人民于革命后,若用新精神、新观念、新方法以施其建设,则革命之功用必大。反之,若人民于革命后,以旧精神、旧观念、旧方法以从事于树立,则革命之功用必微。"② 所以,政治革命和社会革命必须要"相并行"。在政治革命之后,要继续社会革命。而在中国,只有政治革命,却没有社会革命,即便说有社会革命,也不过方今才开始。政治革命太快,社会革命则太迟,才导致革命没有取得效果,待到社会革命成功之时,革命的效果便能显现出来。张东荪的说法不是没有道理,他敏锐地观察到革命后着手开始建设的重要性。实际上,孙中山在辛亥革命后曾全力推动社会革命,开展实业建设,鼓吹民生主义。当时的中国社会党和无政府主义者们也着力从事社会革命运动,可惜的是,由于袁世凯背离共和,社会革命被强行打断了。

张东荪的社会革命设计是一种改良主张。他说:"吾所谓社会革命者,绝异于政治革命,不必流血,复不必杀人。进一步言之,更不必变更国体,亦不必推倒政府。"③ 可见,张东荪主要从改良社会的视角,

---

① 左玉河:《中国近代思想家文库——张东荪卷》,中国人民大学出版社2015年版,第41页。
② 左玉河:《中国近代思想家文库——张东荪卷》,中国人民大学出版社2015年版,第44页。
③ 左玉河:《中国近代思想家文库——张东荪卷》,中国人民大学出版社2015年版,第45页。

开始思考中国社会的建设问题。1915年2月,张东荪发表《中国之将来与近世文明国立国之原则》一文,专题论述中国未来如何发展的问题。他对革命后中国的乱象、如何成为文明国家、如何立国的问题,从理论上进行了阐释。面对亡国的危机,他认为主动权在内而不在外,"亡国之权惟本国人操之,外人不足以亡我国也"①。既然如此,张东荪得出的结论是,要开启民智。他说:"欲国之兴也,不可不先谋所以增进其民智。"② 开启民智的办法是,减少政府对自由干涉的范围,让人民自由竞争,自然发展。国家和社会要相对独立,相互监督。张东荪说:"中国国运之兴也,不在有万能之政府,而在有健全自由之社会,而健全自由之社会,惟有人民之人格优秀以成之。"③ 在这时,张东荪提出了政府少干涉社会事务,政府与社会相互独立,人民自由竞争的观点。这种观点与西方基尔特社会主义坚持的政府和国家相互独立的观点,是比较接近的。

从中国政治现状出发,张东荪思考未来如何发展,提出了贤人政治的观点。1917年11月,他发表《贤人政治》一文,认为国家政治有两面:一面是庸众主义(即平民主义),一面是贤能主义。张东荪主张行贤能主义,即从人民中选择优秀的人组成政府,来管理国家。张东荪反对庸众主义,他认为,到20世纪初期,在西方一度流行的庸众主义已经式微,现在正是高举贤能主义的时代,是贤能主义之社会。他还建议,通过特殊教育培养贤能者、培养超人来管理国家,为民造福。可见,此时的张东荪是把他的贤能政治寄托在社会改良基础之上的,并声言,这是他十余年来结合社会变化深入思考的结果。但是不久之后,张东荪就避谈贤能政治,但一直坚持认为庸众主义不适合中国,并把它与

---

① 左玉河:《中国近代思想家文库——张东荪卷》,中国人民大学出版社2015年版,第61页。
② 左玉河:《中国近代思想家文库——张东荪卷》,中国人民大学出版社2015年版,第60页。
③ 左玉河:《中国近代思想家文库——张东荪卷》,中国人民大学出版社2015年版,第68页。

劳工运动、阶级斗争联系在一起。

受到十月革命的影响，各种社会主义竞相登台，张东荪、梁启超等人开始研究社会主义，并转向社会主义。1919年秋天，梁启超等人以研究系为班底，组织成立新学会学术团体，宗旨是试图从学术上开展研究，谋求改造社会的根本方法。他们发行的《解放与改造》（《改造》）刊物，登载了大量研究社会问题和介绍社会主义的文章，成为新文化运动中比较有影响的刊物。此时，担任《改造》主编的张东荪也发表了自己的改造社会观点。1919年9月，在《改造》第1期上，张东荪在《第三种文明》一文中提出"第三种文明"的观点。他把人类历史分为三个时期，认为其分别呈现的是三种文明。第一种是习惯和迷信的文明，是人的本性未开发的、不自觉的、宗教的文明；第二种是自由与竞争的文明，是偏重个性的、部分自觉的、个人主义和国家主义的文明；第三种是互助与协同的文明，是偏重群性的、普通自觉的、社会主义和世界主义的文明。张东荪认为，第一次世界大战把第二种文明的弊端全部暴露出来，国家主义和资本主义走到了末日，不能再维持下去，最终必然造成爆裂，依第三种文明原则开始的世界大改造必然会到来。对中国而言，尽管落后于欧美等国，但也应当准备迎接第三种文明的到来。当前的任务就是从文化上下功夫，通过开展教育，提倡互助精神，培植协同性格，养成自治能力，促进合群道德。他还认为，第三种文明来源广泛，是各门学科杂糅的结果。从生物学来看，来自克鲁泡特金和伐伯尔等的生物协助说；从社会学来看，来自于颉德等社会学家的社会性观点；从法学来看，来自于狄骥和斯泰姆拉的权利观点；从经济学来看，来自于马克思派的社会分配说。可见，此时张东荪认可社会主义的光明前途，但社会主义究竟是什么，其认识总体上还是比较模糊的。

张东荪按照第三种文明的思路，提出了中国走向社会主义的步骤。1919年12月，张东荪在《改造》第7期上发表《我们为什么要讲社会主义》一文。他提出，社会主义是一种人生观和世界观，而且是最进化最新出的人生观和世界观。他解释说，社会主义是多方面的而不是一方面的，"因为社会主义是改造人的全体生活——从个人生活到全体生活，从精神生活到物质生活，都要改造。"① 并且，这种改造不是一个阶级的事情，而是各个阶级共通的事情。要解决中国的普遍贫困问题，仅仅通过开办实业是不能彻底解决的，需要通过社会主义来解决。结合中国物质上和精神上的落后状况，社会主义可以分为两步走：第一步是提倡一种社会主义的人生观和世界观，使中国人的精神先革了命再说。第二步是讨论具体的社会主义制度，作出具体的规划。同时，他指出："不可把社会主义认作那一国对于他的特别状态下的特别政策。他乃是全人类反对现在状态的一个共通趋向。"② 中国作为世界的一部分，非从现在开始预备起不可。张东荪断言，中国自现在起，主要的趋势是大破坏，但前途是社会主义。"没有建设则已，如果有建设，必定要依着社会主义的原则。"③ 这里，张东荪尽管主张实行社会主义，但仍然主张社会主义仅处于宣传阶段，而不是行动阶段。可见，主张改良的张东荪，仍然没有跳出辛亥革命时期老牌社会主义者的思维。其中暗含的意蕴是，此时的中国还不能搞社会主义，而只能在思想中畅想社会主义。

受到内地旅行的刺激，张东荪开始反对谈论主义。1920年11月，张东荪发表《由内地旅行而得之又一教训》，改变了几个月前的观点。张东荪的这一转向，遭到了当时各路社会主义者的反对，特别是马克思主义者的反对，在当时掀起了一场社会主义大论战。在该文中，张东荪说得很清楚，是他到内地旅行而得到的一个教训。只是他在阐述自己的实业主义观点时，借用了罗素主张的在中国开发实业才能自立的观点作为佐证而已。表面上看，这是由于张东荪到内地旅行受到刺激，从而改变了

---

① 左玉河：《中国近代思想家文库——张东荪卷》，中国人民大学出版社2015年版，第136页。
② 左玉河：《中国近代思想家文库——张东荪卷》，中国人民大学出版社2015年版，第141页。
③ 左玉河：《中国近代思想家文库——张东荪卷》，中国人民大学出版社2015年版，第142页。

第四章 五四时期社会主义第二次浪潮

自己的观点,实际上,与张东荪坚持的社会主义在中国的未来而不是现在有关,是与他一直坚持的改良主义一脉相承。

在论战中,张东荪走向基尔特社会主义。社会主义问题论战涉及的人员众多,发表的观点也十分复杂。李达、陈独秀、陈望道、何孟雄、邵力子、李大钊、高践四、俞颂华等相继加入了论战,发表了一系列谈论社会主义的文章和书信,如《张东荪现原形》《讨论社会主义并质梁任公》《评东荪君的又一教训》《社会主义批评》《社会主义释疑》《发展中国的实业究竟应采用什么方法?》《中国的社会主义与世界的资本主义》等一系列重要文章。张东荪写了几篇表达自己观点的文章和信函,回应来自各方面的支持和诘难。至于马克思主义者或其他人是如何批判张东荪的,不是本书的主要任务,将另文阐释。

在《致独秀底信》中,张东荪重申了中国的第一要务是增加富力,不相信中国能实行主义,也认为不能实行劳农主义。但他深信"外国的资本主义是致中国贫乏的唯一原因,故倒外国资本主义是必要的"①,而不赞成打倒国内的资本主义。在《长期的忍耐》一文中,他向报人俞颂华解释了之所以反对劳农主义是因为中国缺乏真正的劳动阶级。在《答高践四书》中,他主张在中国行资本主义是有利的。他说:"开发实业方法之最能速成者,莫若资本主义。"② 中国资本家本来很少,且能救贫,也能抵抗外国资本家的入侵。他说:"弟向倾心于同业公会的社会主义,近则以为人类原理而普泛言之,固属最善,而在中国则不知须俟何年何月始能实行。"③ 在《大家须切记罗素先生给我们的忠告》中,他引用罗素提出的两个观点:第一,宜讲教育,使无知识的有知识,使有知识的更近一层。第二,开发实业救济物质生活,至于社会主

---

① 左玉河:《中国近代思想家文库——张东荪卷》,中国人民大学出版社2015年版,第144页。
② 左玉河:《中国近代思想家文库——张东荪卷》,中国人民大学出版社2015年版,第147—148页。
③ 左玉河:《中国近代思想家文库——张东荪卷》,中国人民大学出版社2015年版,第149页。

义不妨迟迟①，以完全赞同的态度来佐证自己的观点。另外，张东荪又陆续发表了《现在与将来》和《一个申说》，表明了自己对社会主义的态度。他认为，基尔特社会主义在各社会主义中是最圆满的，不过基尔特社会主义是英国的产物，在中国实行则需要变化。

从上述张东荪的回应来看，他的基尔特社会主义并没有形成完整的理论体系。他反复主张目前的迫切任务是在不改变国体甚至政体的前提下，保持国家和社会的相对独立，通过同业工会的方式开发实业，以利救穷；社会主义也是他坚信的，但应在中国的将来实行，而不是现在；他反对劳农革命，不认可阶级斗争，主张资本主义是有利于发展实业的。总体上看，张东荪的基尔特社会主义仍然属于改良的社会政策，而不能算作一种真正意义上的社会主义流派。至此，张东荪以为自己已经充分表明了社会观点，接下来将专门研究哲学问题。

基尔特社会主义把社会主义的文明留待将来，试图通过开发实业解决中国贫穷状态的愿望貌似很现实，但在半殖民地半封建时代的中国，一方面受到帝国主义的侵略，一方面被封建主义的顽固保守所窒息，根本没有开发实业、改良社会的机会。所以，不进行彻底的社会政治改造，不发动人民推翻资本家，即使开发实业能取得成功，广大普通群众仍然得不到"人的生活"的机会，出现的仍然是少数资本家的富裕。所以，基尔特社会主义改良社会的设想听起来似有道理，但其脱离了中国社会的现实，本末倒置，陷入了虚幻的境地。

小　结

五四运动时期兴起的第二次社会主义思潮，是以无政府主义为主体的。青年学生群体，受到新文化的熏陶，把无政府主义的激进和爱国的热情结合起来，以巴黎和会为契机，演化为轰轰烈烈的反帝爱国运动。

---

① 《新青年》第8卷第4期，第8页。

随着时代的变化,无产阶级登上历史舞台。在民初积极进步的无政府主义,逐渐失去了革命意识,反对劳工运动,主张改良,走向了穷途末路。新的流派基尔特社会主义和新村主义的出现,充满着不切实际的空想,在新文化的冲击下,也只是昙花一现,基本无所作为。

整体上看,第一次世界大战后无政府主义在西方的破产,也给中国无政府主义者敲响了一记警钟。在十月革命的影响下,马克思主义得到广泛传播,一部分无政府主义者开始走向马克思主义。

第五章　社会主义思潮的批判与分化

1912年，20岁的顾颉刚与王伯祥、叶圣陶等加入中国社会党，宣传社会主义。后来，顾颉刚谈到自己当时的想法时说："看着徐锡麟、熊成基、温生才等人的慷慨牺牲生命，真觉得可歌可泣。辛亥革命后，意气更高涨，以为天下无难事，最美善的境界只要有人去提倡就立刻会得实现。种族的革命算得了什么？要达到无政府、无家庭、无金钱的境界时方才尽了我们革命的任务呢。因为我醉心于这种最高的理想，所以那时有人发起社会党，我就加入了。"① 可见，当时的青年人受到社会变化和革命风潮的影响，书生意气地挥洒自我，充满革命的理想主义情怀。但不管是社会主义的倡导者还是参加者，对自己接纳的思想学说，并不是真正清楚。在中国社会党成立之时，很多成员并不清楚什么是社会主义，单凭自己的书生意气，也缺乏明确的信仰和目标。按照顾颉刚的说法来看，他和许多人一样，是把社会民主主义的学说与无政府主义，以及其他类型的社会主义混为一谈的。顾颉刚还生动刻画了他的社会党同志们的活动："他们没有主义，开会演说时固然悲壮得很，但散会之后就把这些热情丢入无何有之乡了。他们说的话，永远是几句照例话，谁也不想把口头的主义作事实的研究。"② 不久，在极度失望中，顾颉刚脱离了中国社会党。恩格斯说过："不成熟的理论，是同不成熟

---

① 刘俐娜：《顾颉刚自述》，河南人民出版社2005年版，第35页。
② 刘俐娜：《顾颉刚自述》，河南人民出版社2005年版，第36页。

的资本主义生产状况、不成熟的阶级状况相适应的。"① 正是由于中国社会生产状况和阶级状况的不成熟，空想社会主义在中国蔓延，人们对社会主义学说的认知也十分混乱，接纳的思想也缺乏科学性、系统性。这种不成熟的学说，随着中国社会形势的变化，出现相互批判乃至内部分化，直至最终瓦解也是必然的。

第一节　社会主义思潮的批判

一　无政府主义与民主主义批判

中国早期无政府主义者，大都是从革命民主主义者和爱国主义者转化而来。在革命浪潮中，他们不断追逐新思潮，从一种主义转化为另一种主义的情况比较常见。一些人信仰无政府主义之后，对以往的信仰产生排斥乃至对立，也自然会出现对以往信仰进行批判的状况。

（一）刘师培对共和制和民族主义的批判

刘师培本来是一个爱国者和激进的民主主义者，到日本以后，他首先加入同盟会，为《民报》投稿，宣传革命。但自转向社会主义以后，他除了利用报刊、演讲等方式开展无政府主义的研究宣传之外，还转而对民主主义进行批判。当时，他在《衡报》上发表《共和之病》一文，批判共和政体。他说："何谓共和？共和政体者，专制政体之变相也。"② 认为共和制与专制没有本质的区别，只是换一种称呼而已。现代共和制是以民族国家为基础建立起来的。通过对西方国家，如美国、法国的共和制进行分析，刘师培认为，在共和政体下，各民族的人民受压迫的状况与专制政体下是相同的，遂不主张在中国实行共和制。他说："是则共和、专制，其名虽异，而人民受害则同。……使此制而果行于中国，吾人亦视为大敌。"③ 接着，刘师培又发表《论共产制易行

---

① 《马克思恩格斯选集》第3卷，人民出版社2012年版，第780页。
② 李妙根：《刘师培文选》，上海远东出版社2011年版，第253页。
③ 李妙根：《刘师培文选》，上海远东出版社2011年版，第253页。

于中国》一文，撷取克鲁泡特金《面包掠取》中的无政府主义观点，与中国传统典籍《礼记·祭法篇》中记载的"黄帝明民共财"等学说相结合，来论证中国自古以来的共产传统。同时，他在比较东西文明差异的基础上，认为中国实行共产制比西方更为容易。具体做法是："必先行之于一乡一邑中，将田主所有之田，官吏所存之产（如仓库），富商所蓄之财……，均取为共有，以为共产之滥觞。"① 其结论是，中国只有实行共产制，而不是共和制，才能真正达到万民的幸福。

刘师培把民族主义和无政府主义进行比较，批判革命党人倡导民族主义的不彻底性。刘师培从古代大同社会理想出发，批判革命党人的民族主义和西方资本主义。他认为，中国古代的一切政治，均生于学术，中国千年的学术，都来源于儒道二家。儒家虽然崇尚礼教，但醉心于无讼去杀之风，任由人民自化，道家欲废灭一切人治，主张道法自然。二者实行的都是对人民的非干涉主义。正是在学术上以非干涉为宗旨，导致中国千年以来偏于放任，看起来是专制政体，实际上是处于无政府状态。他批判民族主义的倡导者有三大谬误：其一，是学术之谬。民族主义者是贵己族贱他族，贵汉族贱少数民族，导致民族帝国主义的出现。其二，是心术之恶。民族主义者倡导正统闰统之别，排满之后由汉人掌握政权，只是少数人获得利益。革命为的是一己之私，而不是为世界生民考虑。其三，是政策之偏。提倡民族主义的革命党人，以学生与会党为主体，而不是出于全体民众。所以，革命以后，只少数人享有幸福。所以，他认为，今日中国的革命，应该以工农为本位的多数民众作为出发点。由此，刘师培得出的结论就是，无政府革命优于种族革命，是彻底的革命。"实行无政府，则种族政治经济诸革命均该于其中。"② 中国只有实行无政府革命，才能消除种族革命的害处。他特别批判了同盟会的民族主义，认为民族主义者推翻清政府后改建的新政府，势必取欧、美、日本的伪文明推行于中国，广大平民仍然没有任何幸福可言。无政

---

① 李妙根：《刘师培文选》，上海远东出版社2011年版，第256页。
② 葛懋春等：《无政府主义思想资料选》上册，北京大学出版社1984年版，第92页。

府主义讲究个人的绝对自由，本无指责、批判他人的道理，而刘师培对"三民主义"之民族主义进行的批判，在中国无政府主义史上开了对外批判的先河。

（二）师复对民生主义的诘难

师复在日本留学之时，曾加入同盟会，从事革命活动，组织暗杀小组，领导"香军"起义呼应辛亥革命。在转向无政府主义之后，师复也对共和制度进行了批判，他与刘师培的看法类似，认为君主专制制度和共和制度只是大恶与小恶的区别。二次革命爆发时，师复曾发表《政治之战斗》一文，认为反袁一方和袁政府一方，无论谁胜谁败，都没有评论的价值。因为即便袁世凯失败，战争平息后，新总统、新政府仍然会专制人民。他断言："袁氏虽去，岂遂无类于袁氏者起而代之；即使继袁者决胜于袁，亦不过其恶之大小略有比较，如五十步与百步之说耳。"① 只要是战争就必然会导致破坏，必然会造成民不聊生。而战争又不能解决根本问题，只有决心从事反对政治的社会革命，去掉一切政府，实现人民互助，才能获得真正的自由。

师复还专门发表文章，论述无政府主义与民生主义、中国社会党学说的不同。在《孙逸仙江亢虎之社会主义》一文中，师复认为，孙中山和江亢虎的社会主义，尽管表面上都称为社会主义，但其实不是真正的社会主义，充其量只能说是社会政策。社会主义与社会政策是不同的，前者反对财产私有，主张以生产机关及其产物归于社会共有，不管是共产社会主义，还是集产社会主义，都是如此。而所谓的社会政策，不是从根本上推翻现有的社会组织，只是想借政府之力推行各种政策，来补救社会的不平等。比如说，限制资本家、保护劳动家，实行累进税或单一税，设置公共教养机关等。由是观之，师复认为孙中山是政治革命家，主张亨利·乔治的单一税，即"平均地权"一说，与社会主义是不同的，纯属社会政策。对这一点，孙中山自己也不掩饰，曾多次说

---

① 唐仕春：《中国近代思想家文库——师复卷》，中国人民大学出版社2015年版，第55页。

过自己的学说就是社会政策。在批判孙中山社会主义的同时，师复还批判了江亢虎的社会主义，下文还要赘述。诚然，师复也中肯地说，他不是想非议此二人，实在是社会主义在中国才刚刚萌芽，对社会主义的正当之说还寥若晨星，如果世人误信了二人的观点，必然会造成"社会主义之真谛遂荡然无存，此实社会主义前途之大祸也"①。从上文来看，师复对孙中山与江亢虎二人主张的社会主义分析未尝不正确，批评也是实事求是的。师复站在无政府主义立场，抱定无政府主义信念，认为自己维护的无政府学说是纯粹的、绝对的社会主义，至死不渝，难能可贵。但从实现的程度上来说，无政府主义更加脱离中国社会的现实，其空想性、虚幻性更大，更加没有实现的可能。

（三）新世纪派对民主主义的矛盾心态

在1907年，新世纪派的无政府主义和民主主义革命派的三民主义之间曾发生过论争。民主革命派主张驱逐鞑虏、恢复中华，推翻满族统治，建立共和政府，而新世纪派则是矛盾的。褚民谊既反对民族、民权主义者单纯的排满排外观点，又认为民族主义、民权主义与社会主义有共通之处，是人人可以自由选择信仰的主义。他提出，自己所抱的主义，不是要单纯地不分青红皂白地排满和排外，而是有选择地排满和排外，对于满人和外人中志同道合者，可以共同奋斗。所以，他说："不过所排者，反对吾辈之满人，而非与吾辈表同情之满人也；干涉吾辈之外人，而非与吾辈合筹之外人也。"② 基于此，褚民谊批判民族主义和民权主义太狭隘了，只有提倡社会主义才是大公至正的。同时，褚民谊也认为，民族主义、民权主义和社会主义不是背道而驰的，应该取其相同之处，而反对相异之处。他说："盖社会主义者，求世界人类自由平等幸福，而民族主义民权主义求一国一种族少数人之自由平等幸福也。"③ 至于选择信仰哪种主义是个人自己的权利。就三者相比较，褚

---

① 师复：《师复文存》，革新书局1927年版，第32页。
② 葛懋春等：《无政府主义思想资料选》上册，北京大学出版社1984年版，第173页。
③ 葛懋春等：《无政府主义思想资料选》上册，北京大学出版社1984年版，第173页。

第五章　社会主义思潮的批判与分化

民谊又批判民族主义是复仇主义、自私主义；民权主义是为少数人富贵计，是自利主义；而只有社会主义是图社会进化的，是至公无私的主义。

李石曾也持同样的矛盾心态。他一度发文解说种族革命和社会革命的异同，把无政府主义划归革命党序列，以缓和二者的矛盾。在《新世纪》出版以后，革命党人对无政府主义者颇多诘难，引起革命团体内部的疑惑和猜疑。李石曾以"真"为化名，在《新世纪》第8号上发表《与友人论种族革命党及社会革命党》一文，对种族革命和社会革命进行了区分，以调和二者的关系。李石曾认为，不管是种族革命党还是社会革命党，二者从主义方面说，都主张革命，都是为了颠覆清政府的统治，这是共通之处。只是前者把革命理解为推翻满族统治，建立一个共和新政府，以一国军队保护一国民众；后者把革命理解为推翻清政府统治，成立自由协和组织，解散各国军备，以安世界之民而已。所以，尽管二者主义不同，但作用相同。但李石曾始终坚持自己的社会革命说，认为二者可以各行其是。他说："主义之正当，惟视乎公理，不能因利害而易主义，故宜各从其自由发表其主义。"[①]强调了不能因为二者之间有矛盾，就要放弃对自己主义的坚守。

为了缓和与民主主义的矛盾，无政府主义者还更新了自由、平等、博爱的内涵。平等、自由、博爱来源于法国资产阶级革命时期的口号，孙中山把它与三民主义结合起来，扩充了其内涵。无政府主义则更进一步，对自由平等博爱作了社会主义的解读，褚民谊在《普及革命》中说："无政府、则无国界；无国界，则世界大同矣。人不役人而不役于人，人不倚人而不倚于人，人不害人而不害于人，所谓自由平等博爱是也。"[②]这也是无政府主义对为什么要主张社会革命，而反对单纯的政治革命的原因。

孙中山则对无政府主义有自己的认知，他一直不赞成无政府主义学

---

① 葛懋春等：《无政府主义思想资料选》上册，北京大学出版社1983年版，第179页。
② 葛懋春等：《无政府主义思想资料选》上册，北京大学出版社1983年版，第184页。

说的极端性。民初孙中山在中国社会党总部的演说中,对世界范围内的社会主义学说做过划分。孙中山认为,无政府主义在欧洲出现并流行广泛,是由"均产派"社会主义演化而来。"尝考欧西最初社会主义之学说,即为'均产派',主张合贫富各有之资财而均分之。贫富激战之风潮既烈,政府取缔之手续亦严;政府取缔之手续既严,党人反抗之主张益厉。无政府主义之学说,得以逞于当时,而真正纯粹之社会主义,遂湮没于云雾之中,缥缈而不可以迹。"① 孙中山认为,无政府主义不是纯粹社会主义,而是社会主义的一种极端表现形式。所以,在革命党阵营内,孙中山尽管可以与无政府主义者,如新世纪派等结成统一战线,但他一直认为无政府主义不合实际,也不可能有所建树。孙中山的伟大在于,他从革命的视角来看待社会主义者,无论是无政府主义者还是中国社会党成员,认为他们反抗清廷专制,则都是革命的、追求进步的力量。

二 无政府主义与中国社会党批判

师复曾多次批评过中国社会党的纲领,认为它是不伦不类的主义。师复认为,江亢虎的中国社会党不是真正的社会党。中国社会党的教育平等、营业自由、财产独立、废除遗产制度,即个人生前所得的私有财产死后归公等主张,与孙中山的政策如出一辙,都是社会政策。而江亢虎与孙中山不同的是,明明主张的是社会政策,却坚称自己是社会主义。师复言下之意是,江亢虎并没有搞清楚社会主义和社会政策的区别。

在中国社会党被袁世凯强行解散时,师复也丝毫没有怜悯之意。他在《政府与社会党》一文中说:"真正社会党绝非政府所能解散,而'中国社会党',则固吾人所不能遽认为真正社会党者,即解散又何足惜。"② 他分析了中国社会党的八项党纲,认为其就是一个普通的政党,没有社

---

① 《孙中山全集》第 2 卷,中华书局 1982 年版,第 506 页。
② 唐仕春:《中国近代思想家文库——师复卷》,中国人民大学出版社 2015 年版,第 57 页。

第五章 社会主义思潮的批判与分化

会党的价值,配不上社会党的称呼。同时,师复还批判江亢虎在具体做法上,立场不明,混沌是非。他批判说,中国社会党"忽而推崇共产主义,忽而排斥共产主义,忽而以集产主义为共产主义,忽而以遗产归公为共产之真精神,颠倒瞽乱。"① 此外,师复还批判江亢虎个人的墙头草状态,认为他有欺骗世人的情况,说江亢虎"袁氏登位则电陈政见,国会开会则上书请愿,……模棱两可,饬说欺人"②。他警告世人,如果听信江亢虎的学说,将对社会主义酿成大祸。作为一种进步的、反专制力量的中国社会党,在师复眼里并没有存在的价值。可见,师复是把中国社会党作为一种政治组织来看待的,认为其具有投机性质,而并不是为了实现社会主义。当时,江亢虎已远在海外,当听到师复的诘难时,他曾经隔洋做过辩解。

江亢虎的辩解主要是通过新大陆明信片传递的。在《新大陆明信片·宣言》中,江亢虎阐释了自己的社会主义主张与无政府主义的不同。他认为,社会主义、无政府主义有个人本位和社会本位两派,这两派之间存在激烈的冲突。他既反对社会党趋重国家、迷信政治的观点,又不赞同无政府党采用强权、否认机关的观点。而他个人坚持三无主义,有个人自治、世界大同之界说,正是综合了二者。就中国社会党的总代表而言,他也是身不由己,没有办法。他的愿望是:"两派极端之学说,其果能调和无间、折中至当与否,则此时亦殊难自必也。"③ 事实上,江亢虎认为中国社会党学说,没有什么不好。这里,他没有指名道地姓批判师复,但在字里行间表达了对无政府主义极端行为的不赞成。师复看到江亢虎的《宣言》之后,围绕"强权"和"否认机关"有过详细论述,认为江亢虎对强权的批判没有新意,与资本家及绅士诋

---

① 唐仕春:《中国近代思想家文库——师复卷》,中国人民大学出版社 2015 年版,第 78 页。
② 唐仕编:《中国近代思想家文库——师复卷》,中国人民大学出版社 2015 年版,第 78 页。
③ 汪佩伟:《中国近代思想家文库——江亢虎卷》,中国人民大学出版社 2015 年版,第 200 页。

毁无政府党的观点无异，而对否认机关的批判表明其明显不赞同无政府主义。

一来二去，二人针锋相对。江亢虎又发表了《中国无政府主义之活动及余个人之意见》一文，重申了自己"极信仰社会主义，而亦极喜研究无政府主义"[①]的态度。他认为，从目的来说，将来还是要有机关存在，如果连机关都不存在了，那人类存在与否都很难说。但从方法来说，他不赞同无政府主义的暗杀、暴动和大破坏等做法，更反对无政府主义的强权做派，而赞成非强权。同时，江亢虎还批评无政府主义混用了社会主义名词，认为沙淦的社会党和师复的无政府主义，在对社会主义的定位上都是错位的。沙淦的社会党不应该使用纯粹社会主义一词，师复的无政府主义使用真正社会主义一词也是不合适的。他还主张，本来无政府主义和社会主义原出一本，既然二者已经分离，不妨各行其是，大可不必如沙淦、师复等，一味地攻击、诋毁别人，实在很遗憾。此时的江亢虎脱离了中国社会党的具体环境，以一个海外社会主义的研究者自居，其对社会党和无政府主义的反诘也是大而化之，其中并没有什么具体的实质性内容，充其量只是为了表明自己作为社会主义者的态度。

三　中国社会党与民生主义批判

革命浪潮中的江亢虎与孙中山对社会主义的观点也是有差异的。1912年10月，孙中山应江亢虎之邀，到上海大戏院演讲三天，为中国社会党成员讲解社会主义。孙中山从社会主义的起源、发展、流派等方面阐述了自己的观点，并憧憬了社会主义的最终理想。演讲经社会党本部秘书徐安真记录以后，经过孙中山校正，江亢虎作序，取名为《社会主义派别及批评》，由社会党以单行本发行。在序言中，江亢虎赞扬了孙中山对社会主义的深刻洞见，但也指出了孙中山的社会主义思想与

[①] 汪佩伟：《中国近代思想家文库——江亢虎卷》，中国人民大学出版社2015年版，第223页。

中国社会党的重要区别。

江亢虎认为，一是崇尚的流派不同。孙中山的民生主义是"国家社会主义"，这与中国社会党主张的无政府、无宗教、无家庭"三无主义"不同。并且，孙中山过度赞誉马克思的社会主义。江亢虎说："独是先生所言，专重国家社会主义，宏畅德人卡尔·马格斯之宗风，而与三无二各学说，不甚赞成。"① 江亢虎之所以这样说，是因为孙中山赞赏马克思用三十年时间研究资本问题，把社会主义从无系统的学说发展成一门系统的科学，但孙中山并不是一个马克思主义者，他对马克思改造社会的激进方法一直持反对态度。

二是在财产归公上有程度差别。江亢虎指责孙中山不赞成破除世袭遗产制度，不是彻底革命的态度。他认为，孙中山改造中国的方案，大都与中国社会党党纲一致，诸如，地税说、资本归公、教育平等，但批评孙中山"不知家庭主义一日不废，则社会经济问题断无根本解决之理"②，江亢虎还说这是孙中山社会主义美中不足的地方。孙中山确实认为，目前，世袭遗产制度仍然有存在的必要，中国社会党提出的"破除世袭遗产制度"是不合时宜的。

三是反对政治万能论。江亢虎认为，在推行社会主义的方式上，孙中山民生主义和中国社会党是不同的。孙中山劝说社会党应该改组为政党，从事政治活动，参与政府，利用国家机关的力量来推行社会主义。而江亢虎则认为，社会革命的方式很多，参与政治只是其中一种，不是唯一的办法。中国社会党不主张参与政治，主要以"普遍鼓吹"的方式，突出个人本位、世界范围，而不仅仅以国家为界限。江亢虎还比较了二者路线的差异，认为孙中山走的是自上而下的少数精英的政治路线，而社会党走的是自下而上的普通民众路线。

---

① 汪佩伟：《中国近代思想家文库——江亢虎卷》，中国人民大学出版社2015年版，第157页。

② 汪佩伟：《中国近代思想家文库——江亢虎卷》，中国人民大学出版社2015年版，第157页。

尽管中国社会党和民生主义有诸多分歧，但孙中山对江亢虎研究、宣传社会主义的方式还是持肯定态度的，这种分歧也并没有影响二者的友谊。1913年，当中国社会党被袁世凯取缔，江亢虎远走美国之时，孙中山声言，江亢虎专门从事社会主义研究，未来的中国需要这样的人。他还委托同盟会成员黄芸苏给予照顾，并盛赞江亢虎"热心斯道，今又远学于美，他日心得当未可限量也"①。显而易见，孙中山坚信中国社会主义的光明前途，想为中国社会主义的未来留存一些人才。

第二节　社会主义思潮的分化

在近代中国社会主义发展史上，流传于政治、社会舞台的无政府主义、社会民主主义、国家社会主义等学说，尽管都统称为社会主义，但由于输入的源头不同，有欧美各国传入的，还有来自日本或者俄罗斯的，都有不同于其他学说的特定内涵，再加之接纳各学说的成员不同的出身和学业背景差异，各自怀抱目的和理想的区别，不仅各社会主义流派之间存在严重的观点分歧甚至尖锐的对立，即便在本流派内部，也多次出现过观点冲突，乃至组织分裂的现象。这种分歧和分裂严重削弱了其改良社会的力量。

一　无政府主义的裂变

近代中国的无政府主义，本质上是一种学术或思想，并没有发展成一种真正的、完全的政治运动。不少人都是抱着好奇、宣传或者尝试的心态，有的成为盲目的追随者，根本不知道无政府主义究竟为何物；有的是单纯从事研究或宣传者，单凭个人志趣，把无政府主义局限于书斋中。他们尽管喊着惊天动地的口号，实际上没有多少信仰的成分，更谈不上舍身奋斗的信念。随着国内政局和社会环境的变化，新学说、新观

---

① 《孙中山全集》第3卷，中华书局1984年版，第72页。

点的出现，一些人还经常改换门庭。自无政府主义传入中国以后，一直没有形成统一的政治运动，而仅仅作为一种小团体的学术或教育活动，属于个人主义的偏爱。作为一种思潮的无政府主义，基本上没有形成固定不变的组织形式，同时也只是少数人的鼓吹，没有对中国社会状况进行深入了解，只局限于对无政府主义学说译介、宣传、研讨的范围。早期的无政府主义者大都是同盟会员，兼顾无政府主义的宣传员。如在日本东京的刘师培、张继等人。所以，在活动中出现分化是必然的。

（一）天义报和新世纪报的观念分歧

无政府主义成为中国社会转型中的匆匆过客，是由其极端的、虚幻的社会思潮本质决定了的。其在推动近代中国进步的作用与西方社会相比较要小得多，这与中国无政府主义的内讧不无联系。无政府主义的内部分化，导致其在中国社会舞台上理论建构不足、行动似有似无。这种雷声大、雨点小的状况，符合近代中国人探索"中国社会朝何处去"过程中的理论指导的一般特征。在比较日本东京和法国巴黎无政府主义两个团体时，有人把两派称为东京派和巴黎派，也有人称为天义派和新世纪派。本书认为两派都是通过刊物来传播无政府主义的，所以使用本义，即用天义报和新世纪报来指称两派。

天义报和新世纪报在看待民主革命派上存在分歧。新世纪派无政府主义者大都认为，无政府主义与孙中山领导的三民主义革命可以并行不悖，在这一点上，褚民谊说得比较清楚。他说："夫社会主义，非与民族主义民权主义背驰者也，不过稍有异同耳。社会主义有民族主义之作用则为同，而无民族主义之自私则为异；有民权主义之效能则为同，而无民权主义之自利则为异。盖社会主义者，求世界人类自由平等幸福，而民族主义民权主义求一国一种族少数人之自由平等幸福也。归纳之有大小，犹行程之有远近，初非背驰者也，实任人之自择其主义何如耳。"[①]该文赞同无政府主义是在追求世界范围的自由民主平等幸福，而三民主

---

① 葛懋春等：《无政府主义思想资料选》上册，北京大学出版社1983年版，第173页。

义只追求中国和中华民族的自由平等幸福,二者都是为了追求人类幸福生活,仅在范围上所不同,国人自由选择无可厚非。李石曾也持类似的观点,他认为《新世纪》发表无政府主义之说,是为了鼓吹正当的革命以正人生,而不是为了与革命者竞争以缓和革命风潮,"种族革命党与社会革命党今日之作用同,而其主义不同。然此不同,固无碍其同为革命党也,无碍其协力以图最近之革命也(倾覆今之政府)"①,从而把不同类型的革命纳入统一的革命序列中。而《天义》报则不同,它把同盟会坚持的种族革命和无政府主义者坚持的社会革命相互对立起来。刘师培等认为,种族主义革命是在推翻清政府以后,必然效仿欧美日本建立新政府,把伪文明推行中国,来压迫人民,这与无政府主义坚持的无政府之治是背道而驰的。所以,刘师培说:"吾人之意,惟望中国革命以后,即行无政府,决不望于革命以后另立新政府,以采用欧美日本伪文明。若欧美日本之制,果推行于中国,则多数人民失其幸福及自由,其陷于困难,必较今日为大苦。"② 所以,天义报坚持在中国不宜提倡种族革命,而应该直接倡导无政府主义革命。

天义报和新世纪报在实现无政府主义的手段上存在差异。天义报立足于中国农民问题的解决,主张通过农民革命的途径达到无政府革命的实现。刘师培认为,中国农民和地主占大多数,政府财政主要来源于地租,要实现财产共有首先应从土地公有开始,所以,"中国农民果革命,则无政府革命成矣,故欲行无政府革命,必自农民革命始"③。并且他解释说,所谓的农民革命就是以抗税诸法反对政府及田主。而新世纪报受到西欧无政府主义特别是受到工团主义的影响比较大,他们立足于工人的困苦生活,主张"互助"。褚益民主张财产归公,必须使工人摆脱资本家的剥削,因为工人"仰资本家之鼻息,终日勤劳,得保无饥,一有疾病或停工,则全家惨然"。"财产不废,则贫富之悬隔日距。忍令少数之资本家之安于

---

① 葛懋春等:《无政府主义思想资料选》上册,北京大学出版社1983年版,第179页。
② 葛懋春等:《无政府主义思想资料选》上册,北京大学出版社1983年版,第95—96页。
③ 李妙根:《刘师培文选》,上海远东出版社2011年版,第273页。

第五章　社会主义思潮的批判与分化

逸乐，而大多数平民之终于困苦乎"①。李石曾也把工人、商人、市民的抗租、抗役、罢工、罢市等抵抗手段作为实现革命的主要手段。

天义报和新世纪报在对待世界语的态度上也有分歧。主张把世界语作为无政府主义进行宣传手段，是中国无政府主义者阐释"世界"的观点之一，这一点对新世纪报同人和天义报的刘师培来说是没有异议的。刘师培认为，世界上的争端无不由生计和情感而起，在生计上就是财产不均，在情感方面则是文字不统一。所以，无政府主义要从平均财产和统一文字两个方面来解决"世界争端"，这种统一的文字便是欧洲流行的世界语。新世纪报更加极端，他们认为汉字这样的象形字为未开化人使用，合音字为既开化人使用，直接主张用世界语代替汉字。而章太炎从维护传统汉字的角度反对上述观点，并撰文进行了批判。章太炎在《驳中国用万国新语说》一文中，反对废除汉字，以世界语代替汉字的观点。章太炎并不反对学习西方语言，包括世界语，但他坚决反对废除汉字。

中国海外两派无政府主义观点的裂隙是明显的，有西方学者甚至把两派无政府主义的差异扩大为反现代主义和现代主义两个派别的对立。② 这种说法不免有夸大之词，但两派确实存在分歧。正是二者持有的观点不同，不仅在中国无政府主义内部引起了混乱，而且造成了不同的后果。由于刘师培与同盟会之间存在无法弥合的矛盾，在辛亥革命前后投靠清政府，背叛了革命，后来又参与袁世凯的复辟活动，直接与革命者对抗，下文还要赘述。章太炎也在革命内部闹分裂，高唱"革命军起、革命党消"，加剧了本来就存在诸多矛盾的革命党内部的分裂。张继从日本到欧洲加入新世纪报群体，在革命爆发以后，与新世纪报同人回国参加民主革命，成为革命的支持者，但这些人在第一次国共合作中大都充当了反面角色。正是主要传播者离开无政府主义，致使中国早期无政府主义最后只开花并未结果。

---

① 葛懋春等：《无政府主义思想资料选》，上册，北京大学出版社1983年版，第185页。
② [美] 阿里夫·德里克：《中国革命中的无政府主义》，孙宜学译，广西师范大学出版社2006年版。

(二) 刘师培夫妇背叛革命

除了天义报与新世纪报在无政府主义观点上的分歧之外，还出现天义报的代表者刘师培夫妇叛变革命，投靠清政府，导致比较激进的天义报无政府主义的进步成果消失殆尽。1908年4月，刘师培、何震创办的《天义报》（合计发行16号）被查封，后改名《衡报》（发行13号），假托"澳门平民社"继续不公开发行，直到同年10月被日本警察厅查禁，以《天义报》为宣传工具的中国海外无政府主义研究与宣传基本结束。在这期间，张继远走巴黎，章炳麟与刘师培夫妇闹矛盾，逐渐退出。女子复权会和讲习会被解散，刘师培夫妇也于1908年底回到国内，出卖革命同志，在劣迹败露后，公开投靠清政府，背叛革命，东京留学生中的无政府主义宣传就此告终。

回国以后的刘师培，一改自己的无政府主义志向，同时丢掉自己同盟会员的身份，直接投到清朝大臣、两江总督端方门下，从暗探到幕僚，后来又投靠袁世凯，为袁氏出谋划策。1915年8月，刘师培与杨度等发起成立筹安会，写作《君政复古论》《联邦驳议》等文章，为袁世凯称帝鼓吹。在北大任教期间，刘师培与黄侃等成立"国故月刊社"，成为《国故》月刊主编之一。不久，刘师培宣告退出社会改造领域，专心从事学术研究。刘师培是对无政府主义信仰比较早，也是较早背叛无政府主义信仰的人。今天，研究近代中国的无政府主义，必然绕不过《天义报》开展的无政府主义宣传。

刘师培夫妇对无政府主义的背离，有其特定的原因。一方面，自刘师培接纳无政府主义开始，即赞成彻底的社会革命，而反对革命派的民族主义、种族革命论。他曾参与在同盟会内部夺权，失败后与革命者的关系逐渐僵化，遂产生弭消革命的思想。在刘师培给端方的书信中，他声言革命就是暴乱，会给国家人民带来灾难，并向端方坦言，"师培近今之志，则欲以弭乱为己任，稍为朝廷效力，兼以酬明公之恩"①。刘

---

① 万仕国：《刘师培年谱》，广陵书社2003年版，第143页。

师培甘愿做端方的暗探，假借清廷之手，以达到破坏直至消灭革命派的目的。另一方面，为了筹措经费而贩卖革命。刘师培夫妇创办的刊物是自费发行，经费的不足，再加之旅日开销，越到后来经费越紧张。在1907年底，刘师培夫妇相继回国，其主要目的之一就是筹措资金。这时，在东京留学生中，清廷采用金钱拉拢的办法，刘师培夫妇没有禁受住金钱的诱惑，贩卖革命，之后又出卖同志。事实上，刘师培出身富裕之家，一直没有受过经济上的苦难，在生计面临威胁的境况下，很容易丧失立场。在投靠清廷之后，他确实得到清廷赞助的一笔经费，继续在日本度过了将近一年时间。上述两方面是刘师培投靠端方的直接原因。投靠清廷可以作为刘师培与东京同盟会政治上分道扬镳的标志，在此后将近一年时间，其仍在日本继续研究宣传无政府主义，直至《衡报》被查封，才告一段落。

  对刘师培宣传无政府主义的研究，不能不谈章太炎和张继二人。流亡日本期间，刘师培与章太炎是亦师亦友的关系，在钻研古文字上有相同旨趣，又共同效力《民报》，在同盟会内结成了一个"小圈子"。刘师培与章太炎一边研究国粹，一边从事同盟会运动和无政府主义宣传。二人相互支持，共同参与反对立宪派的笔伐斗争。刘师培还参与章太炎发起的"拒款会"，并发表演说，反对清政府借款修路，主张以罢工、罢市等手段来反对借款。刘师培夫妇回国期间，曾帮助章太炎向左宗棠争取去印度研究佛经的经费。但由于"学术声名之争"以及其他琐事之故，又加之章太炎反对刘师培为宣传无政府主义开展的世界语宣传，二人在私人关系上出现破裂。不久，章太炎在《民报》发表《排满平议》文章，直言"无政府主义者与中国情状不相应，是亦无当者也。……言无政府主义不如言民族主义也。"[①] 与无政府主义者决裂，公开提出无政府主义不适合中国。

  另一位与刘师培关系密切的人是张继。张继是创办"社会主义讲习

[①] 《民报》第5册，中华书局2006年版，第3275页。

会"的重要成员，曾积极参与《天义报》和"讲习会"的无政府主义宣传。由于日本政府对社会主义者的迫害，张继被迫离开日本远走欧洲。章太炎在《自定年谱》中述说："傅泉（张继，字傅泉）以言社会主义为日本法官逮捕，脱走欧洲。"① 张继的离开，大大削弱了《天义报》无政府主义的宣传力量。张继到欧洲之后，参与了《新世纪》报对无政府主义的宣传。同时，张继与《衡报》继续通过信函联系，介绍欧洲无政府主义的行动状况，刘师培曾节选张继的部分信函刊登在《衡报》上。与刘师培类似的是，张继这样的老牌无政府主义者，在辛亥革命回国以后，同样丢掉了无政府主义，转而回归革命民主主义阵营，并积极参与同盟会工作，成为中华民国临时政府第一任参议院议长。1912年8月，同盟会合并成立国民党，张继被推举为议员。在国共合作期间，张继成为国民党右派，公开反对与中国共产党合作。

从近代中国发展历程来看，刘师培夫妇宣传的社会主义、无政府主义，是革命的、进步的表现，理应为中国社会从黑暗走向光明增添一缕亮色，但仅仅两三年间，就以组织和人员内讧离散、代表人物刘师培暗投清廷而告终。新世纪报群体继续在法国宣传无政府主义，直到辛亥革命爆发，同人也大都回国参加革命，这一支无政府主义的研究宣传也告一段落。从早期中国无政府主义者研究宣传的反复和没落，反映出近代中国政治思想运动的曲折性和革命道路探索的长期性。

（三）激进派和温和派的分歧

无政府主义本质上是激进的，但在其内部存在着激进派和温和派的差异。中国无政府主义发展到新文化时期，影响较大的是克鲁泡特金的互助论和托尔斯泰的泛劳动主义。正是对克氏无政府主义和托氏无政府主义的信仰，出现了激进派和温和派之别。在革命方法上，激进派继承了师复无政府主义的激进方法，既主张以暗杀、爆炸等激进方式，也坚持以教育、书报等非激进方式，开展无政府主义活动。与激进派不同，

---

① 姚奠中等：《章太炎学术年谱》，山西古籍出版社1996年版，第117页。

第五章 社会主义思潮的批判与分化

后者则主张舍弃激进方式,主要以出版物进行言论传播的方式,感化一般平民。譬如,温和派成员思明提出戒杀、戒色、戒奢和建立宗教的无政府主义"四端论"。① 黄凌霜则提出批评,他对戒色和戒奢是赞成的,但又明确反对戒杀和建立宗教,并直言此人是受到托氏无政府主义的影响,而他自己则坚持克氏无政府主义的观点。朱谦之则温和得多,主张通过"直接行动"实现共产,完全消灭阶级的社会,并解释了"直接行动"是"劳动者要直接管理工场,把从前由资本家掠夺去的生产机关,一切收回社会公有,然后按着自由的原则,共同生产,共同消费。这就是叫做直接行动"。②

但同时,黄凌霜又表现出温和无政府主义的一面,他在面对中国社会急剧变化的过程中,看到了新生的力量。所以,他采取了折中的态度,说"中国的改造,决非五年十年的问题,长期的不断的努力是我们应持的态度。但我不赞成那调和派、现状派、劳资协助派的口吻,我们不妨提倡革命,不妨提倡反对资本主义,不妨提倡阶级斗争,但我们尤应该研究中国的民性与现状,想个良善的法子,大而至于根本改造,小而至于一地方的兴举、教育的改进与普及,自治之运动,都可以不必推辞。"③ 正是出于这样的动机,所以,他坚信采取克鲁泡特金的互助学说,是沿着社会发展的方向,能发挥个人的潜力。

无政府主义另一个代表人物区声白的无政府主义观点更加接近于师复,属于激进派。1918 年 5 月,他发表《平民革命》一文,主张通过平民革命铲除一切强权政府,实现无政府共产社会。他主张无政府,无论是专制政府还是共和政府,都是政治家专制,只关心职位高低,薪俸多寡,所谓的国利民福,都是他们的口头禅。区声白认为,我们天天希望有良政府出现,恐怕等到星球灭亡的那一天,也见不到。但此革命与

---

① 葛懋春等:《无政府主义思想资料选》上册,北京大学出版社 1983 年版,第 354 页。
② 葛懋春等:《无政府主义思想资料选》上册,北京大学出版社 1983 年版,第 475 页。
③ 葛懋春等:《无政府主义思想资料选》下册,北京大学出版社 1983 年版,第 548—549 页。

彼革命不同，无政府党主张的革命不是政治革命，不是推翻政府而取代之，而是"全由平民多数之觉悟，或则单独进行，或则联合举动，并非为一国设法，全球所有之政府亦一概铲除之，誓必杀尽皇帝、总统、官吏、资本家之怪物而后已，以造成一真平等、真自由、真博爱之无政府共产社会"。① 在这样的社会中，各尽所能、各取所需，天下一家、没有战争，无家庭羁绊，无婚姻束缚，无宗教供奉，科学发达、绝对自由。区声白号召平民大众急速奋斗，用终身积极进行革命，今天正当其时。可见，区声白追求的是一个完全无强权、绝对自由的理想大同世界。

蔡元培应该是温和的无政府主义者或者半无政府主义者，他在《新青年》第七卷5号上发表《洪水与猛兽》一文，把新思潮比作洪水，把军阀比作猛兽，主张用疏导洪水的办法，来对待新思潮，宣传改良主义。他说："对付新思潮，也要舍湮法用导法，让他自由发展，定是有利无害的。"② 并且说这正是旧派对付新派的好方法。同时要想办法来对付猛兽。在中国洪水猛兽竞争的时代，一面希望有人来驯服猛兽，一面希望疏导洪水，蔡元培认为，如果达到这样，中国社会就太平了。

新文化时期的无政府主义门类繁多，观点庞杂，不是仅仅用激进派和温和派就可以完整概述的，此外，还存在个人无政府主义和社会无政府主义之分、纯粹无政府主义和半无政府主义的分野等。比如，黄凌霜和区声白可以算作纯粹无政府主义，而如蔡元培、朱谦之等只能算作半无政府主义。他们坚持的观点也各不相同，甚至相互间存在冲突。1918年创刊的《劳动》月刊试图从学理和方法上，解决农、工等劳动者受剥削、受压迫的问题，求得正当的生活。其主要提倡尊重劳动，提倡劳动主义，提高劳动者素质，促进世界劳动者的联合。1918年3月，吴稚晖在《劳动》发文，提倡开办教育，特别是开办工人补习教育，提

---

① 葛懋春等：《无政府主义思想资料选》上册，北京大学出版社1983年版，第356—357页。
② 蔡元培：《洪水与猛兽》，载《新青年》7卷5号，群益书社，1920年4月1日。

高工人的智识,"以求结合良工党,而后工人得争存于资本世界"①。1918年6月,工团主义者S.S在《劳动》上发表《劳动者之自觉》一文,认为工团主义是工人阶级摆脱压迫的方法,主张对工人组织进行改革,实行工团主义。

从自身的分化与裂变来看,无政府主义并没有形成统一的思想体系,尽管其声势浩大,但力量是分散的。从他们坚持的思想观点来看,大都表达了对社会的不满和改造社会的理想追求,具有进步意义,但由于这些观点充斥着主观色彩和虚幻性,脱离中国社会实际,随着社会的发展被淘汰出局是必然的。

二 中国社会党的分裂

中国社会党在上海成立以后,发展迅速,短时间在国内各大城市都设立了分部,人员一度达到50余万。组织和人员的急速膨胀,导致其内部良莠不齐,在对社会主义的观点和主张上也有分歧。以江亢虎为代表的成员主张"世界社会主义",是中国社会党的主体,此外,还出现了两个观点相互对立的派别。其中,沙淦等部分党员坚持反政府的无政府主义立场,主张"纯粹社会主义";而殷仁等则坚持以国家为本位,主张国家社会主义。从江亢虎来看,他成立中国社会党的初衷是要研究和鼓吹社会主义,建立的是一个具有学术和社会性质的党,而不是一个参与政治斗争的政党。他曾经明确地解释过,"社会党者,社会党也,非政党。"② 他还解释了尽管该党"赞同共和",但其主张的是"于不妨害国家之存在范围内,主张世界的社会主义"③,而不是国家社会主义。他还说,不管是主张完全政党者,还是主张纯粹社会主义者,两者都趋于极端,他自己则属于折中派。为了缓和内部出现的矛盾和分歧,防止

---

① 葛懋春等:《无政府主义思想资料选》上册,北京大学出版社1983年版,第365页。
② 汪佩伟:《中国近代思想家文库——江亢虎卷》,中国人民大学出版社2015年版,第130页。
③ 汪佩伟:《中国近代思想家文库:江亢虎卷》,中国人民大学出版社2015年版,第132页。

组织的破碎分裂，江亢虎对党名、党纲、党规、党员和党魁等几个方面进行调和，提出了解决民主党、折中派和无治党分歧、分裂的办法，即在统一的中国社会党名称下，其他两派可以按照自己的愿望补充党纲、修改党规、划分党员、自定党魁。但这种折中观点，遭到纯粹社会主义派的激烈反对。他们讽刺江亢虎是"中国社会党之怪物"，是非牛、非马、非狮、非象的"四不像"。

（一）社会党脱离中国社会党

1912年10月，中国社会党在上海总部召开第二届联合会议，其内部不同派别争论激烈。江亢虎在会后发表《宣言》，称无政府主义和国家社会主义两派"别谋独立，互相非难"①。其中，由国家社会主义派提出的建立"完全政党"、党员参与政治的主张被会议否决；沙淦等则脱离中国社会党，新组建"社会党"，完全转向无政府主义，并声言与中国社会党对立。会后不久，沙淦即在《民立报》公开发表《宣言》，另行组织"纯粹社会主义"派，去掉中国社会党的"中国"二字，称为"社会党"，另行组织交通机关。在《社会党的缘起及约章》中，清晰地说明了二者的区别："社会党无国界，而中国社会党明明有之，社会党反对政府，而中国社会党明明不妨害之。"② 但可惜的是，社会党仅存在十余天，党员仅发展到二三十人，就被取缔了。北京政府发现其约章内有实行共产、铲除强权和预备世界大革命等言词，以"必至劫掠煽乱"，及"破坏现有之秩序"③ 为借口，由内务总长赵秉钧下令取缔，并在全国范围内查禁。这次内部分裂削弱了中国社会党的力量，使本来就比较模糊的中国社会党宗旨更加混乱。当沙淦的社会党被查禁时，中国社会党的各项活动也引起了政府的高度警惕，各支部出现人人

---

① 汪佩伟：《中国近代思想家文库——江亢虎卷》，中国人民大学出版社2015年版，第160页。

② 中国第二历史档案馆：《中国无政府主义和中国社会党》，江苏人民出版社1981年版，第186页。

③ 中国第二历史档案馆：《中国无政府主义和中国社会党》，江苏人民出版社1981年版，第185页。

自危的困局。原本中国社会党内部就错综复杂,分裂的出现加剧了其面临的困难。江亢虎曾感慨地说:"一年来,本党事变纷集,交涉频烦,而进步屯邅,团体涣散,谁为为之,可胜叹息。"① 从这次分裂,可见中国社会党内事务确实存在诸多问题。

其一,中国社会党宗旨模糊。一会儿主张"三无"主义,一会儿又主张在政府范围内行动,变来变去,对人们容易造成误导。江亢虎本人对组织中国社会党准备不足,他的本意是组织一个不参与政治的"社会"的党,随着社会党成员的扩充,仅在南方各地就很快建立了一百多个支部,人数达到两万人。党员中许多人根本不了解江亢虎的真实意愿,认为其就是一个参与政权的"完全政党"。尽管江亢虎多次解释其本意,其在定位问题上仍然引起了内部的混乱。

其二,对社会主义认识浅薄。在社会主义刚刚兴起的时代,许多人并不清楚究竟什么是社会主义。人们仅仅根据好奇心参与进来,并不是真正以信仰而加入其中。在《中国社会党略史》一文中,江亢虎曾经反思到,中国社会党"自成立至解散,不足二周年,而签名为党员者至五十余万人,但此中真能了解且信从社会主义者,实居最少少数,而其最大多数,则因大革命时突受异常之刺激,发生一种好新好奇心理,而传染成为风气,一唱百和,莫知其然"②。由于在支部和党员中没有明确的志向和目标,自然也就缺乏团结精神和抗风险的能力。

其三是人员庞杂。党员入口把关不严格,各支部吸纳的不同派别和思想的人杂糅在一起,分裂是迟早的事。

(二)南北中国社会党组织分裂

在纯粹社会主义派分裂不久,中国社会党又经历了南北组织上的混乱,这一次彻底摧垮了中国社会党。在中国社会党存续期间,形成了南北两个组织中心。上海总部主要主持南方的事务,在北方,以陈翼龙为

---

① 汪佩伟:《中国近代思想家文库——江亢虎卷》,中国人民大学出版社2015年版,第162页。
② 江亢虎:《江亢虎文存初编》,现代印书馆1944年版,第113页。

干事的北京支部为中心，相对独立开展工作，形成了南北相互呼应的局面。

陈翼龙本来就是反清志士，中国社会党成立后加入，担任江亢虎的秘书，并得到江的充分信任。随着革命的发展、组织的扩大，1912年秋冬，陈翼龙被分派到北京成立支部并主持事务。陈翼龙在北京建立的中国社会党支部，后来改为"万国社会党"，主要以国家社会主义为宗旨。在1913年初，陈翼龙又筹划成立了天津支部，由李大钊和郭须静负责支部事务。为了推行党务，北京支部设立平民学校，约请张星华女士为校长，学生免费读书，全部党员教师义务授课。陈翼龙注重宣传男女平等、女子教育等。陈翼龙还亲自授课，教授"各尽所能、各取所需"的无政府主义观点。当时有不少妇女也参加了社会党。陈翼龙曾经是同盟会成员，所以北京社会党宣传的无政府社会主义，主要体现出平等、自由、博爱的宗旨，这与孙中山的民生主义有极大相通之处。陈翼龙在宋案中表现得比较激进，也应该与其曾经的同盟会会员身份有关。1909年陈翼龙在上海担任《神州日报》记者的时候就与宋教仁相识，后又在日本和孙中山、黄兴等相识，走上革命道路。在北京社会党成立以后，曾经出版《生计杂志》和《公论杂志》作为舆论工具，宣传社会党的主张。当时，他给在平民学校读书的邓颖超留下的印象是："陈先生为革命忠诚之士，平易近人，生活艰苦朴素，对人真挚和蔼，工作认真负责，受到全校教职员的尊敬。"[①] 1913年7月，陈翼龙被袁世凯杀害，社会党被查禁，学校也被解散。

陈翼龙对宋教仁案的激进处置方式，在南北支部间造成了组织上的混乱，给北京政府找到了取缔中国社会党的机会。宋教仁被刺杀案爆发以后，江亢虎主张通过法律途径来解决。他要求袁世凯解职，给国人一个交代，但这种做法遭到北京支部陈翼龙等的反对。陈翼龙坚持反抗袁世凯，以武力来解决。相比较之下，陈翼龙属于中国社会党内的激进

---

① 邓颖超：《读后补志》，转引自《文史资料选辑》第七十五辑，文史资料出版社1981年版，第60页。

派,江亢虎则属于温和派。江亢虎一直主张党员不参与政治活动,陈翼龙在宋案后,却积极行动,到上海联络同盟会成员发动二次革命。他的激进行为惹恼了北京政府,在回京的时候,被当局逮捕。当时,北洋政府京师警察厅认为,陈翼龙与俄国虚无党人有密切联系,试图秘密暴动,被界定为"叛乱"。尽管后来师复说这件事没有根据,但陈翼龙联络上海国民党人图谋"二次革命"确是事实。足以见得,陈翼龙的北京支部尽管归属上海总部,但其行动上的独立性是很大的。正是由于陈翼龙的激进,连带牵涉到整个中国社会党的命运。京师警察厅借口陈翼龙事件,对中国社会党举起了大棒,他们污蔑"社会党即系乱党机关,证明有案,自应克日解散,以杜乱萌,而保治安"。①

原本中国社会党的活动已经成为袁世凯专制道路上的一大障碍,又因为陈翼龙的激进和南北组织上的混乱,给袁世凯取消中国社会党找到了借口。随着二次革命接近尾声,中国社会党的各级组织被取缔,首领江亢虎出国避难,党员也一哄而散,近代中国社会主义运动史上的第一次高潮也随之结束。当社会主义第二次高潮掀起之时,回到国内的江亢虎试图再次组织社会党,但时过境迁,社会党学说如明日黄花,在轰轰烈烈的反帝反封建的新民主主义革命运动中失去了往昔的魅力。

三 民生主义的分歧

自孙中山在《民报》首举三民主义纲领以后,同盟会内部对于要不要伸张民生主义,实现社会主义,一直争议不断,时时有反对的声音发出。对此,孙中山曾经做过深刻的反思,他在《行易知难》"自序"中说,通过辛亥革命推翻专制,创建共和,本来可以继续前进,抱持三民主义、五权宪法,开展大规模的建设,就一定能达到国家富强、人民安乐之境,但是,理想的革命宏图却失败了。孙中山认为,主观原因是"不图革命初成,党人即起异议,谓予所主张者理想太高,不适中国之

---

① 中国第二历史档案馆:《中国无政府主义和中国社会党》,江苏人民出版社1981年版,第202—203页。

用；众口铄金，一时风靡，同志之士亦悉惑焉"①。正是诸多革命党人没有真正理解三民主义，特别是不理解民生主义，甚至反对实行民生主义，造成了革命失败的恶果。孙中山把能不能理解民生主义，作为革命成败主要因素的说法尽管略显片面，但可以得出，革命内部对于要不要抱持民生主义确实存在很大的分歧。

革命派内部对民生主义的分歧是由来已久的。孙中山三民主义的形成有一递进的过程。自甲午中日海战以后，兴中会创设，孙中山提出入会誓词"驱逐鞑虏，恢复中华，创立合众政府"，这时，革命派已经形成了包括民族和民权在内的"二民"主义。以此为滥觞，其他革命派，诸如日知会、华兴会、光复会等，信仰二民主义，都以建立共和政体为号召，开展革命活动，直到同盟会成立。在同盟会誓约中，孙中山提议以"驱逐鞑虏、恢复中华、建立民国、平均地权"十六字为誓约，当时就遭到一些革命者的反对。据冯自由回忆："在座会员有数人对于'平均地权'有疑义要求取消，孙总理乃起而演讲世界各国社会革命之历史及其趋势。……剀切解释，至一小时之久，众始无言。"② 由此可见，革命派内部对二民主义没有任何分歧，而大多数人并不如孙中山那样熟悉世界局势，确实不能理解民生主义是何物。

对民生主义的分歧，成为革命派内讧的重要因素。民国初年开始，革命党内部就存在着对民生主义的阻隔，这种阻隔首先表现在行动上。南京临时政府成立之初，一部分革命党人即犯了幼稚病。据张之本口述介绍："当时一部分革命党人，以为清廷之推翻即为革命之成功，在此开国过程中自己所属之团体厥功最伟，三数领导之士，更自诩在此等团体中又勋劳最著，遂以为功名盖世，目空一切。"③ 当时，这些目光短浅的革命"功臣"们，认为驱逐鞑虏，实现民族革命就是革命的完成。

---

① 《孙中山全集》第6卷，中华书局1985年版，第158页。
② 冯自由：《革命逸史》上册，新星出版社2009年版，第280—281页。
③ 沈云龙：《辛亥革命及国民党的分裂——国民党湖北省主席口述历史》，九州出版社2011年版，第32—33页。

第五章　社会主义思潮的批判与分化

他们不仅没有实现社会革命的愿望，甚至当时连政治革命的目标都没有达到。在他们心里，三民主义只剩下"二民"，甚至连民权主义都不以为意，更不要奢谈民生主义了。更有甚者，其中一部分人还直接反对孙中山的民生主义宣传。辞去临时总统之后，孙中山打算专心开展民生建设，继续完成社会革命的心愿。1912年4月，他到武汉演讲，宣传民生主义，欲推行平均地权等社会政策，却遭到革命功臣孙武等的干扰。他们当场反对民生主义，并散发传单说孙中山"此时主张二次革命，实行民生主义，不啻为武汉暴动之导火线"①。不久，黎元洪等人则在革命内部开始了捕杀革命党人的活动。正是对革命的理解不同，在武汉造成了文学社与共进会的分裂，在上海出现了光复会与同盟会的争锋，同志间互为水火。内部的分裂，为袁世凯摧残革命提供了可乘之机。

革命派内部在行动上阻隔民生主义之外，还在理论上公开反对孙中山的民生主义和建设策略。宋教仁热心于政党政治，在他周围集中了一批革命者，包括于右任、陈士英、章士钊等，以《民立报》为阵地，大力宣传反清革命，赞成民国政府，反对同袁世凯议和，倡导政党内阁制等。但该报的部分主张，特别在关于社会主义问题上与孙中山相左，对孙中山主张的借外贷和开办中外合作企业等，也持反对态度。1911年11月，宋教仁在《民立报》上连续发表两篇《社会主义商榷》的社论，介绍了社会主义，即无政府主义、共产主义、社会民主主义和国家社会主义等四大派别。他认为，不管是前两类极端的社会主义，还是后两类温和的社会主义，在当时的中国都是不可能实行的。所以，他反对在中国实行社会主义，并说这是"吾人所以不能不亟为商榷者也"②。此外，该报又持续发表了几篇与宋教仁观点相同的文章，来商榷社会主义，实质上就是反对社会主义。在孙中山的民生建设计划中，是把借外贷和创办合资企业作为解决资金和技术短缺的一种手段的，但该报对借

---

① 沈云龙等：《辛亥革命及国民党的分裂——国民党湖北省主席口述历史》，九州出版社2011年版，第39页。

② 丁守和：《辛亥革命时期期刊介绍》第5集，人民出版社1987年版，第132页。

❖❖ 进步与虚幻

外贷持反对态度，认为借外贷会丧失国家主权，最终导致国家灭亡，合办企业是帝国主义殖民中国的手段，也是决不可取的。《民立报》的上述观点，遭到革命激进派报刊戴季陶任主笔的《民权报》和邓佳彦主编的《中华民报》的批判，双方展开了一场笔战。由此可见，革命派内部观点不统一，派系林立，在民生主义上观点对立，阻隔了社会主义的发展。

孙中山对革命内部出现的反对民生主义的声音进行了回应。1912年2月，孙中山在与汪精卫的谈话中，坚决捍卫民生主义。当时，汪精卫对孙中山说："社会上的一般人都很害怕民生主义，所以，我们为了避免无谓攻击"，"对外遭致列强的嫉视，对内惹起社会猜忌"，提出在党内要求缓行民生主义。孙中山气愤地说："如不行民生主义，吾人即无革命之必要。"① 面对如此困境，孙中山多次在演说中鼓励同志们要克服畏难情绪，继续开展社会革命。1912年4月，在南京同盟会会员饯别会的演说中，孙中山表示在解职以后，将专注于民生主义，开展社会革命实践。对有些同志提出"种族革命、政治革命皆甚易，唯社会革命最难"②的怀疑，孙中山比较了英美诸国残酷的现实，鼓励同志们放大眼光，克服困难继续前进，不能错失实现社会主义的良机。

孙中山是当时少数头脑清醒的中国人，尽管时局艰难，他对社会主义从来没有放弃过，一直是充满信心的。1915年11月，孙中山在给国际社会党执行局的一封回信中说："在第一次革命完成，我当选为中华民国总统时，原计划以社会主义的理想来建设中国；但我孤掌难鸣，因为中国人民对社会主义毫无所知，而我的革命同志当中，社会主义者寥寥无几，而且他们对社会主义的了解也是粗浅而模糊的。"③ 他又接着说："我让位给袁世凯以后，立即完全脱离政治，潜心研究逐步以社会主义理想来塑造政府的最佳途径。在彻底体认我这一生奋斗的唯一目标

---

① 郝盛潮：《孙中山集外集补编》，上海人民出版社1994年版，第67页。
② 《孙中山全集》第2卷，中华书局1982年版，第319页。
③ 郝盛潮：《孙中山集外集补编》，上海人民出版社1994年版，第183页。

和愿望之后，我坚信，只有中国成为一个社会主义国家，我们的人民才能更幸福，他们的苦难也才能减轻。社会主义将治愈中国的疾苦。"① 孙中山的眼光是远大的、独到的，而近代中国的现实却是残酷的，资产阶级革命派的失败是由主客观多种原因造成的。

小　结

近代中国社会主义思潮的批判和分化是客观存在的。传入中国的西方现代社会主义，流派众多，不同国家的思想家面对资本主义弊端，按照自己对未来理想社会进路的思考，设计出不同形式和风格的改造方案。在中国的传播过程中，这些方案又经过知识分子和革命者的主观解读，出现不同派别间相互批判，及其内部出现观点分歧乃至组织分化都在所难免。

多种因素促成了社会主义思潮的批判和分化。社会主义思潮是在社会重大变革中逐渐形成的。在辛亥革命中，第一次社会主义思潮与民主革命运动起起伏伏，促进了民主共和进步；在新文化运动中，第二次社会主义思潮与思想启蒙相伴相行，推动了五四爱国运动爆发。社会主义开展的批判是双重的，它不仅要应对来自外部其他思潮、主义的批判，诸如民族主义、保守主义和封建主义等，同时，其内部的批判与分歧也一直没有停止过。社会主义思潮之间出现的相互批判和分化现象，具有十分复杂的原因。它既与社会主义者的出身、所处环境和接受的教育等有关，也与社会主义者对未来理想社会的期许，以及对中国社会现状的研判有关系。不管如何，其中包含的主观因素远远大于对客观境况的分析。社会主义者们以西方某种社会主义为依据，都没能从中国的经济状况出发，也没能找到改造中国社会的主体力量，仅仅按照自己的主观愿望，从头脑里产生出来。

---

① 郝盛潮，《孙中山集外集补编》，上海人民出版社1994年版，第185页。

首先，各社会主义流派之间的批判是从维护自己学说的正统性出发的。不同流派的社会主义初入中国，树立学说的正统性，也就意味着主导权的确立。无政府主义在传播中就不厌其烦地标榜自己代表的是真正社会主义。师复主义曾以彻底的、极端的姿态批判了江亢虎代表的中国社会党学说和孙中山民生主义的不彻底性，认为社会政策不符合社会主义的定义，不能算作社会主义。而孙中山则主要批判了无政府主义脱离中国国情的空想与虚幻色彩，认为无政府主义的手段是不正当的，极端的目标是达不到、行不通的。只有开展民生建设，实行民生主义才是走向社会主义的正途。

其次，各社会主义流派之间的批判是为了传播扩大自己的社会影响。在近代民智未开的中国，社会主义是一个新鲜时髦的词汇，社会主义者们为了扩大影响，都在欧美社会主义的框架内，掺杂进一些传统大同社会的元素，以期引起民众的共鸣。他们不仅竭力阐释自己社会主义的光明前景，而且以批判异端的方式来争取同道中人，以期扩大组织，获得社会大众的认可。在中国社会党总部，孙中山演说介绍欧美社会主义，一并阐释了民生主义的大义，希望中国社会党员在活动中，参与政治建设，共同致力于民主共和。

再次，各社会主义的批判是严重脱离中国现实的、理想化的批判。现代社会主义的传入，正值中国的大变革时代，人们对舶来的思想文化根本来不及吸收消化，在很大程度上，只是对其观点的译介或模仿，导致这种批判往往是脱离中国现实政治环境的，仅仅是学术上或者是文化上的批判。近代中国的社会主义者，并不是真正把社会主义作为信仰来坚守，他们大多把社会主义只作为一种理想的学说来研究宣传，其相互间的批判也基本局限于学说本身而与社会现实无关。江亢虎在批判孙中山民生主义时，就标榜中国社会党是远离政治、崇尚鼓吹的社会革命。由于无视中国政治现状，他们强调社会主义语词而不在乎其对社会改造的作用。在现实中，他们往往脱离中国实际状况，抹杀国家民族界限，更不认可阶级对立，而以宣传世界革命为起点，以实现世界大同为目标，强调用理性来征服世界。所以，当师复面对兴起的二次革命，以极端化的社会主义学说为参照，既批判袁世凯政府的反动，同时也批判革命者开展武装斗争不符合无政府主义的理念，表现出了其批判的虚幻性。

社会主义内部的分化与其组织缺陷和理论不彻底有关。各社会主义虽然在形式上有统一的组织和入会程序，而在实际活动中却缺乏集中统一的领导，且大都坚持来去自由的原则，很难形成凝聚力。作为松散的社会化组织，各社会主义的核心思想往往出自其代表人物对社会主义一知半解的解读和发挥，缺乏理论的科学性和系统性。正是理论的不彻底性引起了内部思想的分歧甚至混乱。中国社会党内部出现的沙淦的"社会党"与陈翼龙的"万国社会党"，首先表现出来的就是二者对江亢虎远离政治观点的批判。民生主义内部的分歧主要表现在对革命的不同理解和对社会主义的否定态度上，而严峻的革命形势使孙中山又没有精力来弥合这种分歧，导致革命党内部一直纷争不断。无政府主义本来就派别众多，具有不同的思想来源，既有激进派和缓和派之分，又有集体主义的和个人主义的歧见，其内部分歧就更加不可避免。

社会主义思潮的批判及分化暴露出其自身的理论缺陷与团体或组织的不完备。批判的结果既有积极的一面也有消极的一面。从积极方面来说，通过批判，人们对什么是社会主义有了更多的了解，也使社会主义得到更为广泛的传播。从消极方面来看，批判分散了社会主义运动的整体力量、造成了思想的混乱，其思想启蒙的影响打了折扣，给腐朽落后的思想观念留出了残喘的时间。社会主义思潮最后没有成为改造中国的正确方案，随着时代的发展被历史淘汰，既表征了这些学说的虚幻性，也说明了改造中国社会的方案还隐藏在中国半殖民地半封建社会不发达的历史事实之中。也正是社会主义思潮自身存在的诸种问题，促使中国人继续寻找彻底改造中国的方案。

第六章　社会主义思潮与马克思主义

从民国之初到"五四"稍后的近十年间，社会主义思潮与其他各种本土的、舶来的学说一起，激荡在中国社会历史舞台上，高喊着革命、改良和打倒一切的口号，如潮水奔流，一浪接着一浪，蔚为壮观。经过大浪淘沙，旧的学说转瞬即逝，新的学说后继前涌，却没有改变中国社会贫穷落后、政治衰败的局面。钱穆在探讨近代中国政治得失的时候说过，一种制度的确立需要社会大众的共尊共信。他说："现在我们则对于政治上的一切制度，好像拿一种试验的态度来应付，而对此制度并没有进入共尊共信之境，空凭一个理论来且试一下，这问题就大了。甚至其他国家一两个月的新东西，或是几个人的新理论，我们也高兴拿来随便试，随便用。"① 这种说法形象地描绘了当时思想改造中国的乱象。

这些高举社会主义大旗的人，对社会主义的不同理解，决定了其走入历史深处的程度。他们在与马克思主义的碰撞中，对马克思主义的态度也是极其复杂的。而中国历史的需要，决定了人们对待马克思主义逐渐进入共尊共信之境。

第一节　社会主义者的社会主义认识

一　师复主义的社会主义观

师复是较早探讨什么是社会主义的人，并且根据西方对社会主义的

---

① 钱穆：《中国历代政治得失》，生活·读书·新知三联书店2001年版，第169页。

分类，结合自己对社会主义的理解，对流行于社会的孙中山民生主义和江亢虎社会民主主义进行了分析。

师复从无政府主义立场出发，评价了孙中山和江亢虎的社会主义。在《孙逸仙江亢虎之社会主义》一文中，师复认为，尽管世人说起社会主义，都会联想到孙中山和江亢虎二人，但江亢虎和孙中山称谓的社会主义，都不是真正的社会主义，充其量只是一种社会政策。人们对社会主义模糊不清的认识，使师复认识到对社会主义进行研究的必要。而师复对社会主义的专门研究，在近代中国社会主义运动中是比较典型的，也是较早开展的社会主义研究。

那么，究竟什么是社会主义呢？师复认为，从原理上看，"社会主义者，反对私有财产，主张以生产机关（土地器械等）及其产物（衣食房屋等）归之社会共有之谓也"①。只有从地主、资本家手里取回土地资产，由劳动者自主自用，共同工作，共同生活，才称得上平均平等，才是社会主义。对生产机关公有这一点而言，各社会主义者之间不存在分歧，而由于在如何分配社会财产的方法上具有分歧，才导致不同社会主义流派的出现。以分配财产的方式为标准，可以把社会主义分为两大派别。一是主张生产机关及其生产之物悉数归社会公有，人人享有，各尽所能、各取所需，被称为共产社会主义。另一种是主张生产机关归公有，而对生产之物由国家或社会按照劳动大小分配给个人私有，被称为集产社会主义。师复认为，尽管两种社会主义在分配方式上有不同，但从根本上说，二者在推翻现存社会组织，从地主、资本家手中夺回生产机关上是一致的。同时，师复定位了自己信仰的无政府主义，他称无政府主义是共产社会主义，并认为无政府主义是真正的社会主义；而集产社会主义只主张财产部分公有，具有不彻底性，而将其称为不完全社会主义。

师复又区分了社会主义和社会政策的不同。他说："所谓社会政策

---

① 葛懋春等：《无政府主义思想资料选》上册，北京大学出版社1983年版，第284页。

者，不欲从根本推翻现社会之组织，惟欲借政府之力施行各种政策，以补救社会之不平。"① 就社会政策本身而言，也可分为各种情况，如分为限制资本家、保护劳动家、改革累进税、单一税说、设置公共教养机关等。如果按照上述社会主义的定义，那么主张社会政策的各种观点就不能称为社会主义。所以，师复对照孙中山和江亢虎的社会主义方案，认为二者的主张皆为社会政策，而不是社会主义。

在民主革命中，孙中山于民族、民权两主义之外，在民生主义上主张亨利·乔治的单一税学说，具体体现为三民主义政纲之一的"平均地权"。其手段是试图通过实行单一税，限制大地主和大资本家，防止大地主大资本家的出现而导致贫富分化，但孙中山并不主张消灭地主和资本家。师复认为，孙中山设想以土地公有来代替资本公有，而这种所谓的土地公有，实质上只是土地归政府和地主分有而已，不是真正把土地归为全民所有。所以，孙中山的主张与社会主义相差甚远，即便把它划归到"集产社会主义"和"单税社会主义"等名目内，也都不相匹配。最后，师复得出的结论是，孙中山的社会主义充其量只是国有营业和专征地税两种社会政策。

对于江亢虎的中国社会党学说，师复认为是含混不清的。首先，江亢虎不懂社会主义及其派别是什么。江亢虎把资产分为不动产和动产，以不动产和动产的公有私有来划分共产主义和集产主义是错误的。其次，江亢虎混淆了共产主义和集产主义的差别。再次，由于江亢虎在社会主义概念上出现混乱，进而导致他经常出现推翻自己社会主义观点的荒谬情况。师复进一步分析，江亢虎之所以出现上述错误，根本上在于他主张的是社会政策而不是真正社会主义的缘故。诸如，江亢虎主张的教育平等、营业自由、财产独立、废除遗产制度等，都是私有制下社会改良的政策，与资产公有具有根本的差别。

师复通过比较孙中山和江亢虎二人的学说，来区分社会主义和社会

---

① 葛懋春等：《无政府主义思想资料选》上册，北京大学出版社1983年版，第285页。

政策。以此为基础，师复更加具体地探究了社会主义问题，他探讨了遗产归公和资产归公问题。师复认为，江亢虎提出的遗产归公说看似彻底，但遗产归公仍与资产公有相隔十万里，况且江亢虎的遗产归公还是以自由营业为前提的。师复认为，江氏提出自由营业的存在，虽然把遗产归公，但并不足以杜绝资本家的垄断，不消灭自由竞争，断无实现社会主义的可能。他说："自由竞争一日不绝，即资本家与贫民之阶级永无消灭之日，以此言社会主义，直南辕而北其辙耳。"[①] 不仅如此，师复详细比较了江亢虎在中国社会党政纲里提出的几条原则，即赞同共和，融化种界，改良法律，破除遗产，普及教育，振兴实业，专征地税，限制军备等，都是实行社会政策的条件，与社会主义的根本精神同样谬之千里。本着一个无政府主义者的良知，师复认为，社会主义在中国正值萌芽阶段，人们正确理解社会主义非常重要，而当时社会主义的著作还寥若晨星，如果人们轻信了孙中山和江亢虎的社会主义观点和宣传，则会忽视掉社会主义的真谛，对中国社会主义的发展前途极为不利。所以，一定要辨明它。

既然孙中山、江亢虎都不是真正的社会主义，那么无政府主义是不是社会主义呢？师复认为，社会主义含义众多，无政府主义和社会主义也是有区别的，二者不可混淆。在《无政府浅说》《无政府共产主义释名》等文中，师复阐释了无政府主义。总括地看，无政府主义以去政府，排斥强权为根本，首要的就是反对资本制度；无政府主义实行共产社会，各尽所能、各取所需；无政府主义主张教育平等，实行人道；无政府主义的最终目的是"合万国为一团体"，实现人人自由和平之世界。所以，他认为，无政府主义是主张社会主义的共产社会主义，又称为无政府共产主义。而从事无政府主义事业的人及其组织，称之为无政府共产党，简称"无政府党"。相较之下，集产主义者被称为社会民主党或国家社会党，简称"社会党"。再简而言之，社会主义是面向经济

---

① 葛懋春等：《无政府主义思想资料选》上册，北京大学出版社1983年版，第288页。

的，无政府主义则是面向政治的，二者不可混淆。凡是无政府党，没有不主张社会主义的。所以，无政府主义可以兼赅社会主义，而作为社会党则多数不主张无政府。其结论是：社会主义不能代表无政府主义，而无政府主义包含了社会主义。

师复对社会主义的理解有其自身的价值认知。他以财产公有的程度为依据，来划分不同类型的社会主义，是一种西方比较流行的分类方式。但他继续以财产公有是否彻底来认定是否是社会主义，并充分肯定极端的社会主义，显然具有局限性。师复以无政府主义的标准来衡量中国社会党和民生主义，认为其不是社会主义，未免失之偏颇。社会主义本身就是一个复杂的概念，不同类型的社会主义不下数种，马克思也在《共产党宣言》中，曾经罗列过多种社会主义的存在形式。而师复脱离了社会生产方式来抽象谈论社会主义，不可能形成对社会主义的科学认知。无政府主义是一种极端的社会主义形式，其对人类最后归属的理想设计，不可谓不彻底也不可谓不正大光明，但它又是完全脱离中国社会生产状况，是空想的、虚幻的学说。

二 江亢虎的社会主义辨析

江亢虎与师复都有理论家的禀赋，但二人确有不同。江亢虎出身官僚阶层，具有前瞻性眼光，但缺乏师复的刚毅、激进，他是软弱的、善变的。当江亢虎接触到无政府主义的时候，他结合对中国封建社会的感悟，思索出"三无"主义，而当他接触到欧洲社会党学说的时候，又修正了自己的学说，演化为社会民主主义；他又受到俄国十月革命的影响，向往十月革命和赞同马克思主义；后期，他在国内高涨的群众运动面前又出现胆怯和退却，背离马克思主义而趋附于军阀政府，甚至还甘心做汉奸。江亢虎这一善变和摇摆不定的秉性，同样表现在他的社会主义观点中。当时，曾经有不少人不止一次地批判过江亢虎社会主义存在模糊、界限不清的情况。尽管如此，江亢虎某一阶段的观点和学说，并不是盲目的，貌似有自己的目的性。

江亢虎的社会主义学说也是在比较批判中形成的。1910 年，江亢虎在长江地区演说"三无"主义，这应该是他社会主义的开端，目的就是抵制孙中山的三民主义。所以，他后来称自己是"独揭三无主义之说"①，并以此引以为自豪。江亢虎认为，无政府主义与共产主义从根本上说是冲突的。江亢虎解释，无政府主义从希腊文转译，称为无治主义。其信仰以个人为前提，主张完全独立、均等、自由，在社会关系上主张相互扶助，有兼爱而无强权，有合意而无法律。而共产主义是以社会为前提的。二者在理论上有冲突，实在是不可并行。在实践中，要行共产必需要法律，要革命就必要强权，这些都是无政府主义所不容许的。而要取消法律和强权，在现实中又不太可能。所以，无政府主义在实践中行不通。江亢虎还列举出政治运动、军武革命、同盟罢工、暗杀暴动、模仿殖民和鼓吹传布等六种社会主义的行动方法。他认为，政治运动通过宪法国会，用和平的方式实现政治主张，也是各国社会党通行的做法；军武革命就是劳动者与资本家及其政府两军对垒，正式宣战，通过流血、相逐达成目的；同盟罢工是结合政治运动和军武革命的折中做法；此外，还有暗杀暴动、模仿殖民和鼓吹传布等。江亢虎认为，各种方法皆有利弊，但唯有鼓吹传布是他最欣赏的。这样看来，江亢虎的社会主义，实质上要做的就是理论上的巨人、行动上的侏儒。同时，江亢虎认为，他自己的学说是社会主义，而不特为无政府主义。他说："鄙人本自附于社会主义，其于无政府主义非反对亦非主张，惟尝创为三无之说，无宗教无国家无家庭。而对政治经济之意见，则明白宣布土地资本机器三者当归公有，教育实业交通三者当归公营，军备赋税刑罚三者当由减免以达于消灭。"② 所以，不管走到哪里，江亢虎一直认为自己的主张属于社会主义，他一贯坚持的也是社会主义。

后来，江亢虎在《中国无政府主义之活动及余个人之意见》一文中，重申了自己是一个社会主义者。他说："余极信仰社会主义，而亦

---

① 江亢虎：《洪水集》，上海社会星出版社 1913 年版，第 37 页。
② 江亢虎：《江亢虎文存初编》，现代印书馆 1944 年版，第 98 页。

极喜研究无政府主义，故无政府主义之入中国，余亦为其介绍之一人。"① 这也是江亢虎给自己的定位。他称自己之所以不信仰无政府主义的主要原因是，他反对使用无政府主义的暗杀、暴动、破坏等方法。按照江亢虎自己的辩解，他把社会主义作为自己的信仰，而无政府主义只是自己乐于研究的对象。

从江亢虎的辩解来看，他只是一个理论研究者，而不是一个革命的行动者。当他接触到并研究某类新的思潮之时，都抱之以高度的热情，宣传也足够诚心，但基本没有真正成为自己的信仰。在民初，江亢虎发起成立中国社会党，尽管有这样那样的不足，但其拥抱革命、赞成共和、普及教育以及与封建专制作斗争的宣传和行动，是符合中国社会潮流，甚至是引领社会潮流的。他较早表现出对十月革命的赞美和对马克思主义的靠近，未尝不是一个先知者的表征，但他的善变和情绪化，逐渐走向歧路，而不是始终如一地坚守信念。所以，在江亢虎一生中，经常出现改变研究对象和兴趣的情况，其信仰也在随之转变。

三 民生主义就是社会主义

以孙中山为代表的民生主义者也探讨过社会主义问题。同盟会元老冯自由曾说：什么是社会主义？这就是要拿世界上万般的事事物物，不平的使之平，不公的使之公的意思。② 冯自由还说，在中国，最早提倡现代社会主义的是孙中山。他认为孙中山在同盟会纲领中提出的"平均地权"，即土地国有，来自美国的亨利·乔治，就是社会主义，并解释说民生主义就是社会主义的别名。冯自由的这种理解与孙中山的观点基本上是一致的。

孙中山是主张多党政治的。他认为，民国时代，只要条件许可，都可以成立政党、民党，这些党派之间既相互监督又可监督政府，共同关

---

① 汪佩伟：《中国近当代思想家文库——江亢虎卷》，中国人民大学出版社2015年版，第223页。

② 冯自由：《社会主义与中国》，社会主义研究社1920年版，第1页。

第六章　社会主义思潮与马克思主义

注民国前途，促进社会进步。1912年4月18日，孙中山在上海自由党党部发表演说："数月来，各处政党民党发生甚多，然皆未能十分组织完备。当此共和时代，无论政党民党，有互相监督、互相扶持之责。政府善则扶持之，不善则推翻之。"① 他希望各政党、民党之间要勉励前行，相互监督并监督政府。这里，孙中山的政党民党说是把坚持社会主义主张的组织或政党也包括在内的。他还把从事社会主义事业的中国社会党视为同道，对江亢虎的中国社会党给予很高的评价。在回复中国社会党崇明支部的函中，孙中山说："江亢虎先生峻才雅藻，卓荦一时，发起社会主义，深具救世之婆心，诸君子以志同道合相与组织社会党支部于尊处，弘毅致远，我道为不孤矣。"② 孙中山还鼓励中国社会党应该像欧洲社会党那样，在当前的民主政体下，积极参与政治活动。他认为，根据达尔文的进化理论，社会主义是推翻弱肉强食、优胜劣败，以和平慈善、消灭贫富阶级于无形的学说，他特别希望社会党人"持和平之态度，与政府连络，共图进行"③。可见，在民主共和体制下，只要是对民主政治发展有利的，即便如社会主义的政党或组织、团体，孙中山也是持欢迎态度的，最起码是不排斥的。

孙中山对什么是社会主义也进行过比较系统的研究。他认为，社会主义就是人道主义，博爱、平等、自由是社会主义的真髓，就是为人类谋幸福。由此推之，为人类谋幸福，首先要谋人类的生存，这需要研究经济，所以，社会主义又是人类经济主义，只有从经济上来根本解决财富分配问题，以补救社会上的疾苦，才能实现真正的幸福。孙中山的这种社会主义主张，是把美国人亨利·乔治《进步与贫穷》中土地公有的单税社会主义观点与马克思《资本论》的资本公有的社会主义观点相结合，运用经济分配的原理提出的。他的本意是想从根本上解决社会不公问题，以避免将来社会革命之祸。可以见得，孙中山这时对马克思

---

① 孙中山：《孙中山全集》第2卷，中华书局1982年版，第343页。
② 孙中山：《孙中山全集》第2卷，中华书局1982年版，第402页。
③ 孙中山：《孙中山全集》第2卷，中华书局1982年版，第508页。

的阶级斗争理论还没有涉及,或者是避而不谈,他只关注到马克思提出的资本公有、平均分配理论。孙中山认为:"各国社会主义学者鉴于将来社会革命之祸,炱炱提倡麦克司(马克思)之学说,主张平均分配,求根本和平之解决,以免激烈派之实行均产主义,而肇攘夺变乱之祸。"① 可见,孙中山对马克思主义的科学社会主义是不排斥的,但理解还是片面的、不够深入的。

孙中山对社会主义的界定与师复的观点有同有异。从时间上看,孙中山比师复更早对社会主义进行过阐释。1912年10月,在中国社会党总部,孙中山演说社会主义时就说过,社会主义发生于19世纪初期,派别复杂、观点众多,"其概说既广,其定义自难"。② 所以,很难对社会主义下一个确切的定义。他考察西欧的社会主义学说,认为"均产派"主张把穷人富人的资产合并起来,进行平均分配,从而造成社会党人和政府之间的尖锐对立,这样,无政府主义则乘势而出,而真正纯粹的社会主义被淹没其中,无迹可寻。马克思用三十年时间研究社会主义,著《资本论》一书,把社会主义从无条理的学说,发展成为系统的学说。但当时研究社会主义的人却很少知道马克思的学说,仍然迎合一般粗浅的社会主义理论。鉴于社会主义学说的复杂性,所以很难形成统一的标准,还仍有待深入研究。

孙中山认为,社会主义既不同于个人主义,又相异于社会学说。在西方国家,人们常常把社会主义与个人主义对立起来。不同国家的人们,对个人主义和社会主义是各有所侧重的。如在英国,坚持的是个人主义;在德国,则坚持社会主义,二者相互对立,互相排斥。孙中山认为,事实上,个人与社会,本大我与小我的不同,二者理应相互映照,携手前行,而不应该以是非论之。就社会主义和社会学方面分析,社会学是研究社会的起源和社会变迁的状态现象;而社会主义,则是社会生计。孙中山认为,社会主义不应该用极端手段来均贫富,而应该用和平

---

① 孙中山:《孙中山全集》第2卷,中华书局1982年版,第520页。
② 孙中山:《孙中山全集》第2卷,中华书局1982年版,第506页。

手段达到平均的社会生计。孙中山还试图从中国古代典籍中找到现代社会主义的根据。他认为，自古以来，在中国人的脑海中，一直有主张社会主义的因素。社会主义起源于井田制和累世同居，"井田之制，即均产主义之滥觞；而累世同居，又共产主义之嚆矢。"① 基于此点，孙中山反对暴力，赞成用和平之法或有达到社会主义的希望。

与师复主张实行共产社会主义不同，孙中山则主张实行集产社会主义。在对社会主义流派的划分上，孙中山与师复的观点并没有什么不同。孙中山也把世界上流行的各种社会主义分为两派，即一是集产社会主义，一是共产社会主义。他把国家社会主义归入集产社会主义，把无政府主义归入共产社会主义之列。不同的是，孙中山两相比较认为，共产社会主义实属社会主义的上乘，但由于国民的道德程度达不到，所以无法实行，共产社会主义应当是人类数千年以后的任务。在民主共和政体下，孙中山主张实行集产社会主义他说："我人既为今日之人民，则对于今日有应付之责任，似未可放弃今日我人应付之责任，而为数千年后之人民负责任也。故我人处今日之社会，即应改良今日社会之组织，以尽我人之本分。则主张集产社会主义，实为今日唯一之要图。"② 孙中山的这种观点，显然比师复的极端观点要务实，也比较切合实际。

在孙中山开始宣传社会主义的时候，师复主义还没有出现，仅有的新世纪派和天义派影响也不大。所以，孙中山的观点仅仅是对无政府主义的客观阐发，并不是针对某种无政府主义的批判。如果从批判的视角理解，当时孙中山在中国社会党总部的演说所指，充其量只是对当时中国社会党中流行的不参与政治的批判，对社会党中存在的无政府主义观点的批判。这一时期的孙中山，认为中国社会面临的紧迫问题是土地问题，只要土地问题从根本上解决了，其他问题便容易解决。为此他借鉴了亨利·乔治的土地公有说和马克思的资本公有说，很赞成马克思的分配平均和按劳分配，他说："我人研究土地支配方法，即可得社会主义

---

① 孙中山：《孙中山全集》第2卷，中华书局1982年版，第507页。
② 孙中山：《孙中山全集》第2卷，中华书局1982年版，第509页。

之神髓。"① 就中国而言，社会主义的政策，就是主张土地公有，同时核定地价以及征收地价税等两个办法。用孙中山自己所说："我民幼有所教、老有所养，分业操作，各得其所。"如果做到这样，"我中华民国之国家，一变而为社会主义之国家矣。"② 可见，孙中山的社会主义与师复无政府主义在目标上具有根本差别，师复主张消灭国家，民众实行互助，而孙中山明确说要建立一个真正自由、平等、博爱的社会主义国家。辛亥革命时期，孙中山在中国社会党总部的演说，基本上奠定了他后期对社会主义的理解。

"十月革命"以后，孙中山又进一步综合了民生主义和社会主义。当时，在北京的一班新青年和国民党的老同志以及海外的国民党员等人认为，共产主义和民生主义为不同的主义，孙中山认为这些都是误解，并对民生主义和共产主义、社会主义的关系进行了重新梳理，他认为，"本党既服从民生主义，则所谓'社会主义''共产主义'与'集产主义'均包括其中"③。民生主义和共产主义并不冲突，只不过在范围上有大小，孙中山认为民生主义的范围大于社会主义。

孙中山对社会主义的认知也有不少偏颇之处。他认为，欧洲流行的新文化，以及无政府主义和共产主义，都是中国几千年前的旧东西，无政府主义就是黄老的政治学说。他还认为，马克思主义不是共产主义，蒲鲁东等人的主张才是。"从前俄国所行的，其实不是纯粹共产主义，是马克斯主义。马克斯主义不是真共产主义，蒲鲁东、巴古宁所主张的，才是真共产主义。"④ 孙中山对社会主义的另一个误解是，他一直认为社会主义是局限于经济问题的。在谈论民权主义的时候，孙中山谈到德国俾士麦实行的是国家社会主义，并且，只要人民得到社会主义，"便不热心去争民权，要去争经济权。这种战争，是工人和富人的阶级

---

① 《孙中山全集》第 2 卷，中华书局 1982 年版，第 522 页。
② 《孙中山全集》第 2 卷，中华书局 1982 年版，第 523 页。
③ 《孙中山全集》第 9 卷，中华书局 1986 年版，第 112 页。
④ 《孙中山全集》第 9 卷，中华书局 1986 年版，第 230 页。

战争"①。在德国，为了防止社会党提倡改良社会和经济革命，俾士麦采取国家社会主义的办法，成功化解了该问题。而孙中山究竟是如何定位民生主义的呢？他的回答是：民生就是人民的生活——社会的生存、国民的生计、群众的生命便是。② 民生主义就是社会主义，又名共产主义，即是大同主义。

第二节 走近马克思主义

不管是辛亥革命时期，还是在新文化运动时期，社会主义思潮都绕不开马克思主义。在民国初年，马克思主义语词在社会主义者的话语中也时常出现，各社会主义流派的中坚人物大都与马克思主义有过交集，并对马克思主义有自己的评述。

一 江亢虎盛赞马克思主义

江亢虎是一个善变的学者，但有观点认为，民初的江亢虎绝对是一个激进的社会主义者。美国学者施乐伯评述道：江亢虎及其同志在民初的社会主义研究和运动，"摘取中国急进主义的精华，同时成为早期的学生和后来的共产主义者之间的一种联系"③。后来成为中国共产党创始人之一的李大钊，就参加过中国社会党天津分部的活动，毛泽东也说过，在湖南曾受到江亢虎社会主义小册子的影响等。可见，中国社会党的学说尽管有虚幻的、不切实际的成分，但其产生的后续影响是广泛的。江亢虎曾多次接触到马克思主义，并形成了自己对马克思主义的看法。

旅美欧江亢虎的态度变化。1913 年 7 月，江亢虎为了避免北洋政

---

① 《孙中山全集》第 9 卷，中华书局 1986 年版，第 310 页。
② 《孙中山全集》第 9 卷，中华书局 1986 年版，第 355 页。
③ 出自［美］施乐伯、于子桥《民国初年社会主义的概念和发展的趋向》，《中华民国建国史讨论集》第 2 册，转引自汪佩伟《江亢虎研究》，武汉出版社 1998 年版，第 145 页。

府的进一步迫害,在《京报》上发表《告别中国社会党宣言》,同年8月7号,中国社会党被袁世凯下令解散,9月,江亢虎悄然出国,远走美国。到美国以后,江亢虎脱离了国内的革命环境,安心从事教学研究工作,但江亢虎并不是单纯从事高校教师职业。他是美国加利福尼亚州立大学教授,讲授中文和中国文化,后兼职美国国会图书馆中文部主任。他密切关注着世界社会主义理论和运动的发展,时刻关注着国内的变化,仍然没有忘记自己心仪的社会主义,并发表了不少关于社会主义的文章。江亢虎还阅读大量的社会主义著作,来研究充实社会主义。但此时江亢虎的态度与在国内时有所变化,他此时的想法主要是,要专心研究、传播社会主义,做学者,读书讲学,而不从事社会主义运动,不做政治活动,不做党魁,要"遍读社会主义无政府主义各家原始之著作,广交社会党无政府党各派主动之人物,虚心研究,实力传布,愿为学者,不为党魁。愿为单独行动,不为团体组织。"① 江亢虎这样说,可能是对前期社会党活动心灰意冷,更多的原因还是试图避免参与政治活动带来的个人麻烦。

其一,与国内社会主义者对话,回应师复对无政府主义的歧见。1914年4月,师复发表《孙逸仙江亢虎之社会主义》等文章,批判江亢虎的中国社会党主张的不是社会主义,仅仅是社会政策,甚至连社会政策也算不上。江亢虎进行了回应,撰写《社会主义学说》《中国无政府主义之活动及余个人意见》等文章,通过新大陆通信片等印刷物发往国内,阐释了自己对社会主义的理解。具体观点前文已有详细介绍,此不赘述。

其二,向国内介绍社会主义运动。美国旧金山有一个由社会党人、无政府主义者等人士组成的"社会主义同志会",江亢虎积极参加这个团体的活动,参与讨论,并登台发表演说。他把美国社会主义运动的具体情况以新大陆通信片的方式介绍到国内。在《新大陆通信片宣言》

---

① 江亢虎:《江亢虎文存初编》,现代印书馆1944年版,第100页。

中，江亢虎介绍说："通信片不过报告内地，俾知此间社会党无政府党之现状而已，皆非所谓主义。"① 明确了新大陆通信片单纯的通信功能，即是一个传递信息的工具。

在美国期间，江亢虎广泛接触各种社会主义学说，分析中国革命和中国劳工问题，回国以后成为他演说、活动的思想基础。1920年春天，江亢虎获知西北筹边使兼西北边防总司令徐树铮入蒙，外蒙古重新回归中国版图的消息时，兴奋不已，激发了他试图通过"筹边"开展社会主义实验的热情。江亢虎写信给徐树铮请求到外蒙去，后来，因没有得到徐树铮的支持而不了了之。

其三，江亢虎宣传科学社会主义精要。五四运动爆发一年以后，国内局势有所改善，1920年9月，江亢虎悄然回到国内，他在《京报》《晨报》等报刊上发表文章，介绍俄国十月革命，在北京、天津等地的大学开办社会主义讲座。当时，江亢虎感受到国内情况与十年前已发生很大变化。他在山西讲演《社会主义之今昔》时说："我这次回国，遇着很奇怪的事情，到南京时，李秀山（著者注：江苏督军）也和我谈社会主义；在北京时，中央政府的要人也是一样。他们不来反对就很难得，偏要把这几个字敷衍场面，真不知道是怎么一回事！"② 在演讲中，江亢虎谈教育、文化、男女平等，以及谈社会主义等。在介绍社会主义学说时，江亢虎不止一次地说过，"我是主张社会主义的"，并且公开宣称，在国家社会主义、无政府社会主义、理想的社会主义和科学的社会主义四派之中，马克思的科学社会主义是社会主义的正宗，并说马克思的两本著作《共产党宣言》和《资本论》最能说明科学社会主义。

江亢虎把科学社会主义的精要分为四项。一是物质主观即唯物史观，二是劳动万能即劳动价值论，三是利益剩余即剩余价值论，四是阶级竞争即阶级斗争理论。经过比较，江亢虎说："我个人以为各种社会主义，不如马氏的能够实行，且没有什么大毛病；虽然不能墨守，一步

---

① 江亢虎：《江亢虎文局初编》，现代印书馆1994年版，第100页。
② 江亢虎：《江亢虎博士演讲录》，南方大学出版1924年版，第56页。

一趋，我的主张大体仍是马氏的背景也，可说是由马氏主张里面脱胎出来的。有人问我是那一派的社会主义，就答是'科学的社会主义'，不过尚有变通罢了。"① 可见，江亢虎在社会主义的主张上与十年前相比较，已从无政府主义、社会党的主张得到了推进，开始认识到科学社会主义在改造社会中的重要地位，尽管他对科学社会主义的理解还不全面。江亢虎研究科学社会主义，应该与俄国十月革命的成功有关。江亢虎曾在欧洲游历，比较容易接触到十月革命的消息和马克思主义学说，也一定经过了仔细研究。归国以后，他说自己赞成科学社会主义，但"共产党的主张，与我所信仰的社会主义颇有异同"②。可见，无政府主义对他仍然有很大影响，他仍然不想参与政治。所以说，江亢虎理解的社会主义与科学社会主义还是有很大区别的。

二　孙中山心仪马克思主义

孙中山是比较早接触到马克思主义的中国人之一。在游欧期间，孙中山接触到各国社会党人，其中不乏马克思主义者，他也阅读过马克思主义的书籍。1917年，十月革命爆发的消息传到中国国内，当时孙中山正忙于护法运动，没有时间关注俄国革命的发展。但到1918年夏天，孙中山还是向列宁发出了一份《致列宁和苏维埃政府电》，祝贺十月革命的成功，他在电文中说："中国革命党对贵国革命党所进行的艰苦斗争，表示十分钦佩，并愿中俄两党团结共同斗争。"③ 对俄国共产党的革命表示赞同，并表达了好感，这为日后孙中山联俄斗争埋下了伏笔。从这时开始，孙中山更多地关注俄国革命运动，也更加关注科学社会主义的动态。

五四运动爆发，爱国运动取得胜利，使单纯从事军事行动的孙中山，逐渐认识到向普通民众灌输智识和主义的重要性。他说："试观此数月来全国学生之奋起，何莫非新思想鼓荡陶镕之功？故文以为灌输学

---

① 江亢虎：《江亢虎博士演讲录》，南方大学出版1924年版，第67页。
② 江亢虎：《江亢虎博士演讲录》，南方大学出版1924年版，第124页。
③ 《孙中山全集》第4卷，中华书局1985年版，第500页。

识，表示吾党根本之主张于全国，使国民有普遍之觉悟，异日时机既熟，一致奋起，除旧布新，此即吾党主义之大成功也。"① 为了实现这一愿望，他回归书斋，专心思考三民主义，在阐释三民主义的过程中，孙中山重新审视了马克思的科学社会主义学说。

孙中山对马克思的科学社会主义进行了比较深入的研究，从马克思的物质世界观，到阶级斗争和剩余价值理论，再到无产阶级专政学说都有所研究。从学理层面来看，孙中山十分佩服马克思用科学方法对社会问题的研究。他认为，社会主义种类繁多，各国的社会主义，各有各的主张，各国解决社会问题的方法也不相同。工业革命以后，在千百家研究社会问题的人中，研究最透彻和最有心得的，就是马克思。他称马克思是社会主义的圣人，这是孙中山对马克思极度仰视产生的认识，孙中山还正确地对欧洲出现的社会主义进行了分类。在马克思之前，世界上的社会主义，是一种陈义甚高的理论，离事实太远，而马克思专门从事实与历史方面，"原原本本把社会问题的经济变迁，阐发无遗"②。孙中山认为，马克思集几千年来人类思想的大成，"全凭着经济原理"，批评以往的乌托邦社会主义试图以道德心和情感作用来解决社会问题的空想。自马克思的书和学说问世以后，便风靡欧洲，也由此，社会主义便分为两派：一派是乌托邦派（空想社会主义），一派是"科学派"（科学社会主义）。乌托邦派的理论很高尚，但没有找到解决社会问题的办法。马克思用科学方法来研究社会问题，这种解决社会问题的方法，就是科学的社会主义。

十月革命的成功对孙中山有很大的震动，他对中国革命进行了反思。孙中山认为，俄国革命之所以成功，在于其首领列宁个人的奋斗，以及条理与组织的完善，奠定了俄国革命党的巩固基础。这里的"条理"和"巩固的基础"显然就是列宁主义，即俄国化的马克思主义，是马克思主义引导了俄国革命的胜利。他认为，相比较，国民党在这方

---

① 《孙中山全集》第5卷，中华书局1985年版，第66页。
② 《孙中山全集》第9卷，中华书局1986年版，第360页。

面存在不足，他说："我们的革命虽有几次成功，但均是军事奋斗的成功，革命事业并没有完成，就是因为党之本身不巩固的缘故。"① 孙中山批评国民党主义不统一，政纲不完备。为了重塑主义，孙中山解释了主义和政纲性质的差异。他指出，政纲是实行主义的节目，对一个政党来说，主义是始终不变的，"主义就是一种思想、一种信仰和一种力量"②。要实行主义，必须首先要按照中国的现状，依照人民的要求，来规定政纲。"政纲和主义的性质，本来是不同的。主义是永远不能更改的，政纲是随时可以修正的。"③ 就世界主义和民族主义而言，要先民族主义，然后谈世界主义。

  作为一代伟人，孙中山认识到了马克思主义的价值，但作为资产阶级革命家，孙中山对马克思主义不可能给予准确的理解。他看到了马克思主义的先进性和科学性，但却反对运用马克思主义指导中国革命。孙中山说：我们对马克思主义要"师其意"，而"不用其法"。马克思主义只有在资本主义发达的西方世界才适用，列宁在俄国十月革命以后，开始实行的是"战时共产主义"，由于不适用，不久转向"新经济政策"。与江亢虎的理解相同，孙中山也认为列宁的"新经济政策"背离了马克思主义。孙中山说：俄国社会发展程度要比中国高很多，如果俄国都没有资格适用马克思主义，我们中国更不能适用了。孙中山很明确地说，在中国要用民生主义，民生主义就相当于列宁的"新经济政策"。对孙中山而言，立足于中国的实际情况，既要反对资本主义，又不主张马克思主义。在后期，尽管孙中山提出了"我党今后之革命，非以俄为师，断无成就"④ 的判断，但孙中山的"以俄为师"也仅仅是策略层面的。他期望的是，中国走出一条学习欧美而又不同于欧美的新道路。

---

① 《孙中山全集》第9卷，中华书局1986年版，第136页。
② 《孙中山全集》第9卷，中华书局1986年版，第184页。
③ 《孙中山全集》第9卷，中华书局1986年版，第178页。
④ 《孙中山全集》第11卷，中华书局1986年版，第145页。

第三节　背离马克思主义

一　江亢虎诋毁马克思主义

尽管中国社会党在民初存在的时间很短暂，但以其为主体形成的第一次社会主义思潮，不仅波及范围广，还对后续社会主义运动产生了深远的影响。俄国十月革命后，原中国社会党的党魁江亢虎对马克思主义充满热爱，向往革命的始发地苏联，但自苏联回国后，他却凭借自己的主观感受，批判十月革命，诋毁马克思主义。

辩证地看待俄国革命。俄国十月革命以后，江亢虎亲自去革命后的俄国，感受革命的成果。旅俄回国以后，江亢虎周游国内各地，从北京到山西，从南京到上海，叙述自己旅俄的经过，宣传俄国十月革命及其俄国革命的历史，阐发对革命后建设过程的看法。江亢虎对俄国革命的看法是辩证的，他佩服俄国革命的精神和勇气，认为可以借鉴俄国人的革命方法，对俄国革命后出现的错误深表遗憾，但可以作为教训。江亢虎的宣传，大大传播了十月革命，传播了俄国共产主义实践，其主要观点都是比较中肯的，为中国人更多了解俄国十月革命运动提供了一个路径。

江亢虎通过自己的旅俄感受，总结出俄国革命后出现的两点错误。第一点，把社会主义与资本主义立于绝对的对立地位，认为俄国革命破坏了资本主义时代的一切成果。他的理由是，社会主义实质上是由资本主义进化而来，只需要推翻资本制度，把资本家变成劳动家即可，而不需要完全破坏。第二点，把劳动阶级与知识阶级立于绝对的对立地位，认为俄国革命后实行劳工专政，除去了资本家，还把知识阶级投进监狱。江亢虎认为，正是这两点错误，造成俄国牺牲了大量的金钱和生命。但江亢虎也赞赏说，俄国人发扬大无畏精神，把理论上令人向往的社会主义变成了现实，令人敬佩。他还解释这样说的目的，不是要攻击其党也不是要攻击其人，而是以学者的眼光，以批评的态度，他仍然始终信仰社会主义。① 不久，江亢虎又给俄国革命增加了一项错误。即俄国人，除了列宁等少数人之外，没有真正搞清楚共产主义的"产"与"共"的真实含义，以致在实践中闹了笑话、出了错误。

江亢虎还说，根据自己的观察，十月革命以后，有两点不能令人满意：其一是有破坏无建设，其二是有计划无成绩。② 在革命中，一切原有的公共机关被破坏殆尽，让其任意作践或听其荒废，旧式的人和物都被摒弃。另一方面，由政府举办的事业有名无实。他以参观的一个学校为例，说各种统计表格做得洋洋大观，而实际上空空如也。经济状况紊乱达到极限，物价飞涨，迫使列宁倒转采用资本主义，即实行新经济政策，和缓地进行社会建设等。

江亢虎错误地理解了列宁的新经济政策。他看到了俄国战时共产主义的弊端，但不赞成新经济政策，俄国人勇于改正错误是值得赞赏的，但退回到资本主义，是他不能赞成的。江亢虎认为，恢复部分资本主义，产生的一批小资本家，比大资本家更为贪婪。私有财产不去，社会主义就不能实行。江亢虎和孙中山的看法基本相同，都把列宁的新经济政策看作重新回到资本主义。

江亢虎阐明了俄国共产党，即布尔什维克的历史，纠正了把俄国共产党称为过激党的错误，以及把布尔什维克称为多数党的"多数"的错误认识。他明确地说，过激党是由日译而传入中国，这种翻译是错误的。多数党的"多数"有其特定的含义，是指坚持社会革命的代表人数占多数，才被称为布尔什维克，而不是如人们谣传的，在制定政策的时候多数人同意才能执行的含义，也不是他们在世界和俄国占多数的意思。江亢虎纠正说，布尔什维克在俄国革命成功以后，称为共产党。在这里，江亢虎比较客观地解释了流传于中国人中间的，对俄国共产党称谓的错误理解。

如何看待俄国人的世界贡献。江亢虎认为，俄国革命为世界社会主

---

① 江亢虎：《江亢虎博士演讲录》，南方大学出版1924年版，第133—135页。
② 江亢虎：《江亢虎博士演讲录》，南方大学出版1924年版，第154页。

义运动作出了牺牲,把社会主义从理论推进到实践阶段,为世界其他各国开展社会主义实践提供了宝贵的经验。但"俄国实行共产主义就是一种学理试验,试验的结果,给全世界人一个大教训。俄国人肯牺牲生命财产,做共产主义的试验,这种精神,不能不令人佩服。俄国的试验虽有许多错误,但不经他们试验,我们还不知道这些错误,发现了这许多的错误,就是俄国大革命的大成功。"① 在俄国革命刚刚开启,还没有全面展开的时候,江亢虎通过对俄国过渡时期的观感得出俄国革命为世界共产主义运动作出牺牲和贡献的评价,是比较公允的。但他认为俄国革命就此失败了,却是错误的判断。

江亢虎从俄国考察中得出了诸多社会主义革命和建设经验。如,他对专政的理解,以及对资本主义和社会主义关系的理解等,都杂糅在他稍后提出的新民主主义、新社会主义学说之中。正是在理解社会主义的基础上,江亢虎认为俄国革命失败了,开始反对马克思主义,转而针对中国社会的状况,提出了新的改造中国社会的方案,即他的新民主主义、新社会主义学说。

江亢虎从来就不是一个马克思主义者,但曾一度对马克思主义欢欣鼓舞。从江亢虎的新民主主义、新社会主义来看,他此时已经严重背离了马克思主义。1922年8月,江亢虎在批评俄国革命和马克思主义之际,提出了他的"新民主主义新社会主义"思想,即他对中国未来社会政治制度和经济制度的设计。② 江亢虎明确地说,他的新民主主义新社会主义来自于林肯的政府定义,即由政治上推到经济上,凡社会一切生产机关,尽归公共领有、公共经营、公共享用,原文是:Means of production owned by public, managed by public, and enjoyed by public。江亢虎把林肯的盖茨堡演讲关键词:民有、民治、民享,从政治的层面推移到经济层面上。新民主主义新社会主义各包含三个方面的具体内容。新民主主义包括选民参政、立法一权和职业代议三个方面。人民通过参

---

① 江亢虎:《江亢虎博士演讲录》,南方大学出版1924年版,第138页。
② 江亢虎:《江亢虎文存初编》,现代印书馆1944年版,第201页。

政考试会获得选民资格,拥有创议权、复议权和罢官权,按照地区和职业一定比例选出代表,组织国会。新社会主义包括资产公有、劳动报酬和教育普及三个方面。

江亢虎善于幻想,且想法过于天真。新民主主义和新社会主义完全是从西方移植过来、无序加工混合而成,脱离中国实际,通篇充满虚幻色彩。由苏联回国后的江亢虎,已经成为为军阀政府服务的御用工具。1923年,江亢虎应湖南政府之邀,在政府举办的暑期学校演讲社会主义,其目的即为"纠正本省青年对于社会主义的谬误观念而设的"①。李达曾发表《社会主义与江亢虎》一文,对江亢虎的改良社会主义和社会民主主义进行过批判,也对江亢虎歪曲苏联建设的事实进行过分析和再批判。他批判江亢虎的社会主义是"官僚的社会主义"或"走狗的社会主义"。②

二 孙中山对马克思主义的误判

孙中山十分佩服马克思的社会主义学说,但他终究是一个资产阶级革命家。他认为,尽管马克思主义是科学社会主义,但从欧洲各国社会党的内部纷争和俄国革命的发展来看,马克思主义都没有实际解决欧洲和俄国的社会问题。所以,孙中山认为,科学社会主义为解决社会问题提供了一套方法,流行甚广,在中国也有一批新青年研究马克思主义,试图用马克思主义改造中国,但马克思的科学社会主义不适合中国,解决中国问题的办法是民生主义。为了证明马克思主义不适合解决中国社会问题,孙中山详细论述了科学社会主义的理论"缺陷"。

其一,马克思的物质重心论是错误的。1924年8月,孙中山在演讲"民生主义"专题中,比较详细地评述了马克思的科学社会主义。孙中山认为,马克思经过仔细研究,用科学方法得出的结果是:世界一切历史都集中于物质,物质有变动,世界也随之变动。人类的行为都是

---

① 李达:《李达文集》第1卷,人民出版社1980年版,第221页。
② 李达:《李达文集》第1卷,人民出版社1980年版,第230页。

第六章 社会主义思潮与马克思主义

由物质的境遇所决定，人类文明史就是物质境遇的变迁史。这样，马克思就发明了物质是历史的重心学说。正因马克思的研究透彻，理由充足，所以，许多反对社会主义的人，现在变成了赞成马克思主义，研究马克思学说的人，更是信仰他。

孙中山认为，马克思的物质重心说是有问题的。从行动上看，不仅欧洲各国社会党的乌托邦派和科学派有冲突，甚至在社会党内部，由于对马克思主义的不同理解，也出现了冲突，从而导致社会问题不能解决。1848年以后，第一国际召开大会，制定了很多办法，但一直没有成为现实。自第一次世界大战开始，俄国人便拿科学社会主义去实行。但孙中山认为，由于俄国的实业和经济还不够发达，达不到实行马克思主义。俄国十月革命以后实行的战时政策，是与英国、德国和美国等相类似的。所以，俄国现在实行的新经济政策，也不是科学社会主义。这就造成了本来各国社会党都是信仰马克思主义的，但现在在争论中相互攻击和诋毁，互不认可对方的马克思主义。孙中山认为，正是这样的相互攻击，使马克思主义出了问题。由此推出的结论是，马克思的物质重心论是站不住脚的。

孙中山认为，国民党二十多年来不讲社会主义，只讲民生主义，他说："总是觉得用'民生'这两个字来包括社会问题，较之用'社会'或'共产'等名词为适当，切实而且明了，故采用之。"① 究竟适当在哪里呢？孙中山引用了美国威廉氏的理论②来佐证其观点的正确性。威廉氏认为，马克思把物质作为历史的重心是错误的，社会问题才是历史的重心，而社会问题中又以生存为重心，这才是合理。所以，孙中山说："民生为社会进化的重心，社会进化又为历史的重心，归结到历史

---

① 《孙中山全集》第9卷，中华书局1986年版，第365页。
② 威廉氏本名摩里斯威廉，生于俄国的美籍犹太人，是一名牙医，长期信仰马克思主义，是美国社会党的成员。一战以后，威廉不能正确认识世界社会主义运动出现的挫折和资本主义社会出现新的活力，思想产生了变化，开始质疑马克思主义基本原理的正确性。经过考察，威廉得出了不同于马克思唯物史观的社会史观。这种历史观否认阶级斗争学说，宣传超阶级的人类生存论。

的重心是民生，不是物质。"① 这就是孙中山的民生重心论，即是他的民生史观。孙中山认为，他的观点和威廉氏相同。自古以来人类的努力，都是力求解决自己的生存问题，这才是社会进化的定律，才是历史的重心。马克思的唯物主义，没有发现社会进化的定律，不是历史的重心。这样，孙中山就以民生史观区别于马克思的唯物史观，并标榜自己学说的正确和马克思学说的错误。

其二，用阶级调和来代替马克思的阶级斗争。以马克思物质重心论的错误为前提，孙中山否认了马克思阶级斗争学说的正确性。马克思认为，在阶级社会中，一直存在着阶级斗争，历史就是阶级斗争史。在近代社会生产中，存在着资本家和劳动者的对立，只有通过阶级斗争，才能最终消灭阶级对立，完成社会革命，所以，"马克思认定要有阶级战争，社会才有进化，阶级战争是社会进化的原动力"②。

孙中山用社会进化的"事实"，来反驳马克思的阶级斗争理论。他列举了四种当时在欧美流行的所谓"经济进化"案例，即社会与工业之改良、运输与交通事业收归公有、直接征税和分配的社会化等现象，认为他们都是通过社会改良方式，在资本家和工人之间调和的结果。以此来证明社会进化的动力不是阶级斗争，而是阶级调和。既然人类是在调和中求生存的，那么阶级斗争就不是社会进化的原因，而是社会进化时所发生的一种病症。由此，孙中山说："马克思研究社会问题所有的心得，只见到社会进化的毛病，没有见到社会进化的原理。"③ 孙中山认为，正是因为有了生存问题，才会出现阶级斗争，所以，马克思把阶级斗争作为社会进化的原因是倒因为果，才会产生实践与马克思的学说不相符合，有时甚至出现相反的情况。马克思说资本家最终要消灭，从欧美事实来看，革命并没有出现，资本家不仅没有消灭，反而更加发达，没有止境。这里，孙中山用渐进代替飞跃，以改良代替革命，并用

---

① 《孙中山全集》第9卷，中华书局1986年版，第365页。
② 《孙中山全集》第9卷，中华书局1986年版，第366页。
③ 《孙中山全集》第9卷，中华书局1986年版，第369页。

欧美国家的"事实"来证明,看似有道理,但实际上,孙中山没有正确认识资本主义社会的基本矛盾,也没有看到资本制度下各种"进化"的局限性。资本制度产生的"恶果"不可能自动退出历史舞台,要真正消灭剥削和压迫,必须要通过各种形式的阶级斗争才能解决。

其三,批判马克思的剩余价值理论。孙中山说,按照马克思的阶级斗争理论,资本家的盈余价值(剩余价值)都是从工人的劳动中剥削来的,这样,马克思就"把一切生产的功劳完全归之于工人的劳动,而忽略社会上其他各种有用分子的劳动"[①]。他批评马克思只知道用以往的事实来得出结论,对于未来的事实一点也没有料到,资本家也有其存在的价值,所以消灭资本家是错误的。

孙中山批评马克思的理论缺乏前瞻性,都是对以往事实的总结,而没有看到事物出现的新变化。他以马克思的产生剩余价值的三个条件为例,即一是减少工人的工资,二是延长工人工作的时间,三是抬高商品的价格,他举例说,汽车厂使用的工业经济原理与马克思的剩余价值原理相比较,在这三个条件上恰恰相反,从而认为马克思的剩余价值理论是错误的。孙中山从资本家企业的事实情况与马克思剩余价值理论存在的不同,来断定马克思剩余价值论中最核心的内容,即剩余价值是资本家对工人剩余劳动剥削的观点是错误的。孙中山还从英国银行和工厂中出现的所谓消费合作社新现象,断定商人已经或者即将变成生产家的趋势,认为商人会先于资本家被消灭,从而得出马克思先消灭资本家再消灭商人的判断与事实是不相符合的。

继而,孙中山批判马克思的生产决定论,并得出生产决定于消费的相反结论。孙中山认为一个企业是不是赚钱、发展得如何,完全取决于消费者,生产都是按照消费的需要来组织的。消费就是大众的生存问题,也就是民生问题,所以,工业的发达与否依靠的是消费,是民生,而不是生产。民生是政治的中心、经济的中心、历

---

① 《孙中山全集》第9卷,中华书局1986年版,第369页。

史活动的中心。

孙中山总结道,按照马克思的物质重心论来解释世界几十年的变化,出现的都是各种混乱,而只有"把历史上的政治、社会、经济种种中心都归之于民生问题,以民生为社会历史的中心",① 才能解除这种混乱。很显然,孙中山批判马克思主义上述观点的目的是伸张自己的民生重心论,是为宣传他的民生主义以及实现民生主义的方法来服务的。

其四,批判马克思的无产阶级专政理论。马克思主张用革命手段,实现无产阶级专政,解决社会问题。孙中山认为,从俄国使用革命手段解决问题的情况来看,革命只解决了政治问题,而没有解决经济问题。同时,孙中山认为,欧美社会党是采取和平的办法来解决社会问题的。不管是革命方法还是和平方法,在资本垄断的欧美各国,都会遭到资本家的反对。在资本家专制面前,究竟怎样能解决社会问题,还没有找到好的办法。孙中山坚信,实行民生主义,采用平均地权、节制资本的办法,便可以解决中国的民生问题。孙中山解释说,原始共产主义,由于金钱的出现被打破,到了现代社会,由于机器的使用,出现了人与人争夺财富的激烈状况,造成贫富差距加大,出现阶级对立,所以,要打破这种争斗,需要重新回到新共产时代,才可以从根本上解决。实际上,人与人之间争的就是面包和饭碗,到了新共产时代,大家都有面包、有饭吃,就不会再争。所以,共产主义的最高理想就是解决社会问题。民生主义不但是最高理想,而且是社会的原动力,是历史的重心。孙中山得出的结论是,共产主义是民生的理想,民生主义是共产的施行。从性质上说,这两种主义没有分别,只是使用方法的不同。

孙中山接着分析了中国为什么不能出现无产阶级专政,用革命的方式解决社会问题,他认为,还是要从所谓的事实出发来分析证明。孙中山比照世界各国的贫富状况,对中国的总体判定是:大家都受贫穷的痛

---

① 《孙中山全集》第9卷,中华书局1986年版,第377页。

苦。中国没有大富的特殊阶级，只有一个贫的阶级。所谓的"贫富不均"，只是在这一贫的阶级中，存在大贫和小贫之别。与欧洲相比较，在中国，只有小地主，没有大地主，也没有出现与地主为难的状况。中国的土地问题怎么解决，孙中山说，最时髦的人主张实行社会主义，赞成共产党，在中国实行马克思主义，从根本上解决社会问题，这种办法的用心是很好的。所以，在国共合作中，不应该只赞成民生主义，反对共产主义，民生主义和共产主义不相冲突，二者是好朋友。国民党员和共产党员之间相互反对，是没有搞清楚共产主义和民生主义的关系。是土地问题造成了财源不均，民生主义的目的就是平均财源。所以，根据中国的实际情况，首先要用平均地权来解决土地问题，在节制资本的过程中，要大力发展实业。这就是他不赞成在中国实行马克思主义的理由。

孙中山认为，自己的民生主义完全可以解决中国的社会问题，没有必要再用马克思主义，但民国建立以后的十几年间，他在民生问题上处处遭遇失败，中国问题丝毫没有得到解决，而且落后和混乱愈演愈烈。事实胜于雄辩。正是在马克思主义指导下，中国共产党领导广大人民群众经过艰苦奋斗，开展反帝反封建的伟大斗争，落后的中国社会才开始迈向中华民族的伟大复兴之路。

三 无政府主义对抗马克思主义

无政府主义是第二次社会主义思潮的主要推动者，不仅社团众多，人员庞大，思想派系也相当复杂。十月革命后，无政府主义和马克思主义联系密切，既联合又斗争，二者具有共同的目标，但行动的手段不同。马克思主义主张采用阶级斗争、无产阶级专政的革命手段，与无政府主义崇尚的改良，以及极端无政府方式产生了冲突。李达当时站在马克思主义的立场上就说过："无政府党是我们的朋友，不是我们的同志。"[①] 随着无产阶级登上中国历史舞台，无政府主义逐渐失去了在思想和行动上

[①] 《李达文集》第1卷，人民出版社1980年版，第78页。

优势,在斗争中分化,最终沉寂下去。

除了少数极端的行动之外,无政府主义一直是宣传鼓动大于直接行动的。新文化运动时期,除了无政府主义自己创办的杂志外,《新青年》等杂志也为无政府主义提供了宣传平台。这里有必要重申一下《新青年》的创办情况。《新青年》是在民族危机深重的时刻登上中国社会历史舞台的,起初思想繁杂,各种思想主义竞相开放。在《青年杂志》创刊号上,陈独秀发表《敬告青年》一文,对此说得十分明白,当今中国社会破败不堪,就是要号召中国青年起来奋斗,担负起"发挥人间固有之智能,决择人间种种之思想"的责任,并罗列了六条要素,即自主的而非奴隶的,进步的而非保守的,进取的而非退隐的,世界的而非锁国的,实利的而非虚文的,科学的而非想像的,①作为青年奋斗的方向。可见,这本杂志面向的是全体青年。该杂志的《社告》明确说道,"本杂志之作,盖欲与青年诸君商榷","凡学术事情,足以发扬,青年志趣者,竭力阐述。"② 以传播思想文化为己任,不刻意表达政治观点,自主、进步、进取、世界、实利等皆是杂志所主张的。除了针对青年这一特殊群体之外,杂志并没有特定的标签,这就为各种批判旧观念、宣传新思潮观点提供了便利。1935 年,当《新青年》重印时,蔡元培评价说:"新青年杂志为五四运动时代之急先锋",胡适说得更加具体:"新青年是中国文学史和思想史上划分一个时代的刊物。"可见,当时《新青年》的定位和影响力。《新青年》面向青年、彰显进步的办刊宗旨与激进的无政府主义相吻合,相互推进,成为无政府主义重要的宣传和论争阵地。

(一) 新文化时期,无政府主义反对科学社会主义

无政府主义在民国初年受到重创,袁世凯死后,随着形势的好转,是在各种思潮中较先兴起的。他们重新创办了一些社团和刊物,站在进

---

① 陈独秀:《敬告青年》,载《青年杂志》第 1 卷,群益书社,1915 年 9 月 15 日。
② 陈独秀:《社告》,载《青年杂志》第 1 卷第 1 号,群益书社,1915 年 9 月 15 日,第 1 页。

化论立场上,宣传无政府共产主义。这里以黄凌霜为代表,阐释无政府主义对科学社会主义的态度。1918年7月,无政府主义新生激进派代表黄凌霜在《自由录》发布《弁言》指出,世界经过千年进化,比较缓慢,到今日,才进化到共和时代,表面上看,平民幸福增加了,实际上,与无政府主义者理想中的社会相差甚远。面对理想社会实现的艰难,他又感慨道:"虽然,无政府至美也,共产至善也,欲成就之,盖未可以旦夕几也。"[1] 所以,当前的任务,主要还是通过激烈的办法如暗杀和温和的办法如教育等,向平民灌输无政府共产主义观念,促进平民的自觉。但暗杀是不得已而为之的,如果为了人道而实行暗杀,不仅无罪,还有功于社会。尽管前路艰难,仍要坚持负重前行,"欲以蚊虻之力,导其流而扬其波"[2],以期推进社会的文明进步。

黄凌霜对无政府主义的主张进行了重新阐释。1919年2月,黄凌霜在《进化》月刊发表《本志宣言》一文,又解释了进化概念,明确表示无政府主义者信仰达尔文的进化学说,但不赞成其物竞天择适者生存的观点,转而赞成克鲁泡特金的人类社会互助学说。他们承认社会是一个有机体,各种机体各尽所能、各取所需,能为人类带来更多的幸福。他们主张无政府革命,认为革命就是要扫除一切强权,是彻底的革命,只有"由平民自己去行那'互助'的生活(各尽所能,各取所需),这才算进化的公理(无政府,无私产)"[3]。正是基于上述观点,无政府主义对俄国革命和科学社会主义学说持反对态度。

黄凌霜解释说,社会主义反对私有财产,主张以生产机关(土地、机器等)归之社会公有,这是社会主义的根本出发点。从"共产社会主义"和"集产社会主义"两种社会主义的分类来看,马克思主义应定位于集产社会主义,他们认为,尽管两派有不同,但从实现自己的主

---

[1] 葛懋春等:《无政府主义思想资料选》上册,北京大学出版社1983年版,第349页。
[2] 葛懋春等:《无政府主义思想资料选》上册,北京大学出版社1983年版,第350页。
[3] 葛懋春等:《无政府主义思想资料选》上册,北京大学出版社1983年版,第381—382页。

义,以及主张从资本家手里取回生产机关这一点上,二者却没有分别。蹊跷的是,黄凌霜却断定:"马克思的集产主义现在已不为多数社会党所信仰。近来万国社会党所取决的,实为共产主义。"① 他对这样的结论并没有提供充足的证据,只是试图证明,欧洲各国社会党渐趋于无政府主义。实际上,不是对马克思主义信仰的人减少了,而是无政府主义反对集产社会主义的缘故。他们认为,集产社会主义以国家为万能,蔑视个人,变成了极端干涉主义。而无政府主义以个人为万能,因而为极端自由主义,所以,他们得出无政府主义与马克思主义无缘,却是个人主义的好朋友的观点。

无政府主义在理论建构上确实欠缺很多,他们反对马克思主义的理由不外都是"集产"的、信仰的人少了等,并没有什么新意。首先,黄凌霜说,马克思主义是玄想的经济学,不管别人怎么样,他们表示坚决反对。他还污蔑说,马克思主义是抄袭别人的,并列举说,马克思的《共产党宣言》是主张集产的,其中关于学理与经济两部分,以及实行的一部分,都是抄袭别人的。除此之外,黄凌霜还说集产社会主义存在私产,从根本上背离了社会主义定义。同时,他还批判集产社会主义主张的按劳分配,会使很多人由于能力的大小不同获得不了幸福,这就是黄凌霜反对"集产"的马克思主义的理由。它代表了无政府主义为什么要反对马克思主义的典型观点。

为了显示无政府主义的高深,他们还从学理上批判马克思主义。1919年5月,黄凌霜在《新青年》杂志第6卷5号上,专门写了一篇题为《马克思学说的批评》的文章,将马克思的学说分为三大要点:(一)经济论,(二)唯物史观,(三)政策论,并且拿伯恩斯坦和克鲁泡特金的学说作为根据批判马克思主义。从他批判的口气来看,貌似采取了一种比较公允的立场,实际上他是站在无政府主义的立场上来看待马克思主义的。具体地说,黄凌霜对马克思学说的三个主要组成部分

---

① 葛懋春等,《无政府主义思想资料选》上册,北京大学出版社1983年版,第385页。

的评价有反对也有赞成。其一,从经济论方面看,黄凌霜反对阶级斗争理论。认为马克思的阶级斗争学说是符合历史事实的,但他反对的是马克思在论证阶级斗争理论过程中的数据统计,因为"根据来做演绎的统计,有许多没有证明他(指马克思)所要证明的东西"①,并批判马克思在《资本论》中对资本家数量的描述是前后矛盾的,说马克思的辩证法不是以科学为根据,而是一种预存的观念。同时,黄凌霜赞成马克思的"余值说"(剩余价值论)和"工值说"(劳动价值论),认为从现在来看,他的价值是"不可磨灭的"。由此来看,连最激烈的无政府党都表示赞同马克思的剩余价值论,可见其巨大的理论价值。其二,就唯物史观而言,黄凌霜认为马克思的历史哲学方法和原理,是"最大的创造,为学问界开一新纪元"②。他还说马克思阐释了生产者在历史进化上的重要性,是发前人之所未发的观点。更为重要的是,马克思阐明了社会有机体的进化观点,与达尔文的生物进化论很相近。由此可见,黄凌霜是认可马克思唯物史观的。其三,就政策论而言,黄凌霜重复了以往无政府主义者的传统论调。他从《共产党宣言》入手,批评马克思主张的是集产社会主义与无政府党的共产主义不符,马克思主张的按劳分配与无政府党的按需分类不符等。最后,黄凌霜很不自信地说,马克思在当今科学界占主要位置,至于他批评的对不对,自己也不敢武断。

  无政府主义对马克思主义的批判还从理论上延伸到现实中。1921年2月,黄凌霜在《克鲁泡特金纪念号》上发表《克鲁泡特金的社会学说与未来》一文,结合俄国革命,批判科学社会主义的无产阶级专政理论。他评价说,主张无产阶级专政的人是心存不良,"也不过想取现在执政者之权以自代,所谓无产阶级乃其饰词!"③ 黄凌霜又说,他不反对俄国革命,但反对一般政客的投机行为,很显然,他是把俄国革

---

① 《新青年》第6卷第5号,群益书社,1919年5月,第466页。
② 《新青年》第6卷第5号,群益书社,1919年5月,第467页。
③ 葛懋春等:《无政府主义思想资料选》下册,北京大学出版社1983年版,第547页。

命者当作投机者看待的。事实上，黄凌霜是反对国家革命的，同时表示赞成非国家革命，如他很信仰法国的工团主义。他又批判俄国的革命实验，声称好处是以强有力的机关，推倒了资本主义，坏处是又创立了一个万能的资本家，诸如压抑出版自由、言论自由以至行动自由等。因此，他反对把俄国的苏维埃移植到中国来，同时，反对中国劳农主义者倡导的"兵是绝对不可废"观点，并批判这些人的思想是完全政客式的。

后来，黄凌霜到俄国游历，思想有所转变。1922年，黄凌霜作为孙中山的代表，赴俄国参加共产国际远东人民代表大会，经过考察，思想有所转变。1922年7月，他写给陈独秀的信刊登在《新青年》第九卷第6号上，其中说道："生未去国以前，对于'无产阶级专政'尚未表示可否，现在已确信此种方法，乃今日社会革命唯一之手段。"① 黄凌霜的思想转变显然是受到世界无产阶级运动影响的结果。

（二）现实中崇尚改良，反对布尔什维克化

在五四运动之后，区声白打破无政府主义不谈政治问题的常规，开始对政治问题发表看法，但目的仍然是为无政府主义摇旗呐喊。1922年底，区声白写作《中国目前的政治问题如何解决》一文，不久发表在《民钟》上，他痛陈当前的各种政治主张，认为这些都与人民的幸福无关。当时，经过直奉战争，北方政府倒台，陈炯明背叛革命，南方政府内部也不稳定，在国内政治界出现了四种政治主张，即武力统一、联省自治、好人政府和普遍选举。其中，握有最高权力的孙中山、吴佩孚等主张武力统一；地方军阀赵恒锡、陈炯明等主张联省自治；学者蔡元培、胡适等主张好人政府。区声白特别批评了普遍选举的主张，认为是一批政客在俄国共产主义鼎盛的时候，提倡马克思主义，后见到俄国政策改变，又改变主张，投身国民党，而他们现在主张普遍选举，无非是想利用群众力量拥其出台。

---

① 葛懋春等：《无政府主义思想资料选》下册，北京大学出版社1983年版，第564页。

区声白认为，上述各种政治主张，无非都是从自己所处的地位出发的，完全不是为了民众的自由幸福，也完全实现不了人民的幸福。主张普遍选举的人也绝对选不出真正的人民代表，无非都是金钱运动。他断言："代议政治在中国试验十余年，究其实不过多养一班寄生虫，以榨取平民的血汗，所以，欲想普遍选举来求人民幸福，完全是梦想罢了。"① 可见，区声白对政党政治、国共合作是持反对态度的。从经验出发，区声白认为民众真正痛苦的原因，其一是政治制度把持在少数人手里，民众没有参政的机会；其二是资本制度把持在资本家手里，工人的劳动成果被资本家掠夺而去。所以，要使人民获得自由幸福，势必要在政治上、经济上进行改造，才能使民众从不自由变得较为自由。改造的原则主要是，其一，废除国家及各省军阀官僚制度，实行各地市民自治，最后合而为全国民族大联合；其二，废除资本制度，把生产机关收归公有，使劳动者享有使用之权。

区声白的转变主要在于，他认识到一步到达无政府时代不大现实，于是提出了从有政府朝无政府过渡的问题。政治上，在国家没有废止以前，消减国家的权力到最小化，使人民能获得较多的幸福；经济上，实现完全劳有所得，提高劳动者工作积极性，发展生产。区声白把这种方式叫作"市民自治"和"产业公有"，认为这是达到自由和平等之要路。这里，区声白仍然向往无政府主义的改良，反对革命和阶级斗争。但在进路上，他提出过渡的观点，也体现出无政府主义者的态度从极端逐渐走向了缓和。

无政府主义还反对马克思主义的行动方式。20年代初，在《奋斗》旬刊上，刊登了几篇反对马克思主义和俄国布尔什维克党的文章。《奋斗》是由无政府主义者易家钺（易君左）、郭梦良、朱谦之等成立的无政府主义组织"奋斗社"的机关刊物。1920年2月，署名A.D的易家钺在《奋斗》上发表《我们反对"布尔札维克"》一文，明确提出既从

---

① 葛懋春等：《无政府主义思想资料选》下册，北京大学出版社1983年版，第635页。

理论上反对布尔什维克主义和马克思主义，又在方法上不满布尔什维克的设施和行动。他提出反对的理由是：其一，马克思主义不消灭国家。批判马克思主义者打倒资本家，建立劳农专政的国家是不彻底的，打掉的仅仅是资本家个人，而留下的是资本主义国家。其二，马克思主义主张使用强权。无政府主义坚持不管是资本家的强权、政治家的强权还是劳动者的强权，一概不予承认。他批判俄国布尔什维克党把土地收归国有，不顾人民生计，还使用强权，干涉婚姻、教育、言论出版等，束缚人民的自由。其三，马克思主义提倡战争。无政府主义对马克思主义和布尔什维主义使用阶级战争的手段消灭资本家的主张表示否定，认为战争是"动物近衰灭时的一种性癖"①，大呼军备全部撤废，主张"和平"与"人道"。

小　结

　　中国共产党成立以后，各社会主义学说逐渐退出历史舞台是必然的，各国对马克思主义的认识都经历了一个艰苦的探索过程。列宁在《共产主义运动中的"左派"幼稚病》中说过："俄国在半个世纪里，经受了闻所未闻的痛苦和牺牲，表现了空前未有的革命英雄气概，以难以置信的毅力和舍身忘我的精神去探索、学习和实验，经受了失望，进行了验证，参照了欧洲的经验，真是饱经苦难才找到了马克思主义这个唯一正确的革命理论。"中国也不例外，同样"饱经苦难"才找到马克思主义理论。

　　十月革命之后，在新文化运动的氛围中，马克思主义逐渐传播开来，社会主义思潮的各种学说与马克思主义产生碰撞，并经历了相互接触到疏离的过程。全国各地一大批进步青年都团结在《新青年》周围，模仿《新青年》办社团、创刊物，接纳新文化、反对旧文化，交流思

---

① 葛懋春等：《无政府主义思想资料选》上册，北京大学出版社1983年版，第441页。

想、研讨学术，他们大都经过了社会主义思潮的洗礼，在思想激荡中，逐渐走向马克思主义，为中国共产党的成立提供了组织和干部资源。

当时，社会主义是令人神往的。在1923年北京大学校庆二十五周年纪念的民意测验中，相信社会主义的得票以291张位居榜首，三民主义以153票次之，民主主义仅得66票。对于你心目中的世界人物是哪一位的回答中，列宁以227票名居榜首，美国总统威尔逊次之，但仅有51票，不及列宁的四分之一。[①] 足以见得社会主义对世人的影响及人们对社会主义的向往。

但社会主义不同流派的结局却是不同的。1922年7月，共产国际代表马林在给共产国际执行委员会的报告中称，1921年底，他到中国南方和孙中山会见，在长沙、桂林、广州和海丰参加了青年的集会，当地有青年学生俱乐部，这些青年从事无政府主义和社会主义的理论研究。马林判断："一般地说，这种青年组织实际上对于工人运动的发展起不了多少作用。"[②] 可以肯定无政府主义和其他社会主义学说在中国社会不断向前发展的过程中，已经是强弩之末，失去了活力。

在社会主义思潮中浸染的知识分子和青年学生，如三民主义分子、社会党成员、无政府主义者、工团主义者、互助主义者、新村主义者、合作主义者、泛劳动主义者等，经过五四运动，逐渐从爱国运动转向劳动运动，并开始到工人中去到田园中去，继续在社会变革的大潮中升降起伏。

---

① 季学明：《社会主义在中国》，上海三联书店2010年版，第117页。
② 李玉贞等：《马林与第一次国共合作》，光明日报出版社1989年版，第70页。

第七章　社会主义思潮的历史影响与启示

五四运动以后，各社会主义学说在与马克思主义的合作与交锋中，最终败下阵去。随着新民主主义革命的胜利，科学社会主义之外的各社会主义学说式微，并逐渐退出历史舞台。尽管社会主义思潮已成过眼云烟，但它们在近代中国社会发展进程中的影响是客观存在的，对他们进行深入分析和思考也是有必要的。以史鉴今，近代中国社会主义思潮形成的思想学说与行动方案，对中国特色社会主义建设，实现中华民族的伟大复兴和人民美好生活，以及当代中国积极融入世界，都具有重要的启示意义。

概而论之，社会主义思潮的历史进步性与时代局限性是相互交织的。它有打击封建专制的一面，传播的民主、自由观念，开启了民智；它反对旧思想、旧文化，宣传新思想、新文化，促成了爱国、进步运动的爆发。它对资本制度的批判，影响了资产阶级民主革命运动，制约了资本主义在中国的泼洒。作为过渡时期的理论，其时代局限性也是明显的。社会主义者作为封建家族的反叛者和中小资产阶级的代表，没有也不可能真正代表广大无产阶级和其他普通民众的利益。由于它们缺乏正确历史观基础，崇尚个人意志，注重理论批判而不善于付诸行动，标榜公理正义而缺乏斗争策略，大多局限于思想革命而反对现实的革命斗争，形成了理论上过于激进而行动上趋向保守的特点。他们的思想与理论是虚幻的，也是脱离社会现实的，最终陷入空想是必然的。近代中国出现的各种自称为社会主义的学说,与马克思主义的科学社会主义虽然在语词上相同,但在内涵上具有根本的差异。

要完整评价近代中国社会主义的影响实属不易。本书认为,近代中国社会主义从西方传入,但其所处的环境与西方不同。在西方,社会主义长期作为资本主义的对立面而存在,当社会主义传入中国,不仅仅面临着反对正在兴起的资本主义,还同时面临着反对封建主义的任务,所以,社会主义是作为自由主义和保守主义之外的第三种力量而出场的。由于中国革命的特殊性,近代中国社会主义思潮并不是一支相对独立的力量,总是依附着辛亥革命、新文化运动等社会重大事件而出现,这就决定了其影响力是有限的。

由此,一批激进的知识分子对无政府主义、民主社会主义和国家社会主义等的接纳,主要基于两个批判。其一是对中国几千年传统封建社会专制性的批判,其二是对资本主义资本性的批判。尽管各社会主义流派都把封建主义看作首要解决的问题,资本主义是需要加之限制或消灭的,但各个社会主义流派都没有提出彻底的反对封建主义和帝国主义的纲领,最终淹没在中国社会改造的历史潮流中。

第一节 反对封建主义

各社会主义的代表人物大都出身于封建家庭,面对王朝腐败、列强入侵、个性泯灭的社会现实,对国家、民族、王朝、家庭等有初步的思考,当接触到西方某种社会主义学说时结合自己的理想和愿望,逐渐接纳并形成了社会主义思想。由于缺乏对这些主义的深入研究,他们不仅接纳了其思想内容,也承接了行动的方法。由于势单力薄,他们往往采用个人极端行为,如暗杀政府高官的方式彰显自己的主张。为了扩大影响,这些志同道合者逐渐汇集起来,成立组织或结成团体,通过办报刊、演讲等方式传播主义,表达社会诉求。由于社会主义表现出的反政府、反家族、反宗教、反婚姻等色彩,首先遭到政府的压制,其反叛性也遭到社会保守势力的反对，从而迫使社会主义者以各种隐晦的方式传播，在社会出现重大变革时，与各种进步力量相结合，一哄而起，扯起大旗，发展为社会主义思潮，进而形成社会主义运动。在急剧变化的革命浪潮中，各社会主义团体挺立潮头，高呼社会革命口号，加速了封建专制体系的崩溃。具体地说，结合资产阶级革命运动兴起的第一次社会主义思潮，促成了封建王朝的快速崩溃；在新文化运动中兴起的第二次社会主义思潮，加速了封建礼制的初步解体。

（一）加速了封建专制体系的崩溃

专制体系和礼教是封建社会的硬件和软件。近代以来，仁人志士既有维护封建政府抗击外国侵略者的一面，又痛恨清政府的腐败无能，有变革或重建现代政府的愿望。在近代中国社会主义运动史上，各社会主义流派首先面对的是反抗封建专制体系的任务。他们认为，正是在封建专制体系下造成中国的整体落后，只有取消政府、家族的强权、采用土地和资本的公有化等社会主义方式，才是人类的归宿。20世纪前后，在民族危机与民族觉醒的交织中，民主主义和社会主义者大都经历了从改良到反抗封建制度的转变。孙中山与江亢虎在走向社会主义之前，试图以改良社会政治来拯救封建王朝。1894 年，孙中山携陆浩东向李鸿章上书，痛陈中国维新变法之必要。他主张吸取欧洲社会的繁荣经验，模仿西方的做法改变中国的贫穷与落后，实现国利民福。在《上李鸿章书》中，孙中山直言不讳，提出"人能尽其才，地能尽其利，物能尽其用，货能畅其流"的四大纲，主张兴办教育、振兴农事、发展现代科技与交通，然后再"修我政理，宏我规模，治我军实，保我番邦"。[①] 这样做，中国一定能超出欧洲各国，但腐朽的清政府根本不理会孙中山开出的拯救国家衰败、为王朝政府续命的药方。仅几个月以后，孙中山改良的观念就发生了重大改变，他认识到，清政府已经彻底走向反动与没落，完全没有拯救的可能，唯有推翻之，中国才有复兴的希望。他要用革命手

---

① 《孙中山全集》第 1 卷，中华书局 1981 年版，第 8—15 页。

段推翻这个因循守旧、腐败透顶、民众蒙昧未开的清王朝。

巧合的是，江亢虎与孙中山走的是类似的改良政府、上书救国之路。1901年，从日本归来的江亢虎是一个热血青年。他踌躇满志，上书北洋大臣袁世凯，畅谈"兴学"是治本方策。他主张发展教育，开启民智，以实现国家的长期富强。袁世凯当然没有采纳他的建议。不久，深感失望的江亢虎再次掉头东去日本，接触并接纳了无政府主义思想。他认识到依赖封建的清政府，实现变革富强已经没有希望，决定另起炉灶，试图通过无政府主义改造中国，以资救国。辛亥革命前夕的江亢虎，在欧洲留学时又受到社会党学说的影响，完成了向民主社会主义的转变。他提出要以"平和手段"，破除家庭束缚，废除遗产私有，实现真亲爱、真自由、真平等，以图徐进，最后达到"废宗教、倾政府"的目标。尽管江亢虎没有像孙中山那样，高举反清旗帜，但他以较为隐晦的手法，鼓吹反对封建专制、追求民主自由的愿望是显而易见的。

变法维新本身尽管是一场改良封建制度的运动，但其蕴含的封建批判因素对社会的影响却是革命性的。师复是一个封建诗礼之家的离经叛道者，他出身于广东香山县一个殷实的书香之家，少年时期便表现出不同的个性。他天资聪明，但他反感八股取士的制度，不喜欢四书五经的固化格式，喜欢阅读杂书，追求新学问。在清王朝行将谢幕的大变革时代，师复受到包括他父亲在内的维新派思想耳濡目染，养成了求异求新的性格。他特别崇拜谭嗣同，受到《仁学》的熏染，逐渐培养了反封建树新风的思想。谭嗣同慷慨赴义的壮举，带给师复很深的震撼，这在他日后为民请命的活动中时隐时现。成年后的师复，东渡日本，抱定驱逐鞑虏、恢复中华的信念，成为一名民主主义革命者。受到日本无政府主义者的影响，他熔民主主义和无政府主义于一炉。回国后采用暗杀、爆炸等无政府主义方式，试图唤起民众的革命意识。师复为革命历经磨难，在组织实施了多次谋划暗杀清政府官员之后，潜心研究社会主义，成为一名坚定的无政府主义大师。师复不仅坚信恐怖式活动对社会产生的巨大轰动效应，同时，他以树立新道德楷模的方式，希望能够唤醒民众反封建专制、求自由平等的思想意识。

社会主义思潮与民主主义运动之间没有不可逾越的鸿沟，二者一直裹挟着共同前行，天然地交织在一起。近代中国掀起的民主主义运动是反封建的主力。以孙中山为代表的资产阶级革命派，经过多次革命运动，最后联合各种进步力量，高举三民主义旗帜，发动辛亥革命，推翻了清政府。作为伟大的理论家和革命家，孙中山对封建专制制度的批判是全面的。他从现代国家的视角，全面审视中国封建专制制度的腐败与落后，在借鉴西方资本主义的基础上，从民族、民权、民生三个方面，提出了一套推翻封建专制的理论体系"三民主义"。它以民族代替家族，以民权代替君权，以民生建设改变社会的贫穷落后、解决财富过于集中的问题。就"平均地权"来看，尽管是孙中山受到亨利·乔治单一税法启发提出来的，实质上是他针对中国封建私有制的弊端，试图解决土地兼并高度集中状况的设计。

作为近代中国的新思潮，社会民主主义、无政府主义和民生主义等构成了保守主义和自由主义之外的第三种力量，并一直延续到五四运动时期。这几种学说尽管具有各自的思想内涵，但在反对封建专制的立场上是一致的。在国家的近现代转型中，各社会主义流派以自己的宣传和行动方式，致力于开展社会革命，试图为中国开创一个光明的未来。孙中山设计的是一条从民族革命、政治革命到社会革命毕其功于一役的革命策略，不仅直接推动清帝退位，南北议和，建立现代民主政治，而且在共和时代继续开展民生建设，实现国家富强民族复兴。江亢虎创建的中国社会党，以满腔热情赞成共和，迎接新时代的到来。他们从社会层面提出改良中国的方案，积极开展实业建设、平民教育、女子参政等活动，同时，反对袁世凯的封建专制和复辟活动，尽管遭到强制解散，但其秉持的社会主义理念不断传播开来。师复代表的无政府主义，对强权无情的批判，主张采用激进方式，搞暗杀、暴动，不惜以身涉险，立志破坏一个旧世界，建设一个绝对无强权、无私产的光明世界，在落后保守的中国起到了启蒙作用。袁世凯、张勋的复辟活动，各路军阀的专制统治等，既刺激了人们对无政府主义世界的向往，又进一步激发了无政府主义者对封建专制的批判。新村主义、工读主义等带有无政府主义因子的试验活动，以互助、劳动为本的尝试，颠覆了几千年的封建等级秩序，是封建军阀统治高压下的群众自救运动。

（二）破除封建礼教旧道德的推手

近代中国社会主义思潮在反封建上是全面的，不仅反抗封建专制王朝政府，同时反对压抑个性的封建礼教旧道德。到新文化运动时期，大的封建朝廷没有了，但类似于封建朝廷的地方军阀还存在各地，为封建复辟呐喊的礼教礼制、扼制中国社会进步的旧道德还在。人们头上的辫子剪掉了，而心里的辫子却还萦绕着，并时不时地冒出来。

社会主义者对封建礼教旧道德的批判远早于新文化运动时期。民国初建，民德的衰落刺激了无政府主义对封建礼教的尖锐批判。无政府主义认为，家庭包办婚姻是强者欺压弱者的工具，家族是社会进化的障碍物，并且把旧道德、礼教与恶制度结合起来批判。社会主义者首先生于封建环境下，对家族等级、包办婚姻和礼教旧制具有深刻的感受。师复的无政府主义之路就是从破坏旧道德、建立新道德入手的，他曾邀约志同道合的同志，在广东新安附近的赤湾建立起"红荔山庄"共产主义试验场，坚持半耕半读，践行着一个无政府主义者的理想。在山庄内，师复深感礼教的束缚、民德的衰落，最后试验也以失败告终。由此，师复坚信，要实现无政府社会的美好蓝图，首先要打破旧礼教，从改变人们的落后道德观念入手。所以，在师复主义体系中，反封建礼教是其基础性要件。同样，蔡元培等封建官僚出身的新派，曾多次成立无政府主义组织"进德会"，也是为了涤荡封建陋习，在全社会开一个自由、平等、文明的新风气。

以反对封建家族、婚姻为表里的三纲革命，是无政府主义反封建礼制的主要抓手。封建社会长期形成的以儒家思想为核心，建立起来的价值体系，具体表现为以"三纲五常"为主体的道德伦理标准。在辛亥革命后，"三纲"并没有随着封建王朝的消失而消失，仍然顽固地钳制着人们的思想与行为。社会主义者把无政府主义与社会现实相结合，把反强权与封建家庭、婚姻结合起来，主张纲常革命。师复认为，"所谓三纲，出于狡者之创造，以伪道德之迷信，保君父等之强权也。"① 他把三纲当作迷信来反对，主张用科学真理来代替强权，提出人人平等、父子平等和男女平等之说。他认为，在世界进化中，最终将消灭国家和民族的界限，首先必须要废除家族主义，以纲常革命继而推进到婚姻革命和族姓革命来实现。稍早一些，何震在《天义报》上已经提出"女子解放问题"，她指出："中国数千年之制度，以女子为奴隶者也，强女子以服从者也。"② 就是要从物质和精神上彻底破除这种强权。此后，破除三纲五常即成为社会主义思潮反封建礼教的题中应有之义。

　　新文化运动中彰显的个人独立、自由、民主和科学观念与无政府主义追求的消灭一切强权、实现个人绝对自由的理想相匹配。随着西方自由主义文化的渗入，伸张个性成为亟待解决的现实问题。儒家崇尚的社会和谐、强调集体的价值观念，以及无视个人独立存在的价值等，在新文化运动中都受到了广泛的冲击。事实上，对这一现实问题的提出，是民初反封建专制在文化层面的继续。而袁世凯为了实现从总统向皇帝的转变，大肆开展尊儒敬孔，压制民主共和，复辟封建礼教的活动，出现了一切旧制的回潮之势，进一步促使人们强烈反对封建礼制。新文化运动的健将们首先喊出了打倒孔家店的口号。在反孔教运动中，民主主义者的反应最为激烈，其中，以北京的陈独秀和成都的吴虞为代表。被胡适称为"中国思想界的一个清道夫"的吴虞，以古反孔，提出要打倒吃人的礼教，他认为儒家尊崇的家族制度是社会停滞不前之梗，反对愚孝、主张求和，追求人人平等，废除儒家主张的等级制度，赞赏道家的大同、墨家的兼爱、非攻，宣扬积极的劳农主义和无君主义，这些明显具有社会主义色彩。反孔斗士陈独秀，以今反孔，他以国之耆宿康有为

---

① 唐仕春：《中国近代思想家文库——师复卷》，中国人民大学出版社2015年版，第39页。

② 葛懋春等：《无政府主义思想资料选》上册，北京大学出版社1983年版，第98页。

"欲以孔教专利于国中"①为对象，重点批判占孔教核心地位的礼教。他认为道德伦理"必以社会组织生活状态为变迁，非所谓一成而万世不易者也"②，而孔子的礼教是封建时代的礼教，在现代社会已经寸步难行，不能增进社会福利与国家实力，理应用现代文明来代替。

反孔斗士批判旧礼教引起的冲击波，极大地推动了思想解放运动。但与民主主义者不同的是，无政府主义则更加彻底。他们颠覆一切传统，主张建立一个无政府世界。中国无政府主义者把伪道德、恶制度等同视之。从师复开始，在无政府主义眼里只有个人和世界两端。他对儒家典籍《礼记》倡导的修身、齐家、治国、平天下的人生理想进行批判性运用，剔除齐家与治国，把"修身"一跃达到"平天下"的高度，从而把个人道德问题直接推进到世界革命问题。他批判说，观天下平民迫于强权，没有丝毫幸福可言，陷于痛苦辱秽不可名状之境。必须从根本上实行世界革命，才能破除一切强权，改造正当真理之新社会。于是，师复发出了"平民之声"：反对军国主义、宗教主义、家族主义，进而实行共产主义、工团主义、素食主义、语言统一等，最后达到万国大同的人类互助世界。

无政府主义在反对强权、主张无私产的口号下，还把反封建主义逐渐具体化。五四运动前夕，周作人发表《祖先崇拜》一文，反对尊崇国粹，抨击封建复古思想。他指出："倘若一味崇拜祖先，想望做古人，自羲皇上溯盘古时代以至类人猿时代，这样的做人法，在自然律上，明明是倒行逆施，决不许可的。"③梁冰弦也持同样的观点，他在《家族的处分》一文中提出，家族主义是阶级制度的根源、与人格主义相抵触、是个性发展的障碍、与人的自由相冲突④，要彻底打破这"四种恶德"，才能从精神上彻底获得解放。

---

① 陈独秀：《陈独秀著作选》第1卷，上海人民出版社1993年版，第216页。
② 陈独秀：《陈独秀著作选》第1卷，上海人民出版社1993年版，第237页。
③ 张菊香：《周作人代表作》，河南人民出版社1989年版，第2页。
④ 葛懋春等：《无政府主义思想资料选》上册，北京大学出版社1983年版，第401页。

❖ 进步与虚幻

社会主义思潮在反封建主义层面的影响是深远的。其一，推动了中国社会从传统向现代的转型。民国之后，民主共和观念逐渐深入人心，现代国家形式初显，尽管时不时出现复辟、复古现象的回流，但都未能阻止中国社会从传统走向现代。试图复辟、复古的人，有的时不常久，有的转瞬即逝，成为近代中国舞台上的闹剧。这里既有民主革命运动的破坏力作用，也有包括社会主义在内的各种现代思潮的反封建批判和现代观念的灌输，尽管这种灌输还仅仅局限于社会的中上阶层。社会主义思潮推动更多人产生走出家庭，走向社会的意识。辛亥革命期间，中国社会党倡导的妇女解放，男女平等，使一大批妇女走向社会，参与政治、经济和社会活动，激活了妇女的参政意识、男女平等意识，促进了人们以私向公的转变，打破了封建制、私有制一统天下的格局。无政府主义倡导的互助、劳动观念，打破了传统社会的等级壁垒，把劳心者治人、劳力者治于人的封建秩序初步打破。其二，把中国人对国家、民族问题的关注扩大到社会层面。几千年的王朝时代着眼于政权建设，仁人志士倾向"货卖帝王家"的效忠思维。中央以皇权为中心，地方以家族为中心，社会精英本着做臣民心态，而缺乏公民意识。社会主义者主张天下为公、人人平等的现代理念，更加关注社会问题的解决。他们关注教育普及问题、社会养老问题、个人发展问题等，以多数人的生存与发展为旨归，代表着现代文明的正确走向。其三，培育了一代新青年。新文化运动期间，社会主义思潮对中国青年自由、民主和社会主义观念的影响是深刻的。一些人在各种主义中进进出出，大多数学生或青年的思想都受到无政府主义的影响。1936年，毛泽东在延安与斯诺谈到了他在师范学校读书时受到的各种思潮影响："在这个时候，我的思想是自由主义、民主改良主义、空想社会主义等思想的大杂烩。我憧憬'十九世纪的民主'、乌托邦主义和旧式的自由主义，但是我反对军阀和反对帝国主义是明确无疑的。"① 对封建主义的朴素批判和非理性逃

---

① [美]斯诺：《红星照耀中国》，江苏人民出版社1996年版，第139页。

离的主张，是社会主义思潮留给青年学生的半拉子工程。受到社会主义思潮影响的青年，既得益于脱离封建家庭的快乐，又苦于没有找到真正解决中国问题之法而倍感烦恼，直到遇见马克思主义，才走上了彻底反对封建主义的道路。

反对旧道德是无政府主义的题中要义。以《新青年》为发端的新文化运动的初始宗旨是反对封建旧文化旧道德，倡导西方社会新文化新道德，形式上是思想学术探讨，实质上充满改造社会的浓厚意味，这种特征与无政府主义对现存社会的全面否定具有密切关联。所以，陈独秀面对青年提出的"六义"准则，首先得到无政府主义者的应和。《新青年》是立足于知识分子和青年学生的杂志，其思想理论来自于这一群体，同时又面向这一群体，以知识分子教育知识分子，以青年教育青年，其中，不乏宣传各社会主义学说的文章，直接推动青年学生在五四运动中成为中坚力量。

各社会主义流派都传播了兴办教育或实业救国的先进理念。他们主张开办现代教育，反对为少数人的私塾，孙中山就说过："中国人数四万万人，此四万万之人皆应受教育。"① 他们还寻找一切机会，希望在混乱的中国寻找能够安放书桌的地方，兴办了多所现代学校，培养了一大批进步青年。

近代中国社会主义是空想社会主义，这些受过无政府主义影响的青年，本来是进步青年、革命的民主主义者，他们首先接触到空想社会主义，在马克思主义影响下，一大批青年最终转向科学社会主义，成为中国共产党人。从这一方面说，近代中国社会主义承载的是进步青年从民主主义转向马克思主义的桥梁作用。

第二节　反对资本主义

社会主义与资本主义相伴相随，看似社会主义依赖于资本主义而发

---

① 《孙中山全集》第 2 卷，中华书局 1982 年版，第 358 页。

展,事实上,它们是独立存在的。恩格斯说:"在每一个大的资产阶级运动中,都爆发过作为现代无产阶级的发展程度不同的先驱者的那个阶级的独立运动。"① 社会主义本质上具有反对资本主义的一面。近代中国社会主义思潮的主要人物,面对帝国主义的侵略,具有坚持民族自尊自强、维护国家独立统一的愿望。师复、江亢虎、孙中山等在阐释自己的社会主义理想时,都表达了一个相同的理念:资本和资本主义制度充满罪恶。他们把对资本主义的批判贯穿于近代中国社会主义的始终。

(一)对资本和资本制度的批判,唤醒了国人对资本主义的深刻认知

各种社会主义思潮在中国的传播,对人类大同理想的追求,对超越资本主义的向往,在思想层面揭示了资本主义的罪恶,把民主、科学与自由推进到社会主义层面,使国人较早认识到资本主义的弊端,为科学社会主义的传播提供了思想和理论上的准备。

近代中国人大多处于封建闭塞的环境下,对什么是资本主义几无所知,较早认识到西方资本主义罪恶的,是无政府主义者刘师培。他提出"抵抗资本主义,固当今之急务",从无政府主义出发,提出"完全平等"的、农工商业按人的不同年龄流转的、以实现"均力"为表征的社会。章太炎亦是如此,但他批判资本主义的罪恶,是立足于弘扬"国粹"的前提下,甚至他一度主张,回避资本主义罪恶的办法是退回到原始共产主义状态。师复同样对资本主义进行了批判,但这种批判突出了非理性特征。他不仅批判当时的资本主义政府,同时批判一切政府,直接主张无政府主义,并且还充满信心地说:"今世界政府之恶已显著矣,欧美之民已渐知政府之无用而厌恶之矣,无政府主义之发明,既如旭日当空,无政府之世界,不难实现者也。"② 经过平民斗争,包括欧美资本主义政府在内的一切政府终究会灭亡。

社会主义者对资本主义的批判是比较全面的,主要表现在政治和经

---

① 《马克思恩格斯文集》第3卷,人民出版社2009年版,第525页。
② 葛懋春等:《无政府主义思想资料选》上册,北京大学出版社1983年版,第271页。

济上，并提出了对应的解决措施。无政府主义在政治层面批判资本主义的国家强权，提出无政府的主张，在经济上，批判资本主义的私有制度，提出建立公有制。师复认为，对社会最为有害的强权表现为资本制度。其理由是人类"饥则食，寒则衣，能耕织以自赡，能筑室以自安，能发明科学以增进社会之幸乐"①，完全不需要政府来指挥，也不需要政客来教训。之所以今天世界各国还有政府存在，起因于强权，而政府就是强权的工具。在政府的强权性上，无政府主义不仅批判资本主义政府的罪恶，同时，对人类有史以来的各种政府都开展批判。他们还批判科学发明掌握在私产者手中，被金钱所操纵，还提出废除政府，人人获得自由，获得平等，共同拥有资源，共同劳作，共同生活，共同推进人类社会之发展。师复对资本主义的批判也是绝对的。1914年7月，他在无政府共产主义同志社的《宣言书》中明确提出："无政府共产主义者何？主张灭除资本制度，改造共产社会，且不用政府统治者也。"此刻，无政府主义以无政府为旗号，而首要的是反对资本制度。师复把资本制度看作罪恶之源，"资本制度者，贫民第一之仇敌，而社会罪恶之源泉也"，"社会一切之罪恶匪不由是而起"②。他批判地主资本家操控土地、资本、器械等，平民像奴隶一样辛勤工作，生产的产物大部分落入少数资本家口袋，劳动者反而受苦受穷，由是主张建立一个私有财产归社会公有，人人皆劳动，自由分配成果的共产社会。师复从朴素的社会主义出发，看到了劳动阶级和富贵阶级的对立，并进行了初步分析。他认为，凡不劳动而也能生活的，就是富贵阶级，具体地说，就是地主、商业家，工厂主、官吏、议员、政客等。而依赖劳动才能生活的人，就是劳动阶级，具体地说，主要是农人、手工家、工厂工人、苦力、雇工，包括家里没有恒产的教师、医生、工程师等。③他还特别指出，劳动阶级不通文字的比较多，所以，在传播无政府思想时，"当以

---

① 葛懋春等：《无政府主义思想资料选》上册，北京大学出版社1983年版，第270页。
② 葛懋春等：《无政府主义思想资料选》上册，北京大学出版社1983年版，第304—305页。
③ 葛懋春等：《无政府主义思想资料选》上册，北京大学出版社1983年版，第326页。

白话浅文为最要"。师复曾说过他早就开始考虑如何批判资本主义这一问题,但苦于一直找不到好的办法。

民生主义者孙中山是辩证地批判资本主义的。孙中山从接受资本主义发展到极力接纳资本主义的进步,进而提出要规避资本主义的弊端。孙中山心仪资本主义道路是人所共知的,但他又竭力回避资本主义的罪恶。孙中山发现资本主义的弊端是在其革命早期,1903年12月,孙中山在回复《复某友人函》中,谈到资本主义的贫富差距过大问题。此时,他已经认识到欧美国家的贫富不均,并且开始关注、了解社会主义。他的解决方案是通过"平均地权"来解决"欧美之富者富可敌国,贫者贫无立锥"①的窘状。那么,如何避免资本主义的灾难呢?答案是实行社会主义的政策,即民生主义。孙中山认为,资本主义文明国家物质财富富足,但出现了资本家垄断,导致贫富差距巨大,进而形成了无产阶级和资产阶级的对立。要解决这种对立,就需要找到新的解决办法。

但孙中山对资本主义的批判是不彻底的。他曾说资本家比封建皇帝还要可恶,不顾工人的死活,公开地、明目张胆地压迫劳工阶级。"资本家者,以压抑平民为本分者也,对于人民之痛苦,全然不负责任者也。"② 中国要避免出现欧美国家那样的状况,就要注重社会问题,需要在政治革命以后及时开展社会革命,才能摆脱资本家垄断,实现国利民福。但孙中山批判资本制度不是要消灭资本家,只是对资本制度进行改良。他在谈到民生主义的时候,明确地说:"夫吾人之所以持民生主义者,非反对资本,反对资本家耳,反对少数人占经济之势力,垄断社会之富源耳。"③ 孙中山认为,要发展民生,资本家也要维持,要开发实业,资本和资本家必不可少。他反对的是资本家产生的流弊,防止的是少数资本家垄断资本及造成的贫富差距。

---

① 《孙中山全集》第1卷,中华书局1981年版,第228页。
② 《孙中山全集》第2卷,中华书局1982年版,第333页。
③ 《孙中山全集》第2卷,中华书局1982年版,第338页。

孙中山对资本主义的批判也是软弱的。面对帝国主义对中国的侵略和剥削，孙中山持的是一种复杂的心态。他深知帝国主义势力的强大，在辛亥革命以后，尽量避开谈论帝国主义对中国的侵略，以免引起帝国主义对革命的干涉。尽管如此，在一些场合，孙中山仍然流露出对帝国主义的真实看法。1912年4月17日，孙中山在《在上海中华实业联合会欢迎会的演说》一文中谈到借外债开展民生建设的问题时，说道："仆之意最好行开放主义，将条约修正，将治外法权收回，中国有主权，则无论何国之债皆可借。"① 认为由于治外法权的存在，干扰了中国的实业建设，干扰了民生。他还主张"中国政府将取消各口岸（之租界）"②，以实现中国与各国之间的权利平等。他集中批判资本主义是在五四运动以后，此时孙中山不仅认识到资本主义制度下进行社会革命的紧迫性，同时认识到帝国主义的侵略本性，及其对中国民族民主解放的障碍。孙中山对帝国主义侵略本性的认识有一个逐渐推进的过程。在护法期间，孙中山还没有认识到帝国主义给中国造成的困难，仍然天真地认为，国内纷争，主要是宪法不能实行，只要国会能完全行使职权，国家便会出现和平景象。"苟使国会得恢复完全自由行使职权，永久合法之和平于焉可得，则文之至愿也。"③ 其实，孙中山很清楚必须反对资本主义，但他不敢发动群众。在与戴季陶的谈话中，孙中山认为，在社会思想和生活还不发达、人民的知识还不普及、国家的民主建设还没有基础的时候，用不健全的、一知半解的思想来煽动民众，确实是危险的。

（二）批判帝国主义，主张世界和平

近代中国社会主义作为一种进步潮流，对帝国主义侵略弱国的行为是坚决反对的，但这种批判主要是从情感出发的。

批判帝国主义是现今世界之蟊贼。刘师培是较早站在社会主义的立

---

① 《孙中山全集》第2卷，中华书局1982年版，第340页。
② 《孙中山全集》第2卷，中华书局1982年版，第368页。
③ 《孙中山全集》第5卷，中华书局1985年版，第61页。

场上批判帝国主义的,他批判了西方帝国主义对亚洲落后国家的强权,"今日之世界,强权横行之世界也。而亚洲之地,又为白种强权所加之地,欲排斥白种之强权,必排斥白种加于亚洲之强权"①。他针对英人之于印度、法人之于安南、日人之于朝鲜、美人之于菲律宾,以及各列强瓜分中国等,提出了帝国主义是世界之蟊贼的观点。刘师培认为,要是弱国相互联合,必然有排斥强权的能力,待到那时,世界和平的机会就到来了。刘师培罗列的证据是:其一,亚洲各国人民抱定独立的信念;其二,在亚洲各弱国被帝国主义掠夺殆尽,呈现出财尽民穷的状况下,社会主义必然会渐次兴起;其三,只要亚洲各弱国不甘屈服,实行社会主义无政府主义,以天下大同为宗旨,团结起来,必有抵抗强权之一日。并且,他主张世界被压迫民族相互联合:"一曰非亚洲弱种实行独立不能颠覆强族之政府;二曰亚洲弱种非与强国诸民党相联,不能实行独立。"②

　　直观批判一切资本家。无政府主义者直观感受到资本制度的恶劣,认为平民的一切幸福都被强权所掠夺,只有把一切恶劣制度全部铲除,才能实现自由快乐正义的新社会。但他们又躲避对资本制度的直接斗争,而是以情感为基础,为了良心的安适,主张到工厂里组织产业工会,等待社会革命的到来;还有主张开展工读互助,不与资本为伍的;也有主张到乡村去的,"努力撒播自由种,再看将来爆发时!"③ 他们主张通过组织新村、组织农会、组织平民教育社等活动,隔离污浊的资本社会,再逐渐共同脱离恶世界,以如此诸种来表达对资本制度的厌恶和不满,梦想有朝一日能铲除全世界的不平,谋得全人类的幸福。

　　由上述可见,社会主义思潮面对外国资本主义的侵略和国内资本主义的初兴,在言语上的批判是激烈的。但他们对资本制度的批判,貌似

---

① 葛懋春等:《无政府主义思想资料选》上册,北京大学出版社1983年版,第120页。
② 葛懋春等:《无政府主义思想资料选》上册,北京大学出版社1983年版,第125—126页。
③ 葛懋春等:《无政府主义思想资料选》下册,北京大学出版社1983年版,第642页。

彻底，实际上并没有切中要害。他们只看到资本制度给社会带来的罪恶，却没有理清资本制度的本质；看到了资本对劳动大众的剥削，而没有认识到产生剥削的根源，所以，找不到无产阶级这一克服资本制度的力量。他们缺乏阶级斗争意识，畅想依赖资本发达来克服贫穷落后，反对阶级战争和平民专政，试图以单纯的互助劳动来解决社会问题，最终失败是必然的。

社会主义思潮中出现的批判封建主义和资本主义主张，是中国社会发展进程中革命运动的本能反应。对旧制度、旧道德的批判，促进了国人对民主、自由思想的接纳。对资本主义的批判，促进了国人对资本主义本质的认知，尽管这些批判还是零散的、不成熟的也是不彻底的。这种批判传播了社会主义观念，促进了国人对中国社会发展道路的多重思考，为马克思主义在中国的传播打开了方便之门。在社会主义思潮中，各社会主义流派的思想理论都没有成为改变中国命运的科学理论，但它们推动了中国人的思想启蒙，也激发了中国人改造社会的热情。在资产阶级革命时期，社会主义思潮代表了小资产阶级和部分中下阶层人民的利益，既促进了资产阶级的革命运动，又为变革中国提供了一种不同于资本主义的方案。在中国资本主义上升时期，它们与资产阶级的合作与竞争，在中国社会历史舞台上出现了资产阶级革命与社会主义运动双星璀璨的奇妙景观。总体上看，各社会主义团体、流派的学说大都是空想的、虚幻的，提出的改良中国的方案也是不切实际的，但社会主义在民初形成的思潮有积极进步的一面，在五四运动时期对马克思主义的传播也具有促进作用。

前期近代中国社会主义思潮是由封建叛逆者发动的，后期主要由资产阶级小资产阶级的代表发动的，波及社会各个阶级阶层，影响广泛，但具体地分析，主要是由知识分子、青年学生，部分商人、封建官僚和军阀，以及少数普通民众参与的，无产阶级和广大农民很少被发动，也基本没有参与进来。在孙中山的多次民生主义演讲中，听众大多数都是军官、资本家、商人、大中学校的学生和士绅阶层的人士。江亢虎也多次宣传他的"三无"主义和妇女、儿童教育思想，听众也基本上局限于各地各级学校师生，其开展的社会主义实验和开办的育婴堂等慈善机构，也局限于少数人群。在中国社会党成员中，也很少有工人和农民。

第三节 对现代中国社会发展的启示

近代社会主义思潮作为一种反对封建主义和资本主义的进步力量，为中国的民主自由呐喊，为中华民族的独立和解放做了铺垫，但由于其自身的虚幻性，以及脱离中国社会现实、不切实际的空想，最终演化为改造中国的消极力量。以史鉴今，各种不同类型的社会主义学说，汇集成社会主义思想潮流，他们对中国社会朝何处去的探索，为推动现代中国的社会发展提供了诸多启示。

一 只有科学社会主义的理论指导，才能实现中华民族伟大复兴

前文我们论述的各个流派，尽管观点驳杂，但作为不同于资本主义的社会改良思潮，都可以归纳入广义的社会主义流派。作为资本主义的对立面，社会主义发端之后，经历了从不成熟到逐渐成熟，从空想到科学的发展。近代历史的发展已经充分证明，资本主义道路在中国走不通，必须走社会主义道路，才能实现中华民族伟大复兴。但此社会主义不等于彼社会主义。民国时期出现的社会主义思潮，诸如社会民主主义、民生社会主义、无政府主义等，设计的宏伟而又虚幻的社会发展蓝图，最后都在改造中国的道路上走向失败。这些社会主义，都希望在不触碰政治或者在完全消灭政治的情况下，发动社会力量，实行社会改良的政策，实现国强民富，直至实现"各尽所能、各取所需"的理想社会。经济决定政治，政治对经济具有能动的反作用，他们仅仅看到了经济对社会发展的决定作用，但没有认识到政治对经济的反作用。在国家政治问题没有得到解决的前提下，单纯依靠发展经济绝对没有实现社会理想的可能。

第七章　社会主义思潮的历史影响与启示

历史实践已经证明：社会主义是中国发展的方向，但此种社会主义必然是科学社会主义，而不是空想的、虚幻的社会主义。在反复探求中，中国人找到了马克思主义。科学社会主义的显著优势在于，首先必须通过阶级斗争解决政治问题，达到无产阶级专政，为经济发展、国强民富提供有力保障，这是符合中国时代特征和社会发展实际的。当代中国主权独立、政治清明的和平环境，为发展经济、实现中华民族伟大复兴奠定了前提基础。

只有以马克思主义为指导，才能解决中国社会发展问题。处于数千年未有之大变局时代的近代中国，需要解决的是实现国家独立、人民幸福，从传统走向现代的问题。无政府主义坚持反对强权、绝对自由、暴力方式，以期实现彻底的"各尽所能、各取所需"理想社会，不仅目标过于虚幻，改造方式也过于极端狭隘。人类是一个社会性的存在，自由是人类追求的目标，但个人的绝对自由，必然会造成他人与社会的无自由，个人的暴力则会造成恐怖主义。无政府主义只注重结果而没有认识到社会发展的过程性。不经过中国特色社会主义的长期发展，建立起高度发达的生产力，无政府主义幻想的理想社会必然是千年一梦。民生主义宣扬的平均地权和节制资本都带有资产阶级改良特征。只要土地私有制存在，就免不了剥削，即使在土地归国家所有的情况下，如果不消灭地主和资本家，土地仍然会被资本集聚、垄断，贫困的还是广大人民群众。中国共产党人以马克思主义唯物史观为理论基础，以阶级斗争为改造社会的主要手段，以实现人人自由而全面发展为旨归，立足于中国社会现实，带领广大人民群众，开展反帝反封建的斗争，取得了新民主主义的胜利，并不断建设和改革社会主义，中国特色社会主义进入了新时代。在当代世界，资本主义国家仍然占据优势地位，其主要矛盾还客观存在，经济危机还困扰着资本主义社会。所以，马克思主义对资本主义的批判并没有过时，仍然处于理论的制高点。在新时代，必须以马克思主义为指导，密切结合当代中国实际，直面中国社会发展的中心问题，才能在百年未有之大变局中抢得先机，开创新局。

实现中华民族伟大复兴的任务历史地落到中国共产党肩上。近代以来的民族国家都是由政党领导的，政党政治是社会发展的必然。在世界范围内，经过长期的政党实践，形成了资产阶级政党和无产阶级政党的分野。资产阶级政党的性质决定了其只能领导资产阶级革命，建立资本主义制度。近代中国社会曾为资产阶级政党提供了肆意挥洒的舞台，以孙中山为代表的资产阶级和革命党人也曾励精图治、艰苦斗争，以暴力革命的方式推翻了封建王朝，建立起资产阶级民主国家。但帝国主义侵略造成的经济落后、主权丧失，封建势力压迫造成的政治专制、社会混乱，形成了近代中国的特殊国情。在强大的反动势力面前，中国资产阶级的软弱性逐渐暴露，阻滞了资产阶级革命的继续发展。实现中华民族伟大复兴的任务历史地落在无产阶级政党的肩上。百年来，在中国共产党的领导下，从革命、建设到改革的接续奋斗，坚持科学社会主义，改变了近代中国贫穷落后、任人宰割的窘况，实现了国家独立、人民解放，把中国特色社会主义推进到新时代，生动诠释了"只有社会主义才能救中国，只有社会主义才能发展中国"的历史结论。

二 坚持以人民为中心，要相信群众自己能够解放自己

各社会主义思潮的基本诉求是推进民生事业，最终实现大同社会理想。孙中山念念不忘的是民生，把民生作为社会主义的第一级。无政府主义也是口口声声高喊要在经济上实现公有，还人民自由、幸福生活。他们尝试进行土地改革、财产归公、发展教育等，试图实现和平、清明的和谐社会。虽然他们提出的口号很响亮，但行动却软弱无力。在利益主体上，到底是着眼于少数人的利益，还是多数人的利益；是为了维护中上阶层的利益，还是为了最广大人民群众的利益，各社会主义流派都给出了自己的一套说法，看似清晰了，实质上语焉不详。孙中山认为，中国只有大贫与小贫，他不认可阶级对立。事实上，当时土地兼并严重，农民困苦，资本家的压迫导致工人的贫困。无政府主义不考虑中国的现实经济状况，强调绝对的财产公有、人人互助。在半封建半殖民地

社会，让官僚、资本家放下权力和财产与普通民众互助几无可能。中国社会党面对社会各阶层，片面主张遗产归公，却没有考虑实现遗产归公的前提条件。这些设想，都严重脱离中国的实际，没有真正考虑到广大工人阶级和农民阶级，以及其他贫困群体的利益，必然都是空想的设计。

社会主义思潮既然看不到人民群众的伟大力量，没有考虑广大人民群众的利益所在，自然不会广泛发动人民群众，纯粹是资产阶级、小资产阶级以及富贵阶层出身的知识分子的自娱自乐。他们看到了封建专制的黑暗和帝国主义的险恶，仅仅出于对社会的朴素情怀和对广大劳动人民的同情，其设想和规划也是非科学的、脱离社会现实的。民生主义的"平均地权"说，曾经在欧美风靡一时，充其量只是资本主义国家的改良措施，而不是民众的期盼，不会也不可能彻底解决阶级矛盾和社会问题。当它被孙中山引进中国时，欧美已经是马克思主义和社会党施展身手的舞台。中国社会党有50万成员，开发的实业、创办的学校也颇有影响，但当其组织一朝被取缔，便销声匿迹，足见其民众基础的缺乏。无政府主义把口号喊得惊天动地，振奋人心，但他们追求虚幻的目标、采取极端的方法，一心只想着世界大统的实现，终归只为人们画了一个又大又圆的乌托邦之饼。

社会主义思潮从唯心史观出发，分不清什么是人民群众。他们主要集中在中下层群体，与基层民众有天然的联系。在革命过程中，他们提出了实现民众幸福的思想。但是，他们以公理、人性为基础，对民众的定位是不准确的，界限是不清晰的。孙中山把包括地主和资产阶级在内的人全部定位为人民，主张实现包括地主、资本家和一般平民的国民的快乐和幸福。师复把政府和平民对立起来，认为政府是强权的根源，他把参与政府的人员，诸如军阀、官吏、军人等，作为平民的对立面，这种划分具有明显的主观性。江亢虎对民众的认识更是模糊不清，尽管中国社会党主要活动在中下层，但对民众却未加区分。只要符合中国社会党的八条政纲，不管属于何阶级阶层，都可以入党。由于分不清或者不

❖❖ 进步与虚幻

愿意承认谁是真正的革命者和被革命者,其事业在开始的时候已经注定要失败。毛泽东曾经对人民大众做过精辟的表述,在革命时期,他说:"包括了工人、农民、独立劳动者、自由职业者、知识分子、民族资产阶级以及从地主阶级分裂出来的一部分开明绅士,这就是我们所说的人民大众。"① 只有分清了什么是人民,才能真正着眼于民生,为人民谋解放、谋幸福。

但各社会主义学说都把实现民生作为共同的诉求,反映了实现中国繁荣富强的基本要求。孙中山认为"民生是社会一切活动中的原动力",虽然对民生的作用过度夸大,但其对实现国强民富的重要性是毋庸置疑的。如何实现民生,各社会主义流派都提出了自己的具体方案。孙中山提出,要在对外开放中,充分利用资本主义的"善果"。在实现国富民强的过程中,不能以杀富济贫的方式来获取物质利益,而要以共同富裕为目标,才不至于因过度的破坏而消融了建设的根基。无政府主义提出要从群众的道德层面入手,在批判旧道德的基础上实现新文明。社会民主主义提出要普及教育,实现男女平等,提高民众的基本素质等,这些关于民生的重要性论述,都为实现新时代中国特色社会主义的共同富裕目标提供了参考。

三 必须以繁荣中国为前提,推进世界共同发展

自古以来,中华民族就是多民族、多文化、多语言的复合性社会存在,具有"天下一家"的观念和情怀。中国人从来都不只关注自身的发展,尽管在王朝时代,一度出现过闭关锁国的现象,但其海纳百川、四海归一的天下理念,仍然流淌在中国人的血液中。在近代社会主义思潮中,这一观念也融入了他们的理想社会目标。他们关注的不惟是中华民族的兴旺发达,尽管自身处于苦难之中,仍然不忘追求全人类的和平与幸福。孙中山清晰地指出:"主张和平、主张大同、使地球上人类最

---

① 《毛泽东选集》第4卷,人民出版社1991年版,第1313页。

大之幸福，由中国人保障之，最光荣之伟绩，由中国人建树之，不止维持一族一国之利益，并维持全世界人类之利益焉。"① 孙中山对资本主义产生的"恶果"甚为担忧，试图以其民生主义的成功来影响世界，带动世界各民族的社会革命，最终实现人类的自由。师复以极端的方式阐述了人类和平、世界一家的观念，他说："世界之人类皆兄弟也，吾人本能互相亲爱，政府乃倡为爱国之伦……是故政府者，剥夺自由扰乱和平之毒物也。"② 表达了社会主义者身居陋室、心系天下的博大胸怀和理想主义情结。

为世界作贡献的前提是中国社会获得巨大发展。作为占世界人口四分之一的大国，中国具有悠久的历史，理应为世界的和平与发展作出更多的贡献。近代中国，尽管社会主义者们有实现世界大同的愿望，但由于政治上的黑暗、经济上的落后、文化上的守旧，推进世界和平发展的愿望可望而不可即，只有建设好中国，才能融入世界，才能造福世界。习近平指出："中国的发展是世界的机遇，中国是经济全球化的受益者，更是贡献者。"③ 中国坚定不移走和平发展之路，中国的发展得到保障，会有力推进世界的和平发展。

在纷繁复杂的世界局势下，国家间的联系在日益加强，民族间的融合势不可当。习近平总书记提出的构建人类命运共同体理念，是从全球利益观出发，倡导实现的人类共同价值，是现代中国对实现世界繁荣、推动人类发展提供的中国方案。

---

① 《孙中山全集》第 2 卷，中华书局 1982 年版，第 440 页。
② 葛懋春等：《无政府主义思想资料选》，北京大学出版社 1983 年版，第 270 页。
③ 习近平：《在世界经济论坛 2017 年年会开幕式上的主旨演讲》，2017 年 1 月 17 日。

参考文献

《马克思恩格斯选集》第 1—4 卷，人民出版社 2012 年版。

《列宁专题文集·论社会主义卷》，人民出版社 2009 年版。

《毛泽东文集》第 1—8 卷，人民出版社 1993—1999 年版。

《邓小平文选》第 3 卷，人民出版社 1993 年版。

《习近平谈治国理政》第 3 卷，外文出版社 2020 年版。

中共中央宣传部理论局：《世界社会主义五百年》，学习出版社 2014 年版。

《中国近代思想家文库》（吴稚晖卷、萧公权卷、李达卷、张东荪卷、朱执信卷、师复卷、高一涵卷、张君劢卷、陶希圣卷、师复卷、陈序经卷、孙中山卷、江亢虎卷、胡汉民卷、瞿秋白卷、唐君毅卷、张申府卷、王亚南卷），中国人民大学出版社 2012—2015 年版。

《孙中山全集》第 1—10 卷，中华书局 1983 年版。

湖南省社会科学院：《黄兴集》，中华书局 1981 年版。

广东省社会科学院历史研究所：《廖仲恺集》，中华书局 2011 年版。

广州哲学社会科学研究所历史研究室：《朱执信集》（上、下），中华书局 2012 年版。

白天鹏等：《民国思想文库：无政府主义派》，长春出版社 2013 年版。

蔡国裕：《1920 年代初期中国社会主义论战》，台湾商务印书馆 1988 年版。

蔡韦等：《五四时期马克思主义反对反马克思主义思潮的斗争》，上海人民出版社 1979 年版。

蔡元培：《蔡孑民先生言行录》，岳麓书社 2010 年版。

崔志海：《蔡元培自述》，河南人民出版社 2004 年版。

陈旭麓：《近代中国社会的新陈代谢》，上海社会科学院出版社 2006 年版。

丁守和等：《从五四运动启蒙到马克思主义的传播》，生活·读书·新知三联书店 1979 年版。

丁贤俊：《洋务运动史话》，社会科学文献出版社 2011 年版。

董四代：《中国近现代社会主义思想述评》，中共中央党校出版社 2010 年版。

方汉奇：《中国近代报刊史》，山西教育出版社 1981 年版。

冯桂芬：《校邠庐抗议》，上海书店 2002 年版。

冯自由：《革命逸史》（上、中、下），新星出版社 2009 年版。

冯自由：《中国革命运动二十六年组织史》，上海三联书店 2014 年版。

傅德华：《于右任辛亥文集》，复旦大学出版社 1986 年版。

高放：《社会主义的过去、现在和未来》，北京出版社 1982 年版。

高平叔：《蔡元培年谱长编》（第 1 卷），人民教育出版社 1999 年版。

戈公振：《中国报学史》，中国和平出版社 2014 年版。

葛懋春等：《无政府主义思想资料选》（上、下），北京大学出版社 1983 年版。

耿云志等：《西方民主在近代中国》，中国青年出版社 2003 年版。

广州市政协：《广州文史资料选编》（第 1—7 辑），广州文史出版社 2008 年版。

郭圣福：《中国共产党社会主义认识史》，中国社会科学出版社 2004 年版。

郭湛波：《近五十年中国思想史》，山东人民出版社 1997 年版。

黄宗良等：《共产党和社会党百年关系史》，北京大学出版社 2002 年版。

季学明：《社会主义在中国》，上海三联书店 2010 年版。

江亢虎：《洪水集》，上海社会星出版社1913年版。

江亢虎：《江亢虎文存初编》，上海现代印书馆1944年版。

姜义华：《社会主义学说在中国的初期传播》，复旦大学出版社1984年版。

焦润明：《近代中国文化史》，辽宁大学出版社1999年版。

瞿任侠：《无政府主义研究》，上海中山书店1929年版。

康有为：《不忍杂志汇编》（1—3），广西师范大学出版社2016年版。

康有为：《大同书》，辽宁人民出版社1994年版。

李存光：《无政府主义批判：克鲁泡特金在中国》，江西高校出版社2009年版。

李达：《李达文集》（第1—4卷），人民出版社1980年版。

李妙根：《刘师培文选》，上海远东出版社2011年版。

李润波：《故纸遗音，早期报刊收藏》，浙江大学出版社2004年版。

李文海等：《近代中国的民族觉醒》，清华大学出版社2002年版。

李新：《伟大的开端》，中国社会科学出版社1983年版。

李一尘：《太平天国革命运动史》，上海大光书局1936年版。

李怡：《近代中国无政府主义思潮与中国传统文化》，华中师范大学出版社2001年版。

李泽厚：《中国思想史论》（上、中、下），安徽文艺出版社1999年版。

梁启超：《清代学术概论》，人民出版社2008年版。

梁启超：《中国近三百年学术史》，上海三联书店2006年版。

刘书林：《论民主社会主义思潮》，高等教育出版社2004年版。

刘秀生：《中国经济现代化发展史》，中国商业出版社2000年版。

鲁法芹：《〈东方杂志〉与社会主义思潮在中国的传播》，山东人民出版社2014年版。

罗尔纲等：《太平天国》（第1—6册），广西师范大学出版社2004年版。

罗志田：《权势转移：近代中国的思想与社会》，北京师范大学出版社

2014年版。

马恩列斯著作编译局：《五四时期期刊介绍》（第1、2册），生活·读书·新知三联书店1978年版。

毛一波：《社会主义批判》，上海出版合作社1928年版。

孟庆澍：《无政府主义与五四新文化：围绕〈新青年〉同人所做的考察》，河南大学出版社2006年版。

皮明庥：《中国近代社会主义思潮觅踪》，吉林文史出版社1991年版。

钱理群：《周作人传（修订版）》，华文出版社2013年版。

钱穆：《中国历代政治得失（新校本）》，生活·读书·新知三联书店2005年版。

任建树：《陈独秀著作选编》（第1、2、3卷），上海人民出版社2009年版。

沈云龙：《辛亥革命及国民党的分裂（口述史）》，九州出版社2011年版。

舒芜等：《中国近代文论选》，人民文学出版社1981年版。

汤庭芬：《无政府主义思潮史话》，社会科学文献出版社2011年版。

唐宝林等：《陈独秀年谱》，上海人民出版社1988年版。

陶季邑：《中国近代民主革命派与社会主义思潮》，贵州人民出版社1997年版。

田晓青等：《民国思潮读本》（第1—4卷），作家出版社2013年版。

田子渝等：《马克思主义在中国初期传播史（1918—1922）》，学习出版社2012年版。

万仕国：《刘师培年谱》，广陵书社2003年版。

汪敬虞：《中国近代工业史资料》（第2辑），科学出版社1957年版。

汪佩伟：《江亢虎研究》，武汉出版社1998年版。

王忍之等：《中华民国前十年间时论选集（2）》，生活·读书·新知三联书店1963年版。

王韬：《弢园文录外编》，中州古籍出版社1998年版。

王先俊：《清末民初社会主义在中国的传播》，安徽师范大学出版社 2021 年版。

魏源：《海国图志》（第 1 卷），岳麓书社 2011 年版。

《文史资料选辑》（第 129 辑），中国文史出版社 1995 年版。

吴虞：《吴虞文录》，黄山书社 2008 年版。

夏东元：《郑观应集》（上），上海人民出版社 1982 年版。

谢彬：《民国政党史》，中华书局 2011 年版。

《新青年合辑》（第 1—8 卷），群益书社。

徐崇温：《当代外国主要思潮流派的社会主义观》，中共中央党校出版社 2007 年版。

徐觉哉：《社会主义流派史》（修订本），上海人民出版社 2007 年版。

杨华丽：《打倒孔家店研究》，人民出版社 2014 年版。

杨奎松等：《海市蜃楼与大漠绿洲：中国近代社会主义思潮研究》，上海人民出版社 1991 年版。

张鹏园：《梁启超与民国政治》，吉林出版集团 2007 年版。

张武等：《社会主义思潮史话》，社会科学文献出版社 2012 年版。

张云候：《五四时期的社团》（第 1—4 册），生活·读书·新知三联书店 1979 年版。

郑师渠：《晚清国粹派：文化思想研究》，北京师范大学出版社 1997 年版。

郑忆石：《民主社会主义思潮评析》，河南人民出版社 1994 年版。

中国李大钊研究会：《李大钊全集》（第 1—2 卷），人民出版社 2006 年版。

中国社科院历史研究所：《五四运动回忆录》，中华书局 1959 年版。

中华书局编辑部：《辛亥革命与近代中国——纪念辛亥革命八十周年国际学术讨论会文集》（上、下），中华书局 1994 年版。

周策纵：《五四运动现代中国的思想革命》，江苏人民出版社 1996 年版。

周海乐：《第二国际史》，上海社会科学院出版社 1989 年版。

周新城:《民主社会主义思潮评析》,社会科学文献出版社2008年版。

周作人:《周作人回忆录》,湖南人民出版社1982年版。

朱美荣:《比较与鉴别:五四时期社会主义思潮流派研究》,上海社会科学院出版社2019年版。

[法]雷吉斯·德布雷、赵汀阳:《两面之词:关于革命问题的通信》,张万申译,中信出版社2014年版。

[韩]曹世铉:《清末民初无政府派的文化思想》,社会科学文献出版社2003年版。

[美]阿里夫·德里克:《中国革命中的无政府主义》,孙宜学译,广西师范大学出版社2006年版。

[美]埃德加·斯诺:《红星照耀中国》,东方出版社2005年版。

[美]费正清等:《剑桥中华民国史(1912—1949年下卷)》,刘敬坤等译,中国社会科学出版社1994年版。

[美]亨利·乔治:《进步与贫困》,吴良健等译,商务印书馆2010年版。

[日]森时彦:《留法勤工俭学运动小史》,史会来等译,河南人民出版社1985年版。

Elvin, Mark, *The Pattern of the Chinese Past*, London, 1973.

Gasster, Michael, *Chinese Intellectuals and the Revolution of 1911: The Birth of Modern Chinese Radicalism*, Seattle, 1969.

Li Yu-ning, *The Introduction of Socialism into China*, New York, Columbia University Press, 1971.

Scalapino, Robert and George T. Yu., *The Chinese Anarchist Movement*, Berkeley, 1961.

Schiffrin, Harold Z., and R. Scalapino, "Early, Socialist Currents in the Chinese Revolutionary Movement", *Journal of Asian Studies*, XVIII, 3 May 1959.

后　　记

我在撰写前一本专著（《苏联马克思主义哲学教育研究》）的过程中，经常会思考同一个问题：十月革命一声炮响，给我们送来了马克思列宁主义。那么，在马克思主义科学社会主义传入中国之前，已经存在无政府主义等社会主义流派，这些社会主义流派在近代中国呈现了怎样的思想图景？其与马克思主义又有怎样的关联？围绕这一问题，我设计了这个课题，申报安徽省哲学社会科学规划项目"近代中国社会主义思潮的历史影响及其价值研究"（项目批准号：AHSKY2016D55）。自获得立项以来，经过几年的资料梳理、分析与研究，这份书稿终于完成，并得以在中国社会科学出版社出版。

感谢淮南师范学院科研处、马克思主义学院和安徽省教育厅2022年高校优秀拔尖人才培育资助项目（gxbjZD2022053）给予的出版资金支持。

关于近代中国社会主义的研究，学界已经出现诸多成果，本书亦试图为这一研究领域做些许贡献。鉴于作者研究水平有限，存在不足和缺点在所难免，敬请专家学者批评指正。

孙自胜
2022年10月